JÜRGEN MEYER

Wasser erleben
Schwäbische Alb

101 Highlights ENTDECKEN

Oertel + Spörer

Quellen zum Neckar

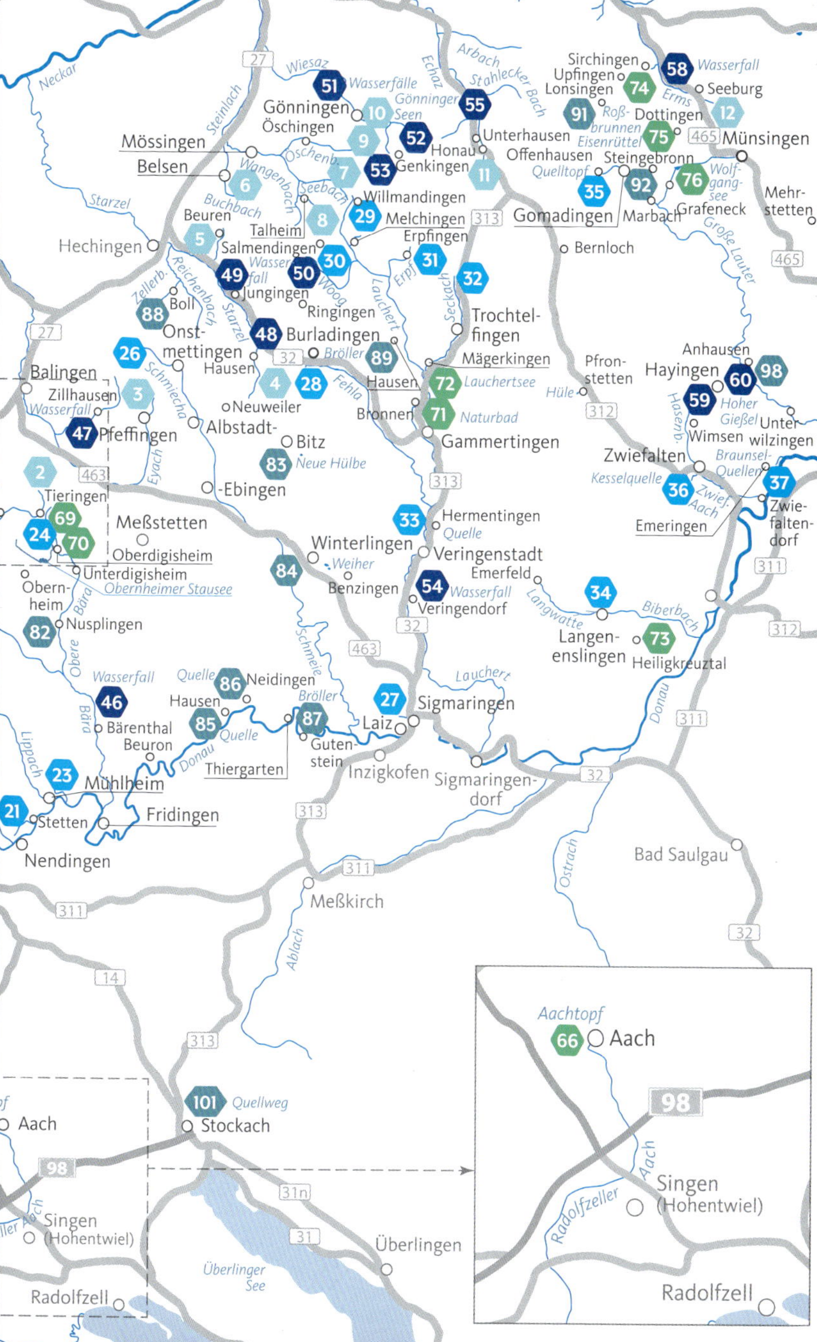
Neckar
27
Wiesaz
51
Wasserfälle
Gönningen
10
Gönninger Seen
Steinlach
Öschingen
9
52
Arbach
Echaz
Stahlecker Bach
55
Sirchingen
Upfingen
Lonsingen
58
Wasserfall
74
Seeburg
Erms
91
Roß-brunnen
Dottingen
12
Eisenrüttel
75
465
Münsingen
Mössingen
Öschenb.
Unterhausen
Honau
Offenhausen
Steingebronn
Belsen
Wangenbach
7
53
Genkingen
11
Quelltopf
Wolf-gang-see
6
Seebach
35
92
76
Mehr-stetten
Starzel
Buchbach
Willmandingen
29
Melchingen
313
Gomadingen
Marbach
Grafeneck
Beuren
Talheim
8
Erpfingen
Große Lauter
5
Hechingen
Salmendingen
Bernloch
465
30
31
49
Wasserfall
50
Erpf
32
Reichenbach
Zellerb.
Jungingen
Woog
Lauchert
Seckach
Boll
Ringingen
Trochtel-fingen
88
Starzel
27
48
Burladingen
Onst-mettingen
26
32
Bröller
89
Mägerkingen
Pfron-stetten
Anhausen
Hayingen
60
98
Balingen
Hausen
Hausen
72
Lauchertsee
Hüle
Schmiecha
4
28
Fehla
Hasenb.
59
Zillhausen
3
Hoher Gießel
Wasserfall
Neuweiler
Bronnen
71
Naturbad
Unter-wilzingen
Albstadt-
312
Wimsen
47
Pfeffingen
Bitz
Gammertingen
Zwiefalten
Braunsel-Quellen
Eyach
83
Neue Hülbe
2
463
Kesselquelle
37
313
36
Zwief. Aach
Tieringen
-Ebingen
Zwie-falten-dorf
Hermentingen
Quelle
33
Emeringen
69
Meßstetten
24
70
Winterlingen
Veringenstadt
Oberdigisheim
Weiher
Unterdigisheim
84
Emerfeld
311
Obernheimer Stausee
Obern-heim
Benzingen
54
Wasserfall
Langwatte
34
Bära
Veringendorf
Biberbach
Schmeie
32
312
82
Nusplingen
Langen-enslingen
73
463
Heiligkreuztal
Obere
Wasserfall
Quelle
86
Neidingen
Lauchert
Hausen
Bröller
27
46
Sigmaringen
Donau
85
87
311
Bära
Bärenthal
Quelle
Laiz
Lippach
Beuron
Guten-stein
Donau
Thiergarten
Inzigkofen
23
Sigmaringen-dorf
32
Mühlheim
21
Stetten
Fridingen
313
Nendingen
Ostrach
Bad Saulgau
311
Meßkirch
311
32
Ablach
14
Aachtopf
66
Aach
313
98
101
Quellweg
Aach
Stockach
98
31n
Aach
Singen (Hohentwiel)
Radolfzeller
Singen (Hohentwiel)
31
Überlingen
Überlinger See
Radolfzell
Radolfzell

Quellen zur Donau

Wasserfälle

Feuchtgebiete | Moore | Seen

Bröller | Brunnen | Hülen

Einführung

Ohne Wasser gäbe es keine Schwäbische Alb. Sie besteht aus Ablagerungen eines tropischen Meeres, das vor etwa 200 bis 142 Millionen Jahren einen großen Teil Europa überdeckt hat. Vor 17 bis 11 Millionen Jahren schufen Vulkane mit ihren wasserstauenden Schloten die Grundlagen für heutige Maare, Feuchtgebiete und Hülen.

Wasser hat das Mittelgebirge seit Millionen von Jahren geformt. Mit dem Beginn des Eiszeitalters vor 2,6 Millionen Jahren – einer Wechselfolge von Kaltphasen – rückten die Gletscher bis an den Südrand der Schwäbischen Alb vor. Die gefrorenen Wasserkolosse stauten Eisseen auf, die zu Flachmooren verlandeten. Während der kurzen Sommer tauten die Dauerfrostböden nur oberflächlich auf, es bildeten sich wasserübersättige Böden – die Basis für die Riedflächen. Die den Gletschern entströmenden Schmelzwasser formten Anhöhen und spülten Täler aus. Im wasserlöslichen Kalkboden der Meeressedimente entstanden die ersten Höhlen. Die heutige Landschaft wurde gebildet.

Auch nach dem Ende der Eiszeit vor 12 000 Jahren geht die Modellierung der Alb durch das Zusammenspiel von Regenwasser, Schneeschmelze und löslichem Kalkgestein unaufhaltsam weiter. Denn anstatt, wie bei anderen Gebirgen an der Oberfläche abzulaufen und in Bäche zu gelangen, versickert der kohlensäurehaltige Niederschlag auf der Alb und verursacht Risse und Klüfte im Kalkgestein. Dabei wird auch stets ein Teil des Bodens mitgerissen, der dadurch stets dünner wird. Die Entwässerung wird immer tiefer in die unterirdischen Kanalsysteme verlegt. Von dort wird das Wasser zu den vielen Karstquellen geleitet oder es kommt in den imposanten großen Quelltöpfen wieder zum Vorschein.

Auch das Wasser der wenigen Albflüsse gräbt sich immer tiefer in den porösen Untergrund ein. Nicht sichtbar, fließt bereits ein großer Teil der Wassermenge streckenweise unterirdisch weiter oder wird – wie bei der Donauversinkung – gar in einen anderen Fluss umgeleitet. Die zahlreichen Trockentäler veranschaulichen, wie viele weitere Bäche es einst in dieser Landschaft gegeben hat, die heute unter der Erde weiter fließen. Bei starkem Niederschlag, wenn der Karstwasserspiegel steigt, kann man beobachten, wie das Wasser mancherorts wieder in sein obertägiges Bett steigt – dann sprudeln auch die sporadisch aktiven Hungerbrunnen. An manchen Quellhorizonten tritt das Wasser entlang des Albtraufs oder der Talhänge als Wasserfall zutage. Dort kann man dem jüngsten Gestein der Alb, dem Kalktuff, sogar beim Wachsen zusehen. Eines fernen Tages wird die Alb allerdings verschwunden sein – vom Wasser gänzlich abgetragen.

Ohne Wasser gäbe es kein Leben auf der Schwäbischen Alb. Trotz ihrer klimatisch ungünstigen Lage wurde die Alb viel früher als andere Mittelgebirge besiedelt. Denn trotz verkarsteter Kalkgesteinsschichten birgt die Alb das größte Trinkwasservorkommen des Landes. Die Speichermenge des Karstgrundwassers in den Hohlräumen der Schwäbischen Alb liegt nach Berechnungen des Geologischen Landesamtes zwischen 6 und 8 Milliarden Kubikmetern. Deshalb kann Deutschlands ergiebigste Quelle – der Aachtopf – mit durchschnittlich 8600 Litern in der Sekunde sprudeln. Im Schnitt liegt die Schüttung der Albkarstquellen bei maximal 100 l/s.

Als vor 7500 Jahren die Menschen begannen, sesshaft zu werden, zog es sie und die Nachfolgenden an die wenigen Flussläufe und in die Nähe der Frischwasserquellen. Für die viel später kommenden Siedler des ausgehenden Mittelalters blieben nur die Orte übrig, wo sich das Niederschlagswasser in Tümpeln (Hülen) sammelte oder wo man Brunnen bohren konnte. Erst 1871 entstand in Teuringshofen an der Schmiech das erste Pumpwerk, das Wasser aus einem Talfluss 180 Meter auf die Anhöhe und über eine zwölf Kilometer lange Leitung in die Dörfer befördern konnte.

Durch den Klimawandel wird aber das Wasser auch und gerade auf der Schwäbischen Alb zum raren Gut. Trockene Jahre häufen sich. Die Grundwasserneubildung ist laut der baden-württembergischen Landesanstalt für Umwelt auf anhaltend rückläufigem Niveau. Vielerorts nimmt die Wasserausschüttung der Brunnen ab.

Das vorliegende Buch ist eine Art Bestandsaufnahme der Lebensadern der Schwäbischen Alb. Insbesondere ist damit zu rechnen, dass einige im Ausflugsführer vorgestellten Quellen mittelfristig versiegen oder zumindest verlagert werden. Auch das Schicksal vieler der seit Jahrhunderten als Trinkwasserspeicher genutzten Teiche (Hülen) ist besiegelt. Wenn der Mensch nicht stetig gegen die Verlandungen vorgeht, werden sie aus dem Bild der Kulturlandschaft Schwäbische Alb verschwinden.

Noch ist Zeit, die Quellen der Alb zu erleben.

Der Ausflugsführer „101 Highlights: Wasser erleben. Schwäbische Alb“ stellt die Ursprünge aller Neckar- und Donauzuflüsse im mittleren Bereich des Mittelgebirges sowie die bedeutendsten und außergewöhnlichsten auf der Alb entspringenden Karstquellen vor. Dazu nahezu alle Wasserfälle, viele Seen, Feuchtgebiete und Moore. Außerdem die schönsten Sinterterrassen und eine Auswahl von allen geschützten Geotopen und Naturdenkmälern, darunter viele kulturhistorische Plätze, wie Dorf- und Feldhülen. Wegen der Vielzahl der erlebnisreichen Wasserstellen wurde entschieden, den Inhalt des Buches auf den geografischen Raum zwischen dem Albaufstieg der A81 bei Geisingen und der A8 bei Ulm zu begrenzen. Die Quellen auf der Ostalb würden ein weiteres Buch füllen.
Das Buch ist in thematische Kapitel eingeteilt, deren einzeln vorgestellte Ziele in West-Ost-Richtung angeordnet sind:

Quellen zum Neckar – **Quellen zur Donau** – **Wasserfälle** – **Feuchtgebiete | Moore | Seen** – **Bröller | Brunnen | Hülen**

Der kompakte Freizeitführer ergänzt und erweitert die vier Vorgängerbände in derselben Reihe *Ausflugsziele Schwäbische Alb*, *Ausflugsziele zwischen Neckar und Donau*, *Ausflugsziele in die Geschichte der Schwäbischen Alb* und *Albhöhlen*. Zur besseren Auffindung sind bei den einzelnen Ausflugzielen die GPS-Koordinaten und Höhenmeter aufgeführt (Angaben ohne Gewähr). Zusätzlich wird die Anreise detailliert beschrieben. Nicht berücksichtigt wurde dabei, dass manche Wirtschaftswege für Kraftfahrzeuge gesperrt sind, gleichwohl das Befahren aber für Radfahrer erlaubt ist.
Das Buch richtet sich in erster Linie an Ausflügler, die in einem eher kurzen Zeitraum jede Menge Besonderes erleben wollen und nicht unbedingt eine mehrstündige Wanderung unternehmen möchten. Hier sind Singles, Senioren und Familien genauso berücksichtigt, wie Auto-, Motorrad- oder Radfahrer.

Der Tagestourist profitiert dabei von den ausführlichen Vorstellungen der Ausflugsziele und von zwei Übersichtskarten auf den Innenumschlagsseiten. Der Vorteil der 101 Ausflugsideen liegt auch darin, dass sie beliebig viele Kombinationsmöglichkeiten bieten – und damit dann auch wieder für Wanderer und all diejenigen mit mehr Zeit sehr interessant sind: je nach persönlichem Anfahrtsweg, eigenem Zeitrahmen, thematischen Vorlieben, Jahreszeit, Wetter und Tagesform.

Juergen.meyer.belsen@t-online.de

(© Lilli A. Werner)

Quellen zum Neckar

1 PRIM – BALGHEIM

Der Donau das Wasser abgezapft

Lage

Die Quelle des Neckar-Zuflusses Primbach liegt 2 km nördlich von Balgheim am Südhang des Dreifaltigkeitsberges.

Koordinaten

GMS 48°5'4"N 8°46'6"O (Quelle)
GMS 48°3'59"N 8°45'48"O (Rathaus Balgheim)

Erreichbarkeit

Auf der B 14 von Spaichingen in Richtung Tuttlingen. In Balgheim nach links in die Hauptstraße in Richtung Friedhof abzweigen. Parkmöglichkeit suchen. Auf halber Strecke zweigt der ortsauswärts führende Burghaldenweg ab, der als landwirtschaftliche Straße am Lauf des Primbachs entlangführt. Er geht im Berghang in einen Waldweg über, der nach insgesamt 2,5 km zur eher unspektakulären Quelle führt. Interessanter ist der 300 m nach dem Ortsende beginnende Erlebnispfad. Er führt weitere 300 m parallel zur Prim an vier Stationen, vorbei an der sehenswerten Sebastianskapelle, einer Pestabwehr-Gedenkstätte aus dem Jahr 1687, zu einem neuen, kurzen Barfußpfad, der mit einem Naturwassertretbecken endet.

Die Mündung der Prim in den Neckar bildete um das Jahr 73 nach Christus den Ausgangspunkt der zivilisatorischen Besiedlung Südwestdeutschlands. Mit Rottweil (in der römischen Antike Arae Flaviae) entwickelte sich aus fünf römischen Kastellen die erste Stadt auf heute baden-württembergischem Boden. Den ersten rechten Seitenfluss des Neckars bezeichneten die Römer als Prim (lateinisch: primus = der Erste). Das keltische „pruma" (schlammig) der Ureinwohner könnte aber ebenso namensgebend gewesen sein.

Sicher ist jedenfalls, dass die Prim knapp hinter der Europäischen Wasserscheide nahe Balgheim entspringt. Wegen des stärkeren Gefälles nach Norden zum Rheintal hin, gräbt der Fluss dem Donauzufluss Faulenbach (Dürbheimer Moos) immer mehr das Wasser-Einzugsgebiet ab. Auch unter Mithilfe des Menschen: Im Mittelalter haben die Balgheimer, um mehr

Schub für ihre Mühlen zu bekommen und um die Wiesen zu entwässern, die ursprüngliche Primquelle um 2 km verlängert. Dazu haben sie den auf 850 Hm im Südosthang des Dreifaltigkeitsberges entspringenden Stetterbach einfach umgeleitet.

Der Bach fließt seither nicht mehr über den Faulenbach zur Donau, sondern in einem Graben zur eigentlichen Primquelle nahe der Sebastianskapelle. Die Verlängerung, die jetzt mit dem Erlebnispfad renaturiert worden ist, heißt Primbach. Das Flüsschen endet nach 20 km beim Rottweiler Bahnhof, hat bis dorthin ein Gefälle von fast 300 m überwunden und dabei in einem Einzugsgebiet von 141 Quadratkilometern das Wasser gesammelt.

Der Primursprung wird vom Niederschlagswasser des Dreifaltigkeitsberges gespeist. Daher kann die Schüttung stark schwanken – zwischen wenigen Litern pro Sekunde bis zu tausend, nach Unwettern oder bei Schneeschmelzen. Dann läuft der Stetterbach wieder zu alter Größe auf und bahnt sich seinen ursprünglichen Weg über sein überackertes Bett nach Süden zum Dürbheimer Moos.

Tipp

Das Wahrzeichen der Region, die 1673 fertiggestellte und namensgebende Dreifaltigkeitskirche, thront auf dem Balgheimer Hausberg: „Weißen" nennen sie die leuchtenden Felswände an der Spornspitze des 985 m hohen Balgenbergs. Die barocke Wallfahrtsstätte (mit Gaststätte und Klosterladen) ist inmitten einer gewaltigen vorgeschichtlichen Wallanlage errichtet worden. Man kann sie über Serpentinen von der Spaichinger Stadtmitte aus anfahren. Vom Berg aus gibt's herrliche Weitblicke in den Schwarzwald und auf die Alpen. Besonders an der Südspitze des Plateaus (unterhalb der Burgstelle Baldenberg). Der Wanderpfad von und nach Balgheim (Friedhof) führt an einer Terrasse (932 Hm) vorbei, mit Panoramablick in die Schweiz.

www.balgheim.de; www.spaichingen.de

SCHLICHEM – TIERINGEN

Immer westwärts

2

Lage

Die Quelle des Neckarzuflusses Schlichem liegt oberhalb von Tieringen (802 Hm) in einem Taleinschnitt auf 885 m Höhe unterhalb des Aussichtsberges Hörnle (956 Hm).

Koordinaten

GMS 48°12'45"N 8°52'15"O (Quelle)
GMS 48°12'47"N 8°52'43"O (Parkplatz Hörnle)

Erreichbarkeit

Über die L440 von Balingen-Weilstetten über den Lochenpass nach Tieringen. In der Balinger Straße nach links in den Ort einfahren und weiter über die Schlichemstraße zur Festhalle in den Taleinschnitt. Vom großen Parkplatz (Grill- und Spielplatz) führt ein 1,2 km langer Wanderweg/Barfußpfad stetig ansteigend hoch zur gefassten Schlichem-Quelle auf halber Berghöhe. Dort gibt es ebenfalls eine Grillstelle und eine Schutzhütte. Nach weiteren 1,5 km gelangt man zum beeindruckenden Aussichtspunkt Hörnle. Alternativ kann man den dortigen Hörnle-Parkplatz als Ausgangspunkt wählen. Man erreicht ihn am Ende der Steige der K7143 von Tieringen, die Richtung Laufen/Hossingen führt. Gegenüber dem Sportplatz auf der Anhöhe biegt man am ersten Parkplatz „Alte Steige" auf den Feldweg ein, der nach 1,4 km zum Hörnle-Wanderparkplatz führt.

Die Schlichem macht auf ihrer 30,6 km langen Reise einiges mit: Immerhin hat sie eine Höhendifferenz von 396 m zu überwinden, zwischen ihrer Quelle auf 880 m Höhe oberhalb von Tieringen und der Mündung in den Neckar nahe Epfendorf. Als Fußgänger kann man das Flüsschen auf dem 33 km langen Schlichemwanderweg begleiten, der 2014 eröffnet wurde. Die Quelle entspringt in einem schattigen Waldhang. Das glasklare, kalte Wasser läuft in einen Trog und dann in dem schön bewachsenen jungen Bachlauf talabwärts. Kaum zu glauben, dass sich die Schlichem in Jahrtausenden tief durch die drei Juragesteinsschichten, den Keuper im Mittellauf und noch den Muschelkalk in ihrem Unterlauf gegraben hat. Wegen dieser

„Drecksarbeit" bekam sie den ursprünglichen mundartlichen Namen Slix (Schlamm) – durch Mehrzahl wurde daraus Schlichem. Sie lässt sich von 34 kleineren Bächen mit Wasser versorgen, die allesamt ein Einzugsgebiet von rund 105 Quadratkilometern haben.

In der Ortsmitte von Tieringen geht es verdammt knapp zu: Der junge Fluss fließt gerade mal 50 m an der Europäischen Wasserscheide vorbei. Wenn die Schlichem dieser Grenze eines Tages zu nahekommt, wird sie nicht mehr nach Hausen am Tann weiterfließen, sondern in die 500 m entfernte Obere Bära, deren Quelle am nördlichen Ortsrand von Tieringen liegt. Dann geht's nicht über den Neckar und Rhein in die Nordsee, sondern über die Donau ins Mittelmeer. Diese unterirdische Nord-Süd-Trennung stellt sich an einem Haus neben der Dorfkirche anschaulich dar: Die Dachrinne hat zwei Abflüsse. Über den linken fließt das Regenwasser in die Schlichem, über den rechten in die Bära. An der äußeren Friedhofsmauer zeigt ein Schild den Verlauf der Wasserscheide an.

Zur Schlichemquelle führt ein neu angelegter und ansprechender rund 1 km langer und 1 m breiter Barfußpfad über zwanzig Stationen (bitte keine Hunde mitnehmen!). Am Ausgangspunkt bei der Festhalle gibt es die Möglichkeit, die Schuhe abzustellen und Füße zu waschen. Der Fuß-Wellnesspfad ist ganzjährig begehbar. Für den Rückweg eignet sich der ebenfalls bei der Festhalle beginnende Waldlehrpfad (3,5 km).

Tipp

Die höchstgelegene Durchgangshöhle der Alb ist wenige Gehminuten entfernt: Die 19 m lange Hohle Backofen-Höhle durchbricht auf 905 Hm den Felsen. Oberhalb der Quelle, hinter der Grillstelle/Schutzhütte, führt ein Weg nach Norden auf die Hochfläche Richtung Hörnle. Ein zweiter verläuft entgegengesetzt im Waldhang aufwärts nach Süden. Nach 400 m, kurz vor Erreichen des Plateaus, führt ein Fußweg als Sackgasse zu der 50 m entfernt gelegenen Höhle abwärts.

www.schlichemwanderweg.de

3 EYACH – ALBSTADT-PFEFFINGEN

Ein Fluss, der die Richtung wechselt

Lage
Die Quelle der Eyach liegt in einem lang gezogenen Taleinschnitt nördlich von Albstadt-Pfeffingen.

Koordinaten
GMS 48°16'8"N 8°58'14"O (Quelle)

Erreichbarkeit
Zwei Wege führen zur eingefassten Quelle (832 Hm): Von Pfeffingen (730 Hm) biegt man an der Kirche nach rechts in die Karlstraße und folgt dem Bach von der Ortsmitte über einen beschilderten Themenweg „Erlebnis Wasser" rund 2 km ortsauswärts auf einem geteerten landwirtschaftlichen Weg bis in ein Wäldchen bergan.
Der kürzere Weg geht vom Wanderparkplatz (880 Hm) aus, der an der Straße vom Stich/Onstmettingen nach Langenwand liegt. Er befindet sich 100 m nach der Abzweigung über die Kreisstraße 7141 nach Pfeffingen auf der rechten Seite. Von dort geht es in einem Wäldchen 500 m auf einem Teerweg bergab zur Quelle mit Grillplatz und vielen Sitzbänken, sowie einem Wasserspielplatz und einem Biotop-Teich.

Sie hat sich abwerben lassen – ursprünglich war sie mit der Donau verbandelt, leitete ihr das ganze Wasser zu. Doch dann ging sie fremd und ist mittlerweile mit einem anderen liiert: Die Eyach hat sich für immer mit dem Neckar verbunden. Sie erreicht ihn nach einer gemütlichen, 50 km langen Tour durch den Zollernalbkreis. Dabei werden von ihr 461 Höhenmeter überwunden.
Das Bächlein plätschert unbeschwert durch Pfeffingen und Margrethausen Richtung Süden. Aber in Lautlingen schlägt die Eyach einen richtigen Haken und biegt nach Nordwesten um. Eigentlich müsste sie wie früher, als sie noch ein kleiner Nebenbach war, entgegengesetzt nach Südosten ins 6 Kilometer entfernte Ebingen fließen. Um dort mit der Schmiecha vereint zur Donaumündung bei Gutenberg zu fließen. Die Schmiecha-Quelle in Onstmettingen liegt gerade mal 2 Kilometer von der Eyach-Quelle

entfernt. Doch dann passierte der Partnertausch: Vor Millionen von Jahren hatte die Eyach noch eine zweite Nachbarin. Deren Quelle lag auf der Höhe zwischen Lochen und Burgfelden und schwemmte den tiefen Canyon zwischen Balingen und Lautlingen aus. Irgendwann konnte dieser namenlose Fluss dem Locken des Vater Rheins nicht mehr widerstehen, schwenkte zum Neckar um und nahm fortan die Eyach mit auf die Reise über Balingen, Haigerloch und Mühringen zum Mündungsörtchen gleichen Namens: Eyach. Der Name, den die alamannischen Neusiedler nach Abzug der Römer ihrem Gewässer gaben, setzt sich zusammen aus der Bezeichnung für die damals wohl stark verbreitete Baumart Eibe und -ach, für Gewässer.

Tipp

Trügerisch idyllisch. Die Eyach kann aber auch ganz anders. Am 4. Juni 1895 wird der Fluss nach Gewitterregen zur totbringenden Flut. Bei der schwersten Hochwasserkatastrophe Württembergs ertranken 41 Menschen. Zahlreiche Denkmäler erinnern entlang des Flusses an die meterhohe Flutwelle: In Margrethausen an der Klostermauer und an der Kirche St. Margaretha, in Laufen zwischen Kirche und Ufer, in der Ortsmitte von Frommern (L 446, am linken Hang 250 m nördlich der Abzweigung nach Weilstetten). Schließlich in Balingen: ein großer Obelisk 100 m südlich der Friedhofskirche. Außerdem am 1,7 km langen Gewässerlehrpfad zwischen Stadtmühle und Zollernschloss.

4 STARZEL – HAUSEN/NEUWEILER

Aus der längsten Höhle der Zollernalb

Lage
Die Starzel entspringt im Weilertal, das Burladingen-Hausen mit Albstadt-Neuweiler über die L 442 verbindet. Eine ihrer Quellen ist der Schwarze Brunnen, die längste Höhle der Zollernalb. Die Brunnenstube liegt am westlichen Talhang.

Koordinaten
GMS 48°16'30"N 9°3'38"O (Schwarzer Brunnen)

Erreichbarkeit
Der Ursprung der Starzel liegt unterhalb von Neuweiler im Weilertal. Parkmöglichkeiten gibt es beim Gasthof mit Biergarten sowie beim benachbarten Wanderparkplatz an der Abzweigung Tailfingen/Flugfeld Degerfeld/Bitz. Oder in Parkbuchten beidseitig der L 442, die von Hausen nach Neuweiler hinaufführt.
Die oberste Quelle, östlich des Straßengrabens, variiert je nach Niederschlagslage. Sie beginnt etwa einen Kilometer unterhalb der Hochfläche, oberhalb eines Gebäudes, wo das Bächlein aufgestaut wird. Die Brunnenstube, das Portal zur nicht begehbaren 1 000 m langen Höhle des Schwarzen Brunnens, liegt rund 1,6 Kilometer unterhalb von Neuweiler, westlich der Landesstraße, am Talhang (799 Hm). Man erreicht die Stellen weglos im Gelände.

Die Herkunft der 43 Kilometer langen Starzel, die bei Bieringen in den Neckar mündet, liegt im wahrsten Sinne des Wortes im Dunkeln. Jedoch nicht die Bezeichnung. Baumstümpfe hießen im germanischen „Starzeln" oder „Storzeln". Eigentlich entstammt der Fluss einer ganzen Reihe von kleinen Quellaustritten, die im steilen und engen Weilertal entspringen. Eine davon, der Schwarze Brunnen, eine wasserführende Felsspalte, ist 1927 für die Trinkwasserversorgung des Altkreises Hechingen gefasst worden. Seinen Namen dürfte er von seiner schattenreichen Lage am Hang haben.
Ende der 1990er-Jahre wurde der 5 m lange und etwa 2 m breite in den Fels gemauerte Brunnen wegen der maroden Technik und der landwirtschaftlichen Düngerbelastung vom Netz genommen. Das ermöglichte

es erstmals Höhlentauchern, den Spalt näher zu untersuchen. Nach mehreren Tauchgängen, bei denen gefährliche Engstellen aufwendig erweitert werden mussten, stießen die Forscher um Harald Schetter auf eine weit über 1 000 m lange spektakuläre Karsthöhle mit wunderschönen Tropfsteinen und Sinterformationen. Anfangs suchte das Team nach einer vermuteten Verbindung zur 2,8 km östlich verlaufenden Onstmettinger Linkenboldshöhle, die mit ihren 200 m als längste Schauhöhle der Zollernalb galt. Doch die bisherigen Vermessungen zeigen, dass der Schwarze Brunnen parallel zum Weilertal Richtung Nordwesten verläuft. Und damit auf sensationelle Weise offenbar das Portal zum legendären Zollerngraben darstellt, einem unterirdischen, 1,5 km breiten und 30 km langen Grabenbruch, der vor 15 Millionen Jahren bei der Auffaltung der Alb durch tektonische Spannungen entstanden war.

Der bislang erforschte Höhlenbach fließt 150 bis 200 m unter der Oberfläche durch schmale Kluftgänge, aber dann auch wieder durch große Räume, wie die einer Halle, die 20 m lang, 6 m breit und 15 m hoch ist. Die Forscher wollen nachweisen, dass der Zollerngraben maßgeblichen Einfluss darauf nimmt, wann das versickernde Wasser am Albnordrand Richtung Neckar oder Richtung Donau fließt.

Tipp

Über dem Schwarzen Brunnen liegt inmitten einer Wallanlage der Bronzezeit die Ruine der Weilersburg, die beim Städtekrieg 1311 ein Raub der Flammen wurde. In Neuweiler die Straße queren und dem Feldweg parallel zum Waldrand am Tal 800 m weit folgen. Dann rechts über einen Waldweg 200 m zur Burgstelle.

5 HEILIGENBACH – HECHINGEN-BEUREN

Im schönsten Naturschutzgebiet

Lage
Östlich von Hechingen-Beuren, unterhalb der Traufkante des Dreifürstensteins.

Koordinaten
GMS 48°21'59"N 9°2'3,4"O (Parkplatz)

Erreichbarkeit
Der Heiligenbach entspringt beim Naturschutzgebiet Beurener Heide (720 Hm). Von Hechingen-Starzeln und Mössingen-Belsen führen Sträßchen in Serpentinen zum kleinen Dorf Beuren. Der Ortsdurchfahrt (Bismarckstraße) folgend, gelangt man dorfauswärts (östlich) zum großen Wanderparkplatz Grundwiese mit Spiel- und Grillmöglichkeiten. Das Quellgebiet erreicht man über einen aussichtsreichen Rundkurs. Vom Parkplatz folgt man dem unteren Weg zunächst am Waldrand, dann quer durch die herrlich offene Heidelandschaft mit Aussicht auf die Burg Hohenzollern. Nach 1,4 km führt der Feldweg in den Wald hinauf, direkt an den Quellen des Heiligenbachs vorbei, die links und rechts des Weges entspringen. Der Rückweg (1,8 km) führt zunächst ansteigend in den Wald zum ausgeschilderten Aussichtspunkt Jokenplatz und dann am Waldhang zurück zum Parkplatz.

Das landschaftlich außergewöhnlichste Juwel der Zollernalb ist die Beurener Heide. Wegen seines vielschichtigen Artenbestandes und der traumhaft ruhigen Lage ist das rund 32 Hektar große Schutzgebiet am Albtraufhang ein Eldorado für Naturfreunde – dank der Schafbeweidung. Über 340 Pflanzenarten sind bislang entdeckt worden, darunter 65 gefährdete. Allein der außerordentliche Orchideenreichtum, wie die sehr seltene Honigorchis, bringt ausschwärmende Besucher im Frühsommer ins Schwärmen; ebenso die blumenreichen Wiesen. In der nach Südwesten ausgerichteten Heide herrscht ein besonderes, warmes Kleinklima, weil kalte Winde, die in der Regel aus nordöstlicher Richtung auf die Alb treffen, von den Steilhängen des Dreifürstensteins abgeschirmt werden, gleichzeitig aber für reichlichen Niederschlag sorgen. In der geologischen Schicht des obersten Braunen Jura treten zahlreiche Hangquellen aus. Die versickern im aufgelagerten, wasserdurchlässigen Kalkhangschutt, um hangabwärts wieder zutage zu treten. So stößt man in der Heide immer wieder auf Quellmoore. Besonders schutzwürdig ist das sogenannte Davallseggen-Quellmoor, das zu den Kalkflachmooren zählt. Derartige vom Menschen unbeeinflusste Pflanzengesellschaften findet man in ganz Europa nur noch selten. Diese wechselfeuchten Standorte bieten Lebensraum für Ringelnatter, Kreuzotter, Schlingnatter, Gelbbauchunke, Grasfrosch, Feuersalamander und Blindschleichen. Dazu kommen noch rund vierzig Vogelarten.

Der idyllische Heiligenbach, der die Wacholderheide entwässert, fließt nach 3,7 km bei Schlatt in die Starzel. Wer genau hinschaut, sieht, dass der Bach sich von Westen her tief in den Albkörper gefressen hat. Zusammen mit dem Kehlenbach, der rund 800 m östlich von Talheim her am Berg nagt, werden die beiden Gewässer eines Tages den Dreifürstenstein und den Hirschkopf von der Salmendinger Albhochfläche abgetrennt haben.

Tipp

Wer trittfest unterwegs ist, sollte unbedingt einen Abstecher auf den vom Parkplatz (650 Hm) rund 2,3 km entfernten Dreifürstenstein (854 Hm) machen. Der Aufstieg in Kehren führt zu einer Schutzhütte mit einem fantastischen Panoramablick auf das Zollernland und den Schwarzwald. Einkehren kann man in Beuren im gleichnamigen Gasthof Dreifürstenstein oder im Jockele.

www.dreifuerstenstein.de

www.zollernalb.com/Gastronomie.

6 BUCHBACH – MÖSSINGEN-BELSEN

Wo der Bergrutsch entwässert

Lage

Der Buchbach hat sein Quellgebiet im bedeutenden Mössinger Bergrutsch am Verbindungsweg zwischen Mössingen, Belsen und Talheim. Ein Quelltümpel befindet sich unmittelbar unterhalb des Bergrutsch-Parkplatzes, weitere Teiche liegen am Rundwanderweg durch das Rutschgebiet.

Koordinaten

GMS 48°22'50"N 9°4'22"O (Quelltümpel am Parkplatz)

Erreichbarkeit

Das seit 1983 in Bewegung geratene Bergrutschgelände liegt an der Verbindungsstraße zwischen dem Talheimer Sportplatz und dem Mössinger Freizeitgelände Olgahöhe/Abzweigung nach Belsen. Die Anfahrt zum wenige Gehminuten vom Rutschgebiet entfernten Parkplatz (auch für Busse), ist von Talheim her ausgeschildert. In dem rund 5 m unterhalb von Parkplatz und Straße gelegenen bewaldeten Riedloch liegt ein ausgedehnter Tümpel, die östlichste Quelle des Buchbachs (650 Hm). Ein 2 km langer Rundweg (Route 2) führt zunächst zur Terrasse unterhalb der Rutschwand. Hier liegt ein zweiter großer Teich – die höchstgelegene Quelle des Bachs. Auf dem Rückweg, abwärts durch das untere Rutschgebiet, passiert man weitere Quellteiche in einer urwüchsigen Landschaft.

Den Buchbach kennt eigentlich niemand außerhalb von Belsen. Deren Vorfahren haben sich an seinem Unterlauf niedergelassen. Kurz bevor er sich mit dem Geißbach vereint, der wiederum einige Bäche eingesammelt hat, die von der Beurener Albkante ins Tal fließen. Belsens Nachbardorf Buch in einer großen Waldlichtung am Oberlauf des Buchbachs ist im Mittelalter aufgegeben worden (heute liegt hier angrenzend der Wanderparkplatz für den Premiumweg „Dreifürstensteig"). Am Rande eines römischen Gutshof-Areals am Mittellauf des Buchbachs hat man ihm 2018 ein imposantes Hochwasserstau-Becken verpasst. An der Grenze von Belsen nach Bästenhardt wird der Buchbach zum Öhrnbach, ab Ofterdingen zum Werdenbach, wo die fast 7 Kilometer lange Reise beim Sportplatz in der Steinlach weitergeht.

Oberhalb des Talheimer Sportplatzes wiederum nimmt die Reise ihren Lauf. Auf dem tief eingeschnittenen

Sattel zwischen dem vom Albkörper abgetrennten Farrenberg und der Hochfläche des Hirschkopfes, an dem sich am 12. April 1983 jene geologische Jahrhundertkatastrophe ereignet hatte. Binnen kurzer Zeit stürzte eine Größe von 70 Fußballfeldern mit dem Volumen von 350 000 beladenen Lastwagen zu Tal. Die Massen rutschten bis zum Buchbach-Lauf heran. Das 80 Hektar große Rutschgebiet wurde zur Steinwüste, einer biologischen Nullzone, aus dem sich aber bald wieder Leben entwickelte. Zahlreiche Tümpel entstanden, lockten Sumpfschildkröten und Waschbären an. In der urigen, wieder gewachsenen Waldlandschaft, auf hügeligen Erdschollen, zwischen Baumstämmen, die wie hingeworfene Mikado-Stäbchen wirken, bahnen sich Rinnsale ihren Weg durch das bemooste Unterholz Richtung Bachlauf. Überall plätschert und gluckst es. Der Bergrutsch-Rundweg führt durch diesen mystischen Urwald – vielleicht das urtümlichste Quellgebiet am Albrand überhaupt. Aber auf jeden Fall das bedeutendste: Das Gebiet wurde 2006 zum Nationalen Geotop gekürt – einer der fünfzig herausragenden Naturplätze in Deutschland.

Tipp

Der Bergrutsch kann selbstständig auf ausgewiesenen Wegen begangen werden. Es empfiehlt sich aber, eine Führung mit dem einzigen Bergrutschführer Deutschlands zu unternehmen. Experte und Buchautor Armin Dieter erläutert bei diesen täglich buchbaren Erlebnisführungen anhand von großformatigen Fotos die erdgeschichtliche Entwicklung der Alb im Zeitraffer,
Tel. 0 74 73/68 30.
www.alberlebnis.de;
www.dreifürstensteig.de

7 SEEBACH – WILLMANDINGEN

Die verschwundene Mühle

Lage

Der Bröller liegt auf halber Strecke im tief eingeschnittenen Seebachtal, einem alten Albaufstieg zwischen Mössingen-Talheim und Sonnenbühl-Willmandingen.

Koordinaten

GMS 48°23'12"N 9°8'21"O (Parkplatz Lausental)

Erreichbarkeit

Der Seebach entspringt in einer Wasserhöhle (705 Hm) rund 1,4 km nordwestlich von Willmandingen (766 Hm) und mündet in Talheim in die Steinlach (560 Hm). Auf der L385 von Mössingen nach Talheim. Bei der ersten Ampel links in den Rietsweg, ortsauswärts bis zur Brücke über den Seebach und dort nach rechts bis zum Wanderparkplatz nach 1,6 km. Hier bachbegleitend 1 km talaufwärts, rechts in eine Seitenschlucht (Schicksteigle). Gleich links markiert eine bachumflossene, hügelige Fläche den Standort der ehemaligen Seebachmühle. Rund 15 m oberhalb liegt die Quellhöhle.
Alternativ von der Kirche in Willmandingen in die Bolbergstraße. Die zweite Möglichkeit nach links ortsauswärts und dann nach einem scharfen Rechtsknick 700 m bis zum Wanderparkplatz über dem Lausental. Rundkurs: Von dort links über einen Waldweg südwestlich 450 m Richtung Riedernberg. An der Wegekreuzung das steile Schicksteigle abwärts. Nach 400 m plätschert am linken Waldwegrand eine der Seebachquellen aus dem Hang, nach weiteren 100 m liegt die Quellhöhle. Kurz davor führt das Mühlewegle, ein abenteuerlicher Trailpfad, wieder nach oben. Einfacher: Nach der Mühle die Seebachsteige aufwärts, entlang eines weiteren Quellzuflusses. Nach 500 m in der Rechtskurve, auf dem Öschinger Weg nach weiteren 500 m zum Parkplatz.

Die Oberamtsbeschreibung von 1824 nennt „Quellen oberhalb der Willmandinger Mühle, die dort von dem Müller in einem Weiher gefasst werden, wodurch das Wasser den Namen Seebach erhalten hat, zusammenfließt und von der Mühle weg durch eine schauerliche Schlucht geht".
Ein in Vergessenheit geratener alter Albaufstieg führt an diesem plätschernden Bächlein durch das Seebachtal auf die Hochfläche. Bis 1846 stand mitten in dieser tief

eingeschnittenen Schlucht zwischen Riedernberg und Althau besagte Mühle. Gut 15 m oberhalb im Hang öffnet sich das dunkle Loch des Willmandinger Bröllers – einer nur periodisch aktiven Wasserhöhle, die sich nach starkem Niederschlag oder der Schneeschmelze mit lautem Getöse ergießt, geradezu brüllend das Wasser aus dem Fels schießt – deshalb Bröller. Das können bis zu 100 Liter in der Sekunde sein. Unterstützung bekommt der Seebach durch einen Zweig, der weiter hinten in dieser Seitenschlucht seinen Anfang nimmt. Beide Quellarme vereinen sich auf 686 Höhenmetern und passieren nach 500 m die Landkreisgrenze.

Die Höhle ist 32 m lang, kastenförmig und durchweg einen Meter breit und verläuft in „z"-Form in den Hang. An ihrem Ende strömt Wasser aus einer rund halbmetergroßen Siphonspalte. Zum Schutz der Höhlenfauna und -flora ist der Eingang mit einem Gitter verschlossen.

Der Seebach fließt bei Talheim in die Steinlach, diese über Neckar und Rhein in den Atlantik. Nur 1000 m Luftlinie vom Bröller entfernt, liegen die oberirdischen Quellen der Lauchert. Die wiederum über Sigmaringendorf in die Donau und dann ins Schwarze Meer fließt. Es ist anzunehmen, dass der Seebach die oberirdische Linie der europäischen Wasserscheide „unterläuft" und das eigentlich für die Donau bestimmte Wasser viel südlicher als bisher angenommen unterirdisch „klaut".

Tipp

Ein lohnender Abstecher zum höchsten Berg des Landkreises Reutlingen, dem Bolberg (880 Hm) liegt auf der Strecke. Vom Bröller den Seebachtal-Weg aufwärts Richtung Willmandingen. Rund 210 m vor Erreichen des Wanderparkplatzes führt ein Wanderpfad (1,6 km) zum beeindruckenden Aussichtspunkt aufwärts (Grillstelle und Hütte). Der längere Rückweg durch den Wald über Willmandingen bietet (bei guter Fernsicht) einen faszinierenden Blick auf die Alpenkette.

8 STEINLACH – TALHEIM | WILLMANDINGEN

Drei Quellen bilden die steinige Lache

Lage
Die drei Steinlachquellen liegen vor und in der ersten Kehre der Steige von Mössingen-Talheim auf die Alb.

Koordinaten
GMS 48°22'37"N 9°7'3"O (Parkplatz beim Zusammenfluss)

Erreichbarkeit
Zu den beiden Steinlachquellen gelangt man in der Talheimer Steige. Wo die L 385 zwischen Mössingen-Talheim und Melchingen die erste scharfe Kehre macht, folgt man der Schlucht (Eckental) auf dem geradeaus führenden Waldweg (Parkmöglichkeit). Dieser verläuft direkt neben dem Bach und führt nach 300 Metern zum Quellaustritt (710 Hm). Bereits 700 m vor dieser Kehre zweigt am rechten, südlichen Waldrand das ansteigende Tierental ab (Parkplatz beim Zusammenfluss). Man folgt dem Verlauf des jungen Baches durch eine ansteigende, wildromantische Schlucht bis fünfzig Meter unterhalb der Albhochfläche auf 688 Hm.

Wer an die Nordsee in den Urlaub fährt, hat die Gewissheit, immer ein bisschen Heimat um sich herum zu haben. 900 Kilometer von ihrem Quellgebiet entfernt, ergießt sich die Steinlach als Teil des Rheins ins friesische Meer. Die ersten 25 Kilometer sammelt sie mithilfe von 19 Bächen die nötige Menge, um auf dem Neckar ab Tübingen mithalten zu können. „Mit reißendem Laufe von etwa vier Stunden Länge" bewältigte sie das 382 Meter hohe Gefälle zwischen dem Albrand bis zur Mündung, heißt es 1838 in einer Abhandlung des Königreichs Württemberg. Die Oberamtsbeschreibung von 1928 nennt als Quelle „den Fuß der Alp, an der Salmendinger Steige hinter Thalheim, wo sie mit außerordentlicher Fülle hervorbricht". Damit ist der südliche der beiden Albaufstiege gemeint, der parallel zur oberen Steige der modernen Landesstraße verläuft – das Tierental. Dort, auf 688 Höhenmetern, in einer wildromantischen Schlucht, findet sich „die

Thürentalquelle, die so wasserreich ist, dass das Bächlein ständig 50 Sekundenliter führt".

Heute wird amtlicherseits indessen der Eckentalbach als Steinlach-Ursprung geführt, wobei er mit seinen zwei Zweigen zwar am weitesten von der Mündung entfernt ist, aber oft trocken liegt, meist jedoch 50 Sekundenliter Wasser ausspuckt. Die beiden Quellaustritte des Eckentalbachs liegen im Bereich der ersten Kehre der Landesstraße. Der erste Zweig kommt rund 100 m unterhalb der Serpentine von Norden aus einer kleinen weglosen Schlucht, die die Talheimer Bronnenloch (710 Hm), die Älbler Bronnental nennen.

Zur zweiten Quelle gelangt man bequem über den Forstweg durchs Eckental (in der Mitte der Kehre). Bereits die Römer haben diesen östlichen Albaufstieg genutzt, der heute nach Willmandingen führt.

Hier, bei der Landkreisgrenze, variiert der Ursprung der Steinlachquelle je nach versickernder Regen- oder Schneeschmelzmenge. Wie auch immer: dort, wo die drei Bachzweige zusammenlaufen, am Parkplatz am Fuße des Tierentals, kann man auf jeden Fall den Beginn des Flusses verorten. Weil sie in Hitzezeiten schon immer trocken lag, erhielt sie die Bezeichnung „steinige Lache" – die Steinlach.

Tipp

Wenn man schon mal in der Nähe ist, lohnt der 2,3 km lange Weg zu einem kaum begangenen Panorama-Aussichtspunkt (850 Hm) über das gesamte obere Steinlachtal bis in den Schwarzwald hinein. Der liegt auf dem Riedernberg (Grillstelle mit Schutzhütte, bei der keltischen „Heidenburg"). Dorthin dem Eckental auf die Höhe folgen. Im Sattel, wo es hinab nach Willmandingen geht, nach links, nördlich über den Riedernbergweg (HW 1) am Albtrauf entlang oder den Heidenburgweg (quer über die Hochfläche) zum Aussichtspunkt. Am Albtrauf zurück.

9 ÖSCHENBACH – GENKINGEN

Geheimnisvolle Unterwelt im Kühlen Loch

Lage
Der Öschenbach entspringt in der Nähe des Skilifts bei Genkingen beim Weilerbrunnen und fließt durch ein Tal nach Öschingen. Unterhalb des Roßbergs bekommt er am „Kühlen Loch" durch einen Höhlenbach Zulauf.

Koordinaten
GMS 48°24'33"N 9°10'11"O (Öschenbachquelle)
GMS 48°24'49"N 9°9'21"O (Kühles Loch)

Erreichbarkeit
Das „Kühle Loch" (690 Hm) liegt in einer Schlucht zwischen Roßberg und Rinderberg, in einem Seitenzweig des alten Albaufstiegs von Öschingen (600 Hm) nach Genkingen (744 Hm). Anfahrt von Öschingen Richtung Freibad. Der Landhausstraße etwa 1 km ins Öschenbachtal bis zum Wanderparkplatz folgen. Dort dem Waldweg/Bach wieder etwa 1 km talaufwärts bis zu einer Gabelung folgen. Hier nach links, Richtung Roßberg-Aufstieg, in die Seitenschlucht, wo nach 250 m rechter Hand die Wasserhöhle oberhalb im Hang liegt. Von Genkingen: Wanderparkplatz Skilift. Von dort nicht der Kreisstraße zum Roßberg folgen, sondern den anfangs parallel geführten Feldweg hinab ins Tal nehmen. Nach 350 m liegt am rechten, nördlichen Hang der Weilerbrunnen. Nach weiteren 1,2 km zweigt das Seitental zum „Kühlen Loch" nach rechts ab. Es führt nach 1 km zu einem Grillplatz auf der Hochfläche.

„Falterbach oder Öschingerbach, der aus dem Weilerbrunnen bey Genkingen entspringt und seinen Lauf nach Öschingen nimmt", nennt die Beschreibung des Königreichs Württemberg 1824 den 8,4 km langen Bachlauf, der bei der Oberen Mühle, an der Abzweigung von Mössingen nach Talheim, endete. Dort hat der Öschenbach, mit einem Einzugsgebiet auf Öschinger und Sonnenbühler Markung von 12,3 Quadratkilometern, ein Gefälle von 255 m hinter sich. Der höchste Punkt, von dem er sein Wasser bezieht, ist der 881 m hohe Bolberg.

Seine oberste Quelle ist der Weilerbrunnen, geschützt als Geotop, der aber nur eine geringe Schüttung von rund einem halben Liter in der Sekunde hat. Das Nass fließt zunächst aus dem Gestein in einen Trog – und dann weiter durch die vom Bach ausgespülte Schlucht.

Das „Kühle Loch", in einer kleinen Seitenklinge des Öschenbachs, ist eine Quellhöhle in den Weißjura-Kalksteinen. Der an einer Schichtfuge orientierte Höhleneingang wird bei einer Breite von etwa 2 m nur 30 bis 60 cm hoch und ist im hinteren Teil ständig von Wasser durchströmt, das entlang einer Kluft absinkt und bei normaler Witterung unterhalb des Höhleneingangs ausströmt. Nur bei stärkeren Niederschlägen tritt das Wasser auch aus dem Höhleneingang aus.

Die Wasserhöhle ist die letzte Zufluchtsstätte für eine einzigartige Unterart des Feuersalamanders: In der auf 35 m begehbaren, aber tatsächlich wohl über 1 km langen Höhle, legen die Tiere ihre Larven in den kleinen fischfreien See der frostgeschützten Quellhöhle. Unter den vielen Grundwassertieren finden die Tiere reichlich Nahrung. In ihrer Nachbarschaft leben Höhlen-, Ruderfuß- und augenlose Bachflohkrebse, außerdem die kaum erforschten Arten der Brunnenschnecken.

Der rund 6 m lange und bis zu 1,6 m tiefe See, eigentlich eher ein sich ständig nachfüllendes Randbecken des Baches, liegt kurz vor dem verschütteten Höhlenende in einer bis zu 4 m hohen Halle. Die Dorfjugend machte sich früher einen Spaß, über den Lehmhang in den glasklaren Tümpel zu rutschen.

Tipp

Vom Öschenbachtal führen mehrere Wanderwege hoch aufs Roßfeld. Der Aufstieg zum Roßberg wird mit einem, zu jeder Jahres- und Uhrzeit einzigartigen Fernblick vom 28 m hohen Aussichtsturm (869 Hm) belohnt, weil der Berg die am weitesten vorgeschobene Flanke der Alb bildet.

Gaststätte und Wanderheim Roßberg, Tel. 07072/7007; www.wanderheim-rossberg.de.

10 WIESAZ – GENKINGEN

Viel Kalk und viele Mühlen

Lage
Westlich der L230 von Gönningen kommend, am Ortsrand von Sonnenbühl-Genkingen.

Koordinaten
GMS 48°24'29.5"N 9°10'50"O (Quelle am Ortsrand)

Erreichbarkeit
Kurz vor der letzten scharfen Rechtskehre der L230 am Ende des Wiesaztals zweigt rechts ein Fahrweg zur Kläranlage Genkingen ab. Am Ende des rund 300 Meter langen Wegs gelangt man zum Bachbett in einem Wäldchen. Man folgt dem tief eingeschnittenen jungen Bachlauf auf einem Trampelpfad etwa 150 m aufwärts zum durch Bewuchs schwer zugänglichen Quellaustritt am steilen Talhang (760 Hm). Oder man geht zunächst zum 100 m entfernten, gefassten Lehenbrunnen (Öschinger Straße 7), Teil eines geschütztes Geotops. Das Wasser wird von dort unter der Straße bis zur Talkante geleitet, wo es, unterhalb des Gasthauses Rosengarten, aus dem Albkörper tritt. Bei Trockenheit verlagert sich der Quellaustritt weitab talwärts. Man kann dann im trockenen tiefen Bachbett zu den etwa 1 km entfernten Quellen oberhalb der Talmühle gehen.

Sieben Mühlen nutzten die Wasserkraft der Wiesaz allein auf den ersten fünftausend Metern ihres 17,5 Kilometer langen Weges bis zur Mündung in die Steinlach – nahe der letzten Mühle auf dieser Strecke, der Dußlinger Pulvermühle. Das Gefälle in dem tief eingeschnittenen oberen Tal sorgte für den notwendigen Schub.

Die Grenze zwischen Gönningen und Genkingen verläuft durch die einstige Talmühle, sie ist über die L230 von Genkingen aus nach 2 km zu erreichen. Oberhalb dieser ehemaligen Getreidemühle liegen streng genommen vier Quellaustritte der Wiesaz. Ihr vereintes Wasser und die durch viele Nebenbäche verstärkten Zuflüsse trieben weitere Mühlen talabwärts an. Im Bereich der nach dem Kalktuffstein-Abbau durch Renaturierung entstandenen Seenplatte gibt es den Flurnamen Mühlhof. Er erinnert an ein Gebäude, das noch vor dem 10. Jahrhundert zu einer frühen und längst verfallenen Hochadelsburg auf dem Rösslesberg gehört haben muss.

Weiter abwärts war im 18. Jahrhundert eine Sägemühle erbaut worden, unterhalb entstand 1761 die Papiermühle, die an zwei Wasserfällen einer Seniorenanlage weichen musste. Obwohl es augenscheinlich ist, dass die Wiesaz ihren Anfang in dem schluchtartigen Einschnitt direkt unterhalb von Genkingen hat und damit am Beginn des von ihr ausgeräumten Tales liegt, standen früher andere Quellorte im Fokus: „Ihre Hauptquelle hat sie oberhalb der Papiermühle", heißt es in der 200 Jahre alten Oberamtsbeschreibung. „Häufig wird eine ansehnliche Quelle, bei dem großen Wasserstein in Bronnweiler, als Ursprung betrachtet."

Man kann die Hangkante am Genkinger Ortsrand, wo die Wiesaz aus einem Rohr von der Hochfläche in die Schlucht hinabfließt, als erste Quelle ansehen. Allerdings tritt das Wasser erstmals in einem Steintrog des Lehenbrunnens zutage, ehe es wieder in den Boden geleitet wird. Zwei Linden stehen neben dem geschützten Geotop, dessen Namensbezeichnung auf einen keltischen Grabhügel hindeutet. Direkt übersetzt bedeutet Wiesaz: feuchte Wiesen. Im mundartlichen „Wisnez" steckt das keltische „Visantia"; ähnlich der gallischen Quellgottheit Vesunna und der nach ihr benannten gallo-römischen Stadt nahe Bordeaux.

Eine dritte Quelle liegt etwa 700 m talabwärts (und damit 500 m oberhalb der alten Talmühle). Schließlich gibt's noch einen vierten Quellaustritt aus einer Wiese, etwa 200 m oberhalb der Talmühle.

Tipp

Ein spannender Tuffstein-Lehrpfad zwischen Gönningen und Genkingen erläutert anhand von elf Schautafeln die Entstehung der Wiesaz und vor allem die des Kalktuffs und dessen Bedeutung. Der 5 km lange Weg (Höhendifferenz 169 m) beginnt am Gönninger Rathaus. Wer's kompakter haben will, startet erst nach 2 km auf dem Wanderparkplatz bei den Gönninger Seen.
www.goenningen.info

11 ECHAZ – HONAU

Gespeist aus zwanzig Quellen

Lage
In Lichtenstein-Honau unterhalb der ersten Kehre an der Steige der B312/313 Richtung Engstingen.

Koordinaten
GMS 48°24'29.6"N 9°15'57.5"O (Quelle)

Erreichbarkeit
Am südlichen Ortsende von Honau, direkt in der ersten Linkskehre, befindet sich ein Wanderparkplatz. Von dem gelangt man entweder durch den hier beginnenden Forstweg (Alte Steige) über einen abwärts führenden Waldpfad nach wenigen Gehminuten zu den Echaz-Quellen. Oder über den parallel verlaufenden geteerten Tobelweg, der hinab zur Mühle und über eine Brücke auf den Uferweg führt. Von den unteren Quellen (Infotafel) bei 577 Hm geht es weiter südlich ansteigend in das enger werdende Tal hinein, vorbei an weiteren Quellen, entlang des aber oft trockenen Tobelbachs. Er endet am Talende in einer Lichtung mit Grillstelle. Von dort kann man zum 2 km entfernten Schloss Lichtenstein (817 Hm) aufsteigen. Rund 600 m von der unteren Echaz-Quelle entfernt liegen, über den „Erlebnisweg Honau Runde" erreichbar, unterhalb des Schlosses Lichtenstein, die beeindruckenden Föhnerquellen (570 Hm) an einem Steilhang.

Die Echaz ist der bedeutendste Fluss des Kreises Reutlingen. In vielerlei Hinsicht: historisch, geologisch, wirtschaftlich. Nur touristisch läuft ihr die Lauter absolut den Rang ab. Der Neckarzufluss schlängelt sich bis zur Mündung bei Kirchentellinsfurt, meist eingezwängt durch urbane Betonbauten. Während die der Donau zustrebende Alb-Lauchert das reinste Naturerlebnis ist. Momentan hat nur das natürlich belassene Echaz-Quellgebiet Premium-Charakter. Allerdings wird im Rahmen der Vorbereitungen zur Bundesgartenschau 2039 das gesamte Echaztal umgestaltet. Zwanzig Karstquellen speisen den rund 23 km langen Fluss bereits an seinem Beginn „im engen Talgrunde hinter Honau, von denen die „stärkste zuzeiten mannsdick aus den Felsenlöchern bricht", wie das Statistische Landesamt 1893 zu berichten wusste. Es sind acht nebeneinander liegende Löcher, die am Fuße der Trailfinger Bergwand im Mittel rund 680 Liter in der Sekunde ausspucken. Etwa 90 Quadratkilometer groß ist das Einzugsgebiet, des oberflächlich im Kalkboden versinkenden Wassers. Damit steht die Echaz in direkter Konkurrenz mit der Lauter bei Offenhausen – und hat sogar unterirdisch bereits die Europäische Wasserscheide Rhein/ Donau unterlaufen. Bei Starkregen oder Schneeschmelze kommen weitere kleinere Quellen hinzu, die sich rund 1 km weit in den enger und steiler werdenden Tobel verteilen – dann werden rund 2000 Liter in der Sekunde ausgeschüttet. Die oberste und höchste Quelle liegt beim Ohafelsen (690 Hm). Ein Großteil des Wassers wird allerdings gefasst und der Trinkwasserzubereitung zugeführt. Der Name Echaz stammt über das eingedeutschte Aechenzun vom keltischen Akantia (Fluss an der Kante/Berg). Er bezieht sich wohl auf die Achalm (altmundartlich: „Axxel", keltisch: „Ak[ana]", wie beim Schwarzwaldberg Kandel). Umgekehrt hatte man den Georgenberg früher nach dem Flussnamen Echatzenberg genannt.

Tipp

An der 2018 eröffneten, 2,5 km langen, barrierefreien „Honauer Runde" liegen neben der historischen Galluskirche, der Olgahöhle (längste Tuffsteinhöhle Deutschlands) und einer Natur-Kneippanlage in der Echaz, die Föhnerquellen (570 Hm), direkt unter dem Schloss. Diese münden nach wenigen Metern in die junge Echaz. Das Wasser kommt aus einem noch unbekannten, seit 2016 erforschten Höhlensystem (Infotafel der Höhlenforschungsgruppe Pfullingen e.V.). Das Föhnerwasser ist in Honau gefürchtet. Bei längerem Starkregen kann doppelt so viel Wasser wie aus den Echazquellen austreten und für vollgelaufene Keller sorgen. Am Erlebnisweg steht auch ein altes Pumphäusle, das der Wasserversorgung von Schloss Lichtenstein diente.

www.gemeinde-lichtenstein/ Bewegung&Natur.de

12 ERMS – SEEBURG

Aus geheimnisvollen Felsschlünden

Lage
Im Mühltal zwischen Seeburg und Münsingen-Trailfingen.

Koordinaten
GMS 48°26'30.5"N 9°28'9"O (Quelle)

Erreichbarkeit
An der B465 zwischen Münsingen und Bad Urach liegt der Teilort Seeburg. Im Kreuzungsbereich in Richtung Hengen auf der Gruoner Straße befindet sich nach 300 m ein Wanderparkplatz, auch Startpunkt für den Premiumwanderweg „Seeburgsteig". Man folgt diesem Trailfinger Schluchtweg, der für Fußgänger und Radfahrer in den Münsinger Teilort auf die Alb führt, rund 1,1 km durchs Mühltal entlang der Erms bis zu deren Ursprung.

In Seeburg münden drei Täler zusammen. Das Seetal zwischen Seeburg und Münsingen scheint am längsten zu sein. Doch der Schein trügt. Das Tal ist kurz. Und Wasser führt es nur wenig. Tatsächlich ist das nach Hengen führende Fischbachtal mit 8,4 km viel länger. Es ist verzweigt und sammelt auf 36 Quadratkilometern Wasser ein, das in Seeburg der Erms zugeführt wird. Und die fließt aus dem kurzen Mühltal, das wiederum den Abschluss der wilden Trailfinger Schlucht bildet. „Aber in ihr entspringt aus geheimnisvollen Felsschlünden des Gebirges die Riesenquelle der Erms", schrieb Heimatforscher Hans Schwenkel 1933. „Und sie bildet einen tiefblauen Quelltopf kristallklaren, schimmernden Wassers."
Die Quelle im dicht bewachsenen Landschaftsschutzgebiet ist mittlerweile eingezäunt und in einer Tuffbrunnenstube gefasst, aber rundum einsichtbar – samt umher schwimmender Forellen. Der (Rad-)Weg dorthin führt zunächst durch den Tuffsteinbauten-Ort Seeburg in eine Art Bannwald (Infotafel). In dieser Kernzone wurde die forstwirtschaftliche Nutzung eingestellt. Der Hauptquellaufbruch der Erms ist, bevor das Wasser in diesen Quellsee floss, in einer Brunnenstube gefasst worden. Von dort gelangte es, ohne Aufbereitung,

in das Rohrnetz. Der Höhenunterschied von 20 Metern zum Dorf brachte fast keinen Druck. Deshalb wurde Mitte der 1960er-Jahre ein kleines Pumpwerk gebaut, samt Filter- und Chloranlage und dann zu einem neuen Hochbehälter befördert. Seit 2007 bekommt Seeburg das Wasser aus einer neuen Anlage.

Im Schnitt schüttet die Erms-Karstquelle rund 350 Liter in der Sekunde. Je nach Witterung schwankt der Ausstoß von 67 Litern (Februar) und 1000 Litern (Juni). Der oberste Zulauf zum Ermsursprung kommt vom kleinen, 2 km langen Trailfinger Bach. Zusammen mit vielen weiteren Zuflüssen hat die Erms eines der markantesten Täler der Schwäbischen Alb geschaffen. Nach 32,4 km mündet sie bei Neckartenzlingen.

Ein aufgefundener römischer Votivstein bei Neuhausen enthielt die eingemeißelte Widmung „confanenses Armis(s)enses", also der „Kulturgenossen an der Erms". Demnach wurde der Fluss im 2. Jahrhundert nach Christus bereits „Armissa" genannt. Vergleiche mit anderen antiken Flussnamen (Armancum, Armentia) belegen, dass die Römer den Namen von den Kelten übernommen haben.

Tipp

Die Strecke des insgesamt 8 km langen Seeburgsteig-Wanderwegs, der auch in ein Hochtal nördlich des Ortes führt, lässt sich halbieren, wenn man nur den Rundkurs wählt, der zur Ermsquelle und wieder zurückführt (Gedenktafel an einen Bomberabsturz von 1944 am Ortsende). Dabei passiert man die Trailfinger Schlucht, an deren Ende in den Fels gehauene, wohl römische Geleisspuren zu sehen sind. Über die Ruine Littstein, in der Kernzone des Biosphärengebiets, geht's südlich entlang der jungen Erms zum Burgberg mit dem markanten Ehrenmal, oberhalb des Ortes. Alternativ auch über das Hofgut und Schloss Uhenfels, nördlich des Mühltals. www.badurach-tourismus.de

LAUTERURSPRUNG – GUTENBERG

13

Im Kampfgebiet der Wasserscheide

Lage
Der Ursprung der Lenninger Lauter liegt östlich von Gutenberg im Talschluss.

Koordinaten
GMS 48°31'57"N 9°31'42"O (Quelle)
GMS 48°31'51"N 9°32'3"O (Lenninger Talschluss, Schlucht oben)

Erreichbarkeit
Im beengten Lenninger Teilort Gutenberg gibt es einen größeren Parkplatz an der westlichen Ortseinfahrt. Von Lenningen auf der B465 kommend biegt man gleich rechts in die Lindenstraße. Von dort sind es rund 1,1 km zu Fuß zur Quelle. Zunächst der Straße ortseinwärts folgen, bis sie wieder auf die B465 stößt. Nach 50 m folgt man der rechts abzweigenden Oberen Mühlstraße in ein Gewerbegebiet mit verfallenen Brachflächen. Nach 220 m, an der Lauterbrücke, schwenkt man 80 m nach rechts und folgt dem Hangfuß-Weg 350 m bis zum Quelltopf.

Die Lenninger Lauter muss sich täglich an allen Seiten behaupten. Sie liegt im Bereich der Wasserscheide zwischen den Einzugsgebieten des Rheins und der Donau. Zum einen führt die unterirdische Aushöhlung der Alb dazu, dass der große östliche Nachbar, die Fils, mit ihr um das Regenwasser ringt, welches beide in den Neckar führen. Dann muss sie gegen die Donau kämpfen, die sich über den Blau-Zufluss Aach am Niederschlag bedient. Schließlich ist mit der Erms im Westen ein weiterer Konkurrent im Spiel. Deren Verbündete, die Steinach und der Tiefenbach, sind in der Neuffener und Beurener Talspinne mit vielen kleinen Bächen im Einsatz.

Die Lenninger Lauter hält sich aber tapfer auf ihrer 27,5 km langen Fließstrecke zur Neckar-Mündung in Wendlingen. Zugute kommt ihr ein großes Einzugsgebiet, dessen höchster Punkt der 874 m hohe Römerstein mit seinem Aussichtsturm ist. Auch der 806 m hohe prägnante Albtraufberg Boßler ist ihr Revier.

Und: Die Lauter ist eigentlich ein Duo, bestehend aus der Schwarzen

Lauter (siehe Seite 236) und der Weißen Lauter. Beide Quelläste kommen unweit der Kläranlage zwischen Gutenberg und Oberlenningen zusammen. Da hat die Weiße Lauter bereits 2,9 km hinter sich und zuvor den Donnbach, der im romantischen Tal unter der Ruine Sperberseck entspringt, aufgenommen. Am hintersten, unbewaldeten Punkt des Gutenberger Tales hingegen liegt die Lauterhauptquelle auf 570 Hm. Sie besteht aus mehreren, im Talboden aneinandergereihten, Schichtquellen. Die sammeln sich und kommen unter einer Brücke in einem teichähnlichen Topf hervor. Touristisch liegt dieser Platz versteckt hinter dem sanierungsbedürftigen Ortsteil zu Unrecht im Schatten. Immerhin ist die Weiße Lauter für den spektakulären, tief abgegrabenen „Lenninger Talschluss" verantwortlich, dessen 150 m tiefe Felsschlucht im April 2017 als Geopoint ausgezeichnet worden ist.

Tipp

Der „Lenninger Talschluss" und die Weiße Lauter zeigen am deutlichsten die rückschreitende Erosion der Alb auf.
Man gelangt nach 300 m in die abenteuerliche Schlucht (Serpentinenpfad), wenn man den steilen Anstieg in Verlängerung der Quelle nicht scheut. Der Weg quert die Bundesstraße in der Steige. Bequemer geht es von oben, vom Wanderparkplatz Pfulb (Skilift), der zwischen Schopfloch und der Einmündung der L1212 in die B465 liegt. Von dort, die Straße querend, erreicht man nach 350 m den Einstieg in die Schlucht. Oder, nördlich am Albtrauf entlanglaufend, nach 400 m einen versteckt gelegenen Aussichtpunkt über dem atemberaubenden Kletterfelsen Kesselwand.

FILSURSPRUNG – WIESENSTEIG

14

Der Fluss, der einen Haken schlägt

Lage
Die zwei Quellen der Fils liegen in einem Tal südwestlich der Stadt Wiesensteig.

Koordinaten
GMS 48°32'58"N 9°36'9"O (Quelle)

Erreichbarkeit
Aus drei Richtungen gelangt man in die Stadtmitte von Wiesensteig. Unterhalb der das Ortsbild prägenden Stiftskirche, biegt man westlich in die Hauptstraße/ Kirchheimer Straße ab. Nach einer Rechtskurve gelangt man nach 200 m an eine Kreuzung vor einer scharfen Linkskurve. In dieser führt die L1200 nach Neidlingen bergaufwärts weiter. Hier zweigt man links ins Hasental in die Helfensteinstraße ab, die entlang der Fils durch ein Wohngebiet nach 2 km zum Wanderparkplatz an der Papiermühle führt. Die etwas längere Wanderalternative startet am Freibad: Hier biegt man in der Helfensteinstraße nach 700 m links in die Seestraße zum 300 m entfernten Parkplatz am Täles-Freibad ab. Von dort erreicht man die Papiermühle über einen hangseitigen Feldweg nach 900 m. Ab der Mühle folgt man der ausgeschilderten Feldwegfortsetzung zum 1,3 km entfernten kleinen Filsursprung mit Grillplatz, nach weiteren 250 m erreicht man den großen Filsursprung, ebenfalls mit Grillplatz.

Sie schlägt einen Haken von neunzig Grad. In der Fünf-Täler-Stadt Geislingen ändert die Fils plötzlich ihre Fließrichtung nach Nordwesten. Sie lässt hier den zerklüfteten Albtrauf hinter sich und bahnt sich ihren Weg durch das Vorland, bis sie nach 63 km bei Plochingen in den Neckar mündet. Warum das so ist, liegt an einer bewegten Flussgeschichte, die aber recht kompliziert ist. Bis vor 10 Millionen Jahren flossen die Wasserläufe dieser Gegend in die damalige Donau. Die Ur-Lone hatte zwei Stränge, die bis nach Horb und Heilbronn reichten. Der Letztere floss über Bad Cannstatt im späteren Tal des Neckars Richtung Geislingen/Steige und weiter nach Oberschwaben.

Durch die Hebung der Alb konnte der Neckar bei Plochingen die Ur-Lone anzapfen, wodurch die verwinkelten Verläufe der Fils und ihrer

Nebenflüsse entstanden. Die Lone ihrerseits verlagerte ihren Quellpunkt weit flussabwärts ins heutige Lonsee-Urspring. Doch das ist eine andere Geschichte.

Wir gehen dorthin, wo die Fils nahezu schüchtern mit höchstens drei Kubikmetern in der Sekunde aus dem Kalkgestein quillt: ins verkehrsfreie Hasental. Eigentlich ein vielverzweigtes Trockental mit saftigen Wiesen, die sich idyllisch zwischen den Waldhängen schmiegen, zeugen von einer guten Durchfeuchtung. Aber erst im unteren Bereich sammelt sich das glasklare Wasser in einem schönen, schattigen Quelltopf – dem Filsursprung: „Das Flüsschen entquillt einem nicht bedeutend tiefen Kessel, am südlichen Abhange des Berges Bussen, in einem engen Wiesengrunde auf der Stadtviehweide", heißt es in der Geislinger Oberamtsbeschreibung von 1842. Keine 200 m unterhalb erhält die junge Fils aus einem südlichen Trockental Verstärkung von der kleinen Fils und „rieselt unter einem Wiesengelände als breiter lebendiger Bach hervor". Durch weitere Nebenquellen verstärkt, rauscht die Fils über die welligen Wiesenteppiche hinweg, deren sonderbare Unebenheiten den unterliegenden Kalktuff verraten, und treibt nach einem viertelstündigen Laufe bereits die Papiermühle. Der Name Fils (861 als „Filisa" erstgenannt) stammt von den Alemannen und bedeutet vermutlich „Vielwiesenbach" oder „Bach an den Felben (Weidenbäumen).

Tipp

Am Infopunkt Papiermühle sind die Startpunkte für Rundwanderwege wie der „Albtraufgänger" oder der „Panorama-Rundweg". Sie bieten atemberaubende Aussichten auf das mittelalterliche Städtchen. Alternativ macht man einen Stadtbummel zum Schloss, wo 1598 die ersten Kartoffeln in Deutschland angepflanzt wurden. Wer mehr über die Geschichte der Alb erfahren möchte, wählt hingegen den Wiesensteiger GeoPFAD, der ebenfalls beim Parkplatz startet. Er führt über 10 Stationen durch 150 Millionen Jahre Erdgeschichte. Alle Wege lassen sich individuell kombinieren. Wer das längere Wandern bevorzugt, wählt die 14 km lange zertifizierte „Filsursprung-Runde", die in Hohlwegen auf die Albhochfläche mit beeindruckenden Aussichtspunkten vorbei an der Ruine Reußenstein führt. www.wiesensteig.de/freizeit-tourismus

Quellen zur Donau

15 BREG – FURTWANGEN | BRIGACH – SANKT GEORGEN

Brigach und Breg bringen die Donau zuweg

Lage
Die beiden Quellflüsse der Donau liegen im Schwarzwald. Der Quellteich der Brigach befindet sich beim Hirzbauernhof rund 5 km südwestlich von St. Georgen, direkt an der L 175. Die Breg entspringt rund 6 km nordwestlich von Furtwangen und liegt in einem touristisch parkähnlichen erschlossenen Gelände. Der Donaubach entspringt in Donaueschingen.

Koordinaten
GMS 48°6'25"N 8°16'53"O (Quelle der Brigach)
GMS 48°5'43"N 8°31'14"O (Quelle der Breg)
GMS 47°57'6"N 8°30'8"O (Donauquelle Donaueschingen)

Erreichbarkeit
Zur Brigach-Quelle: Von St. Georgen kommend, von der B33 abbiegen auf die L 175 Richtung Brigach/Schönwald. Nach rund 5 km erreicht man rechts eine Parkbucht auf Höhe der Abfahrt zum Hirzbauernhof. Zu Fuß gelangt man nach 120 m zum idyllischen Quellteich. Einige Hinweistafeln, Ruhebänke und viel Getier bilden den Rahmen. Es gibt hier keinen Kiosk oder Einkehrmöglichkeiten.
Zur Breg-Quelle: Von Schönwald über die B500 nach Furtwangen. Am nördlichen Ortsbeginn nach rechts in die Kreisstraße 5730. Diese führt entlang der Breg, vorbei an kleinen Gehöften, nach 4 km zum Parkplatz Piuskapelle auf einem imposanten Hügel. Von dort gelangt man zu Fuß oder motorisiert über ein Sträßchen durch das Katzensteiger Tal zum Wanderparkplatz an der Breg-Quelle (1 078 Hm) bei der Martinskapelle mit dem Höhengasthaus Kolmenhof, Kinderspielplatz und Kiosk. www.kolmenhof.de

Rund 40 und 50 Straßenkilometer westlich der Schwäbischen Alb entspringen im Schwarzwald zwei Flüsse, ohne die es den schönsten Teil unseres Mittelgebirges gar nicht geben würde: Das 14 km lange, landschaftlich atemberaubende, mit bis zu 200 m hohen Felswänden tief eingeschnittene Durchbruchstal, samt dem Naturpark Obere Donau. Mehr noch: Ohne Brigach und Breg würde ein Großteil

der auf den folgenden Seiten vorgestellten Quellen gar nicht existieren – sie würden alle über das nördliche Abflusssystem in den Neckar entwässern.

Seit der Antike streiten die Gelehrten, wo der eigentliche Ursprung der Donau zu suchen ist. Der längste Strom Europas mit seinen 2850 km Länge beginnt zwar beim Zusammenfluss in Donaueschingen, seine am weitesten entfernte Quelle aber befindet sich bei der Martinskapelle (1 085 Hm) nahe Furtwangen (978 Hm). Der Sakralbau aus dem 8. Jahrhundert, gebaut auf den Resten eines keltischen Quellheiligtums, liegt an einer uralten Passstraße, wiewohl der Flussname Breg vom keltischen „briga" (hochgelegen) abstammt. Rund um die mit der Statue des Flussgottes Danuvius gefassten Breg-Quelle (die hier aus lokalpatriotischen Gründen natürlich Donau-Quelle heißt) ist ein kleiner Park entstanden. Zahlreiche Skulpturen, Infotafeln und Gedenksteine säumen die Anlage. Hier kann man einkehren, übernachten oder zu weiteren Wanderungen starten, wie zur 900 m entfernten Elz-Quelle.

Im Vergleich zu diesem Hotspot fristet die Brigach-Quelle fast ein

Schattendasein. Bei den letzten Höfen der Gemeinde Brigach weist ein kleines Schild zur Quelle (925 Hm) beim stattlichen, aber familiär geführten Hirzbauernhof (Hirz = Hirsch). Über dem Wasseraustritt in den Quellteich hinterm Hauptgebäude sieht man eine Sandsteinkopie (Original im Stadtmuseum von St. Georgen) eines hier entdeckten Dreigöttersteins, der keltischen Ursprungs ist – wie der Flussname: Bergbach. Die eigentliche Quelle entspringt im Keller des Bauernhofes, sie führt nach wenigen Metern ins Freie, wo sie sich nach etwa 40 km mit der 46 km langen Breg vereinigt.

Tipp

Da wäre noch der Donaubach, der im Fürstlich Fürstenbergischen Schlossgarten in Donaueschingen entspringt und nach 100 m in die Brigach fließt. An dieser Stelle steht ein wilhelminischer Tempel. Der Donaubach gilt als der symbolische Quellbeginn des Flusses. Für touristische Zwecke wurde das türkisfarbig in Blasen aufsteigende Karstwasser in einem kunstvoll verzierten runden Becken gefasst. Immerhin hatte bereits der spätere römische Kaiser Tiberius um 15 vor Christus bei seinem Feldzug „nach einer Tagesreise" vom Bodensee gen Norden „die Quellen der Donau" aufgesucht.
www.donaueschingen.de/donauquelle

TALBACH (AMTENHAUSER BACH) – IMMENDINGEN

16

Sonnigste Quelle der Baaralb

Lage
Der Talbach fließt in den nach seinem Quellort benannten Öfinger See und von dort als Amtenhauser Bach durch den ehemaligen Klosterort nach Immendingen-Zimmern in die Donau.

Koordinaten
GMS 47°58'1"N 8°39'4"O (Parkplatz am See)
GMS 47°56'51"N 8°41'6"O (Kloster Gedenktafel)

Erreichbarkeit
Von Geisingen/Anschluss A81 auf die B311 Richtung Tuttlingen. Nach 3 km erreicht man den Immendinger Teilort Zimmern. Der erstreckt sich beidseitig des Donautals entlang der Straße. Rund 250 m nach Ortsbeginn (500 m vor dem großen Kreisverkehr) nach links abbiegen, dann rechts haltend in die kleine Amtenhauser Straße in das gleichnamige Tal einschwenken. Nach 2,5 km erreicht man das ehemalige Kloster (heute Bauernhof), von dem nur noch das privat genutzte Prioratsgebäude erhalten ist. Gleich am Hofbeginn rechts einen Hangfahrweg 300 m hinauf bis vor das Eingangstor, weiter entlang der Umzäunung aufwärts und rechts zu einem Gedenkkreuz mit Bildstock und Infotafel. Nach weiteren 3,5 km führt das Sträßchen zum Öfinger See, wo der Talbach gestaut wird. Nach weiteren 4 km erreicht man Öfingen. An dessen östlichem Ortsende (Richtung Ippingen), folgt man der zum Himmelberg (941 Hm) ansteigenden Eckgasse. Sie führt nach 1 km zur Quelle des „Himmelgraben" in einer Wiese.

Es ist nicht jedem bewusst, dass die 220 km lange Schwäbische Alb vom Schweizer Hochrhein-Gebiet bis ins bayerische Ries um Nördlingen reicht. Die Donau bildet zwar ab dem Sigmaringer Raum die landschaftliche Grenze zu Oberschwaben. Doch westlich davon fließt der Fluss – im Durchbruchstal – rund 50 km quer durch die Alb. In Geisingen, wo die Donau begonnen hat, das Gebirge zu durchschneiden, sind es noch einmal etwa 50 km bis zum südlichen Anfang des Mittelgebirgszugs beim Schaffhauser Randen. Richtung Immendingen hat der

Fluss die Hegaualb von der Baaralb tief getrennt und mit dem Oberen Donautal seine eigene naturräumliche Gliederung geschaffen. Hier bekommt er mit der Aitrach einen ersten rechten Zulauf. Dieser 16 km lange Fluss hat aber keine eigene Quelle, sondern wird aus Entwässerungsgräben bei Blumberg gebildet. Auch der benachbarte Talgraben, der meist verdolt durch Hintschingen zur Donau plätschert, ist reizlos. Mit dem Amtenhauser Bach kommt der erste linke Zulauf aus der Schwäbischen Alb ins Spiel. Der 10 km lange kleine Fluss entspringt in mehreren Gräben in Öfingen, dem am höchsten gelegenen Bad Dürrheimer Stadtteil, auf 831 Hm. Der staatlich anerkannte Ferien- und damit Quellort gilt als „der sonnigste der Baaralb".

Vier Kilometer talabwärts zeigt sich der unscheinbar dahinfließende

Bach von seiner schönsten Seite. Hier, kurz vor der Kreisgrenze zu Tuttlingen, ist er zu einem idyllischen, mit Gras und Sträuchern am Ufer bewachsenen Weiher aufgestaut worden. Eine pure Erholungsoase, mit Bänken und Wiesenfläche, bei der man gelegentlich Mitglieder des Angelvereins antrifft, aber an dem auch Hocketen veranstaltet werden. Im 1,5 ha großen und 2 m tiefen Gewässer tummeln sich Flussbarsch, Karpfen und Schleie. Dazu gesellt sich eine reichhaltige Vogel- und Insektenwelt.

Vom historisch bedeutsamen Teil des Talbachs ist nicht mehr viel übrig. Dort, wo von 1107 bis 1803 ein Benediktinerinnenkloster stand, erstreckt sich heute ein moderner Bauernhof. An die 1111 verstorbene, in den Stand der Seligen aufgenommene Ordensfrau Beatrix erinnert eine kleine Gedenkstätte, die 2023 anlässlich der jährlichen Maifeier um eine Infotafel bereichert wurde. Der Amtenhauser Bach wurde im Bereich von Zimmern 2021 renaturiert und parkähnlich zurückgebaut.

Tipp

In der Ortsmitte von Öfingen gibt es einen Standort mit fantastischer Panoramasicht über die gesamte Baarebene bis – theoretisch – ins Quellgebiet der Donau im Schwarzwald. Zum Aussichtspunkt: Der Bühlstraße aufwärts Richtung Talheim folgen, links in die Haugenrainstraße abzweigen. Dort erreicht man nach wenigen Metern die Panoramatafel.

17 DONAUVERSINKUNG – IMMENDINGEN

Die Donau fließt in den Bodensee

Lage
Die Versinkungsstellen der Donau liegen in einer Flussschleife zwischen Immendingen und Möhringen.

Koordinaten
GMS 47°56'17"N 8°44'5" O (Parkplatz Donauversinkung)
GMS 47°55'5"N 8°44'57" O (Parkplatz beim Zeltplatz)

Erreichbarkeit
Auf der B311 in Höhe Möhringen auf die K5944 Richtung Hattingen abbiegen. Nach 2,2 km ist rechts vor einer Eisenbahnbrücke ein großer Parkplatz, von dem ein 300 m langer Weg abwärts zum östlichen Ende der Versinkungsstelle führt. Meistens ist hier das Flussbett trockenen Fußes an einer Furt überquerbar (Infotafeln).
Alternativ: Flussaufwärts gelangt man bei Immendingen auf einem neu gestalteten Donauuferweg zu den Versinkungsstellen. Am östlichen Ortsrand von der B311 auf die L225 Richtung Mauenheim abbiegen. Nach 600 m links zum 650 m entfernten Zeltplatz/Parkplatz abbiegen. Auf Höhe des Imbissstandes beginnt der rund 2 bis 3 km lange Versinkungsabschnitt der Donau.

Sie verschwindet einfach im Untergrund. Das Flussbett der Donau taucht in einem Streifen von einer Länge von bis zu 3 km einfach ab. Nicht nur in den heißen Sommern, mittlerweile auch durch den Niederschlagsmangel im restlichen Jahr. Das Wasser versickert nicht langsam auf Nimmerwiedersehen im Erdreich, sondern versinkt plötzlich und recht zügig: Der Unterschied liegt in der Geschwindigkeit des Eindringens ins Erdreich. Bei der Donauversinkung wird der Fluss durch immer mehr und größer werdende Risse und Klüfte von einem unterirdischen Flusssystem im porösen Kalksteinuntergrund angezapft. Das Wasser fließt 12 km im Untergrund in einem nicht erforschten unterirdischen Flusssystem und tritt dann im 183 Hm tiefer liegenden Aachtopf wieder aus (Seite 168). Die Aach ihrerseits fließt in den Bodensee, was zu dem Kuriosum führt, dass ein Teil des

Donauwassers nicht im Schwarzen Meer landet, sondern über den Rhein eben auch in die Nordsee.

Die erste nachweisliche Versinkung ist für das Jahr 1874 bezeugt. Seither ist die Zahl der Versinkungstage pro Jahr angestiegen. Waren es bis 1904 noch 80 Tage sind es heute zwischen 150 und 200. Dieses einzigartige Naturphänomen wird eines Tages gravierende Folgen haben: Wenn die Versinkungsdauer weiter zunimmt, wird die obere Donau – der Zusammenschluss von Brigach und Breg – künftig komplett bei Immendingen in die Radolfzeller Aach abfließen. Als neue Quelle müsste dem bisher unbedeutenden Krähenbach, der bei Tuningen entspringt (Seite 58), die Ehre zuteilwerden, Ausgangspunkt des zweitlängsten europäischen Flusses zu werden. www.donauversickerung.de

Tipp

Immendingen hat an seinem südlichen Ortsrand, wo eine weitere Versinkungsstelle liegt, einen Donaupark geschaffen. Es gibt einen Wasserspielplatz, schöne Sitzstufen am Donauwehr, mehrere Brücken und Plätze, eine Promenade mit Uferwegen. Mittelpunkt ist das 1706 neu aufgebaute fürstliche Untere Schloss mit einem kleinen Park im Renaissance-Stil.
www.donau-wellen.de

18 KRÄHENBACH – TUNINGEN

Keltenschanze und Wasserbüffel

Lage

Der Ursprung des Donau-Zuflusses Krähenbach liegt im Haldenwald zwischen Tuningen und Talheim.

Koordinaten

GMS 48°1'33"N 8°37'55"O (Wanderparkplatz)
GMS 48°1'11"N 8°37'16"O (Quelle)

Erreichbarkeit

An der Abfahrt Tuningen die A81 verlassen und auf die B523 nach rechts Richtung Talheim/Tuttlingen abbiegen. Nach 1,4 km, an der ersten Abfahrtsmöglichkeit, nach links abzweigen und nach 120 m auf die K5711 einfahren. Nicht nach rechts, Richtung Talheim, sondern im Bogen nach links zurück Richtung Tuningen. Nach 200 m führt die Straße in einer Brücke über die soeben befahrene B523, und nach 20 m öffnet sich links in einer Waldlichtung die geschotterte, 200 m lange Zufahrt zu einem Wanderparkplatz. Hier liegt das Quellgebiet des Krähenbachs. Den Waldweg 220 m ausgeschildert nach Süden folgend, erreicht man im Bereich einer Wegekreuzung, rechter Hand im lichten Nadelwald, eine sehr gut erhaltene keltische Viereckschanze. Dem Hauptweg weitere 120 m südlich folgend, quert man den schmalen grabenartigen Krähenbach. Wenn man nun entlang des Bachlaufes oder des Waldwegnetzes geht, gelangt man nach je 750 m zu seinen beiden Ursprungsarmen.
Vom Parkplatz auf dem Waldweg 30 m nach Osten, quert man den Krähenbach kurz vor dem Wildgehege Tuningen, wo sich im Sommerhalbjahr unter anderem Wasserbüffel im Weiher tummeln.

Der Krähenbach ist der erste bedeutende Fluss aus dem Albgebirge, der der Donau zufließt. Er entspringt auf etwa 800 Höhenmetern. Wenn aber, wie in den letzten Sommern eindrücklich zu sehen war, die Donau zwischen Immendingen und Möhringen fast vollständig im Erdreich versinkt, springt der Krähenbach ein. Er sammelt auf seinen 16 km Länge aus einem 33 Quadratkilometer großen Einzugsgebiet der Westalb genug Wasser ein, um vorübergehend als Donau-Quellfluss den 620 km langen Verlauf durch deutsches Gebiet einzuleiten.

Im vom Wald geschützten Ursprungsgebiets des Krähenbachs sind wenigstens 30 Grabhügel aus dem 8. bis 5. Jahrhundert vor Christus im Umfeld bekannt. Ein Blickfang ist das Keltengrab am Tuninger Rastplatz der A81. Unmittelbar im Haldenwald haben sich die noch bis zu 2 m hohen Wälle einer rund 2200 Jahre alten Viereckschanze erhalten. Die trapezförmige Anlage (62/81/69/79 m), teilweise heute noch von Wassergräben umflossen, dürfte gezielt als Kultstätte angelegt worden sein und war wahrscheinlich Mittelpunkt und Versammlungsstätte einer Siedlungsgemeinschaft.

Das lässt vermuten, dass den Alb-Kelten am Krähenbach bewusst war, dass sie am temporären Ursprung der ältesten und bedeutendsten europäischen Lebensader siedelten. An dieser Stätte mögen sie das Element Wasser, gleichgesetzt mit der Entstehung von Leben, verehrt haben. Praktischen Nutzen für den Handel hatte der Krähenbach indessen nicht. Schiffbar war die Donau erst in der 70 km entfernten Heuneburg, wo das keltische Wirtschaftszentrum, der antike Stadtstaat Pyrene, lag.

Bereits Jungsteinzeitmenschen (vor 5000 bis 9000 Jahren) hielten sich am jungen Krähenbachlauf auf.

„Ried" heißt das mit kleineren Weihern durchzogene Feuchtgebiet ein wenig östlich der Schanze. Auf Spazierwegen und von Ruhebänken lassen sich heute neben vielen Vogelarten auch Wasserbüffel beobachten. Sie sind zur Biotop-Pflege eingesetzt, fressen Schilfgräser und verhindern dadurch, dass die Tümpel zuwachsen. Mahnwald heißt dieses Gebiet, hier sollte eine Sondermülldeponie des Landes errichtet werden. Bürgerprotest verhinderte das, 2016 wurde das Gebiet ein Ökoreservat.

Tipp

Im benachbarten Talheim hat die Gemeinde am Krähenbach einen frei zugänglichen Badesee angelegt. Das ansprechende, naturnahe Gewässer ist eingefasst, mit Stufen versehen und hat eine Wasserfläche von 1900 Quadratmetern, dazu eine 25 Zentimeter hohe Kiesbodenschicht. Es gibt Duschen, eine schöne Liegewiese, aber keinen Kiosk. Eintritt ist frei. Früher badete man gern im 200 m entfernten Karpfenteich des Angelvereins. Das war aber für die Fische am Krähenbach auf Dauer zu stressig.

ELTA – SPAICHINGEN
Eine künftige Donauquelle

19

Lage
Die Quelle des Donau-Zuflusses Elta liegt in einem Waldgebiet zwischen Spaichingen und Schura.

Koordinaten
GMS 48°3'37"N 8°40'52"O (Quelle)

Erreichbarkeit
Von Spaichingen an der Hauptstraße (B 14) bei der Kirche in der Ortsmitte abbiegen, am Friedhof vorbei auf die Schuraer Straße (K5913) stadtauswärts Richtung Schura/Tuningen. Rund 2,5 km nach dem Ortsschild und der Querung eines Waldgebiets, befindet sich rechts auf einer großen Lichtung der Grillplatz Viehweide (Schutzhütte) am Ufer des Bachlaufes der Elta. Bei längerer Trockenheit führt der junge Fluss erst ab hier fließendes Wasser. Das eigentliche Quellgebiet wird erreicht, wenn man der Kreisstraße 500 m folgend, in ein weiteres Waldgebiet fährt. Dort tut sich nach 200 m rechts eine sehr breite Waldwegeinfahrt auf (Parkmöglichkeit). Etwa 100 m Luftlinie in südlicher Richtung liegt das sumpfige Quellgebiet: Nach dem Überqueren der Straße kommt man auf einen Schotterweg, der in einem 50 m langen Bogen durch ein Tannenwäldchen führt. Am Ende des Bogens folgt man dem Bachbett in westlicher Richtung bis zum Ursprung.

Die Elta, wie auch ihr Nachbarfluss Krähenbach, werden unter touristischen Aspekten recht stiefmütterlich behandelt. Weniger noch: sie werden ignoriert. Wer das Quellgebiet der Elta in einem Nadelholzwäldchen auf 790 m Meereshöhe besuchen will, muss selbst aktiv werden. Man wird weder in gängigen Ausflugsführern und -karten fündig noch in Internetauftritten des Schwäbischen Albvereins oder der Stadt Spaichingen, auf deren Markung die Quelle liegt. Demzufolge gibt es auch keine Wanderwege und auch keine Hinweisschilder zum Ursprung des Flusses. Daraus könnte man schlussfolgern, dass die Elta, die sich immerhin 16 km durch den Kreis Tuttlingen schlängelt und in der Kreisstadt in die Donau mündet, ein unbedeutender Bach ist. Das haben die Kelten, die die Westalb großflächig besiedelten, anders gesehen. Sie gaben ihm vor dreitausend Jahren den

Namen „Aldi". Einige Namensforscher glauben, dass der Name rund 1500 Jahre jünger ist, „Altia" lautete und auf die alemannischen Neusiedler zurückzuführen ist. Zumal bedeutende nachrömische Siedlungen entlang des Flusses liegen: Gunningen, Seitingen, Wurmlingen und Tuttlingen. Fakt ist, dass der Fluss ein Gebiet von 81 Quadratkilometer entwässert.

Richten wir aber mal einen Blick in die Zukunft: Wenn sich die Donauversinkung zwischen Immendingen und Möhringen in Zukunft durch die anhaltenden Trockenphasen weiter verschärft, wird der bedeutendste Fluss Mitteleuropas auf diesem Abschnitt gänzlich in den Hohlräumen des Erdreichs verschwinden und über die Aach in den Rhein fließen. Die Breg bei Furtwangen, der bisherige Donau-Quellfluss, wird dann vom Krähenbach ersetzt. Und die Elta übernimmt die Funktion des zweiten Schwarzwaldflusses Brigach nahe St. Georgen. Dann wird der Elta-Ursprung recht bald zum touristischen Hotspot. Deshalb ist jetzt noch etwas Zeit, das romantisch gelegene Quellgebiet und die ungestörte Natur in aller Ruhe aufzusuchen.

Tipp

Der höchste Punkt des Einzugsgebiets der Elta ist der 911 m hohe Hohenkarpfen. Der kegelförmige, landschaftsprägende Zeugenberg ist wegen seines Panorama-Rund- und Alpenblicks ein beliebtes Ausflugsziel. Der Gipfel, der nur zur Fuß erwandert werden kann, trug eine im Dreißigjährigen Krieg zerstörte Burg. Start vom Wanderparkplatz am westlichen Ortsrand von Hausen ob Verena über einen 2 km langen geteerten Weg zum Hotel/Restaurant. Oder direkt mit dem Auto zu diesem Hofgut Hohenkarpfen auf der Südseite des Berges. Vom Hofgut gelangt man auf einem Fußweg nach 350 m auf die Berghöhe.

www.hohenkarpfen.de

20 URSENTALBACH – NENDINGEN

Burgenreiches Tal

Lage

Die Quelle des Ursenbachs liegt in einem Donau-Seitental 3 km nördlich von Nendingen.

Koordinaten

GMS 48°1'32"N 8°50'4"O (Wanderparkplatz)

Erreichbarkeit

Von der L277 zwischen Tuttlingen und Mühlheim in der Ortsmitte von Nendingen an der großen Kreuzung in die Bräunisbergstraße abbiegen. Diese führt ortsauswärts zunächst über die Donau dann über die Bahnlinie. Von dort läuft sie als Ursentalstraße aus dem Neubaugebiet in das gleichnamige Tal. Nach insgesamt 3 km Fahrt gelangt man zum Wanderparkplatz mit Spiel- und Grillanlage. Von dort an ist der weiterführende Talweg für den Verkehr gesperrt. Der Ursentalbach entspringt etwa 100 m weiter entfernt am rechten Hangfuß (690 Hm). Vom Parkplatz talaufwärts führen an diesem Hang nach 350 m und 900 m zwei Pfade zur Ruine Bräunisburg (848 Hm).

Der kleine Ursentalbach ist ein großer Schaffer. Etwa 2 km nach seiner heutigen Quelle verlässt er die südliche Albhochfläche, in die er sich an der Pforte zur Donau 150 m tief und rund 250 m breit hineingefressen hat. In seiner Jugend, also vor einigen Hunderttausend Jahren, sprudelte das Wasser viel weiter nördlich aus dem Gebirgskörper. Sieben Kilometer vom jetzigen Quellteich entfernt. Der durchwanderbare Weg dorthin führt unmerklich ansteigend durch das trocken gefallene Tal nach Nordwesten. Dort gabelt sich das vormalige Ursenbachtal bei Aggenhausen in das weiterlaufende Storchentäle und das längere, sich abzweigende Birental.

Im unteren Bereich kommen noch zwei alte Quellzweige hinzu. Etwa 1 km nach dem Parkplatz biegt ein Feuchttal nach Westen ab. Der Weg hindurch führt unterhalb der Ruinen Wallenburg (Grillstelle, 840 Hm), Altrietheim (830 Hm) und der verschwundenen Höhenburg Schallon auf dem Stierjörgenfelsen (Aussichtspunkt, 835 Hm) vorbei. Nach 2 km erreicht man das abseits gelegene 80-Einwohner-Dörflein Rußberg (875 Hm) auf dem Großen Heuberg.

Rund 3,7 km vom Startpunkt entfernt, führt das zweite linke Seitental nach 1 km Länge steil zum in einer Bergmulde liegenden Weiler Risiberg (850 Hm), einer Teilgemeinde von Dürbheim. Schon 700 m zuvor geht der Weg ebenfalls unterhalb einer ehemaligen Burg vorbei – der Ruine Kraftstein (835 Hm). Alle abgeschiedenen Orte und Täler sind mit- und untereinander durch Wanderwege verbunden. Durch das Ursental führt der Heuberg-Allgäu-Weg des Schwäbischen Albvereins (HW 9). Der flache Anstieg vom Donautal auf die Hochfläche war – die Burgendichte zeigt es – in vergangenen Zeiten ein wichtiger Verkehrsweg. Was man vom 3,7 km langen Ursentalbach (von *ursus*, Bär, oder den davon abgeleiteten Personennamen Urs/Ursula) nun nicht behaupten kann. Obwohl er nur ein bescheidenes Gewässer ist, gibt er einen Teil seiner Fracht nach der Bahnlinie, kurz vor der Mündung in die Donau, an den Kesselbach ab.

Tipp

Von allen mittelalterlichen Ruinenstätten beidseits des Ursentals bietet die nur noch als Erdwerk vorhandene Bräunisburg (1349 bereits verlassen) die schönste Aussicht ins Tal. Weitere Felsen mit Ausblick finden sich am Traufweg Richtung der als Ruine erhaltenen Nachbarburg Kraftstein (2,7 km entfernt). Am eindrücklichsten ist hingegen die wehrhafte Anlage der Wallenburg. Wer unentschlossen ist, welche Burg er sich anschauen möchte, läuft zunächst vom Parkplatz 1 km zum „Fünfbahnigen Markstein", dem seltenen Denkmal eines Ortes, wo fünf Dorfmarkungen aneinanderstoßen, und entscheidet am dortigen Wegweiser.

21 KESSELBACH – NENDINGEN

Quelle mit seltener Steilhanglage

Lage
Die Quellen des Kesselbachs liegen am Hang des Donautals zwischen Nendingen und Mühlheim-Stetten.

Koordinaten
GMS 48°1'1"N 8°51'41"O (Quellen)

Erreichbarkeit
Von der L277 zwischen Tuttlingen-Nendingen und kurz vor Mühlheim in die K5900 nach Stetten abzweigen. Die Donaustraße überquert nach 600 m den Mündungsbereich des Kesselbachs. Rund 70 m nach der Brücke biegt man am Rathausplatz links ab, nach 100 m wieder links in die Bachstraße, die zum Wanderparkplatz führt. Von dort die Bachstraße aufwärts zurück, nach 350 m die Bahnlinie überquerend, links in die Eisenbahnstraße. Der folgt man 500 m durchs Gewerbegebiet bis zum Wasserspielplatz am Riedbrunnen. Dessen Quelle liegt 200 m oben im Hang.

„Und es scheint beinahe unzweifelhaft, dass sich hier ursprünglich eine römische Niederlassung befand, wofür die sommerliche Lage und die daselbst vorhandene Terrasse, an der die Quelle des Kesselbachs hervorsprudelt, entschieden sprechen", schrieb der Topograph Karl Eduard Paulus 1879. Na also, die Römer hatten eine gute Nase. Aber auch schon die Jungsteinzeit-Menschen, die am Südhang des Tales siedelten. Letztlich entwickelte sich das mittelalterliche Dorf Stetten vom Kesselbach weg, zunächst aus zwei Siedlungen. Hier stand eine früh abgegangene Mühle und hier wurde auch unter Einfluss des Klosters Petershausen im 12. Jahrhundert eine Kapelle zu Ehren des Heiligen Nikolaus errichtet.
So befand die Oberamtsbeschreibung rund 1600 Jahre nach dem Wegzug der Römer, dass „Stetten mit gutem Trinkwasser im Überfluss versehen ist, das sieben Pump- und ein Schöpfbrunnen liefern. Auch die Markung ist quellenreich, die bedeutendste ist der am Heuberg entspringende Riedbrunnen, der sich in den Kesselbach, der Weißfische führt, ergießt",

und weiter: „Der letztere entspringt in einer für heilkräftig geltenden Quelle in den Wiesen."
Heute gilt die Riedbrunnenquelle als eine der wenigen am Steilhang der Donau. Allerdings hat die Trockenheit der letzten Jahre dazu geführt, dass sie talwärts in den Jura-Hangschutt gewandert ist. Etwas unterhalb liegt der beliebte Wasserspielplatz der Gemeinde mit Grillstelle und Spielgeräten.
Der 2,2 km lange Kesselbach, zunächst ein kläglicher Abzweig des Ursentalbachs, nimmt während seines Laufs viele kleinere Zuläufe auf. Das Wasser kommt von der Hochfläche des Bräunisbergs, einem Gebiet von rund 1,7 Quadratkilometern, und verleiht ihm Volumen und klares Wasser.

Tipp

Über einen 4,5 km langen Rundweg gelangt man auch zu den weiteren Quellen des Kesselbachs. Vom Parkplatz aus führt ein sowohl landwirtschaftlicher wie auch Rad- und Spazierweg durch die Donautalauen 2 km weit nach Nendingen in die Austraße. Auf der Hälfte der Strecke liegen, etwa 300 m nördlich an der Bahndamm-Südseite, mehrere starke Quellen des Bachs (635 Hm). Man gelangt weglos über die Wiesen hin. Oder auf dem Rückweg nach Stetten über den Begleitweg entlang des Bahndammes: Von der Au über die Bräunisbergstraße/Bahnüberführung zur Kapelle und dort rechts in den Feldweg entlang der Schienen nach 800 m zu einem Fußgängerübergang, hinüber zum Quellgebiet.

22 LIPPACH – BÖTTINGEN (HEUBERG)
Im Tal der vielen Brunnen

Lage
Der Ursprung des Lippach liegt mit drei weiteren Brunnen in einem beginnenden Tal noch auf der Hochfläche im Südosten der Heuberg-Gemeinde Böttingen.

Koordinaten
GMS 48°5'41"N 8°49'3"O (Quellen)

Erreichbarkeit
In die Ortsmitte von Böttingen (935 Hm) von der Hauptstraße bei der Kirche in die Färberstraße einbiegen. Diese führt nach 1 km ortsauswärts zum Bauhof an der Kläranlage neben einem alten Steinbruch. Parkmöglichkeit suchen. In dem unterhalb beginnenden, enger werdenden Tälchen, liegt nach etwa 200 m der Ursprung des Lippachs, dessen Quelle je nach Trockenheit abwärts wandert. Nach weiteren 800 m erreicht man an einer Wegekreuzung die schön gefasste Grauentalquelle (851 Hm). Talabwärts geht es zur Lippachmühle (2,5 km).
Ein weiteres Hochtal führt nach Norden, an einer gut ausstaffierten Grillstelle vorbei, nach 100 m zum Schäfer- und Antoniusbrunnen und nach 200 m um ein steiles Felseneck herum zum Allenspacher Hof hinauf.
Ein etwas anrüchiger Ausgangspunkt: Der 11 km lange Lippach entspringt gleich unterhalb der Böttinger Kläranlage. Doch bereits nach wenigen Gehminuten ist das vergessen. Ein abrupter Ortswechsel: Man taucht geradezu in ein tief eingeschnittenes Tal ein – von dichtem Wald beschattet, aber gleichzeitig von den im Sonnenlicht angeleuchteten Kalksteinfelsen der Wacholderheide gegenüber erhellt. Der Lippach ist in seinem von großen Steinen gebildeten Bachbett nicht immer zu sehen, er fließt öfters unterirdisch. Das ändert sich an einer Talkreuzung, dem Kreuzensteigle. Hier gibt's Nachschub, an einem der schönsten Brunnen der Alb – der Grauentalquelle, 1994 vom Albverein zusammen mit einem angrenzenden Feuchtbiotop anstelle eines eingestürzten Brückles als „Brücklebrunnen" angelegt. Diese Quelle war bis in die 1950er-Jahre Teil der komplexen Trinkwasserversorgung Böttingens.

Etwas abseits liegt der Schäferbrunnen, auch Fridolinsbrunnen genannt, nach seinem Gestalter Fridolin Mattes. Der hat 1972 die Quelle neu gefasst und einen Rastplatz angelegt. Weiter oberhalb steht der nach Anton Lehr benannte Antoniusbrunnen. Dieser hat 1925 die alte

Viehtränke des Allenspacher Hofs als Brunnentrog wiederverwendet. Böttingen als Siedlung war an der tiefsten und breitesten Stelle in einer geschützten Talmulde angelegt worden. Das „Längenloch" zieht sich noch 5 km weit bis an den Albtrauf hin. In diesem von der jungen Lippach ausgespülten „Einschnitt sprudeln kleine Quellen der „zweiten Generation". Allein fünf Brunnen bilden das Dreieck zwischen Martinus-Kirche, Friedhofstraße und Rathaus. Sie werden gespeist von der heute als Brunnenstube gefassten Bitze-Quelle am Beginn der Ortseinfahrt von Dürbheim kommend. Das Wasser wurde 1806 in Rohren aus Eichenholz und ab 1865 in Bleirohren zu den Trögen geführt. Aus dieser Zeit stammt noch der gegenüberliegende Sternenbrunnen. Zwei der achteckigen Eisentröge wurde in den 1970er-Jahren bei Verkehrsunfällen zerstört, der „Rathausbrunnen" in Granitstein-Bauweise wieder in Betrieb genommen.

Tipp

Alternativ gelangt man zu den Brunnen auf der K 5903, von Königsheim kommend, Richtung Böttingen/Bubsheim. Nach 1,7 km gibt es eine Parkbucht am rechten Straßenrand, wo die Kapelle zu Ehren des recht ungewöhnlichen heiligen Zeno (eingeweiht 2000) besucht werden kann. 200 m zuvor biegt links ein Feldweg zum 500 m entfernten Allenspacher Hof (910 Hm) ab. Rechts liegen die Ruinen des im Dreißigjährigen Krieg verfallenen Dorfes. Erhalten hat sich der von der Evangelischen Jungenschaft sporadisch genutzte Schäferhof. Ein Wanderweg führt durch und vorbei am ältesten Baum des Kreises Tuttlingen: Die Allenspacher Hoflinde ist ungefähr im Jahr 1450 gepflanzt worden. Ihre Höhe beträgt 26 m und der Stammumfang liegt bei bis zu 9,05 m. Vom Hof sind es 300 m bis zum Schäferbrunnen.

23 WULFBACH – MÜHLHEIM

Zweitlängste Quellhöhle der Alb

Lage
Der Wulfbach entspringt einer Höhle nördlich des Mühlheimer Altstadt-Friedhofs an der Steige der L 443 nach Kolbingen.

Koordinaten
GMS 48°1'53"N 8°54'2"O (Wulfbachhöhle)

Erreichbarkeit
Von Mühlheim/Unterstadt von der L 277 in die L 443 abbiegen und rund 2,5 km Richtung Kolbingen in ein Donauseitental fahren. Rechts zweigt die Straße zum Altstadtfriedhof/Parkplatz ab (644 Hm). Ein Feldweg führt linksseitig der L 443 rund 300 m aufwärts zur ersten Kehre. Hier biegt ein Waldweg links ab, der ebenfalls Parkmöglichkeiten bietet. Über einen Pfad steigt man nach wenigen Metern zur Wulfbachquellhöhle hinab (680 Hm).

„... sie kommt als sehr starke und herrliche Quelle aus einer von Moos und Gesträuch malerisch überwachsenden Felsgrotte, die ein tiefes klares Becken umschließt, hervor und treibt sofort drei Mühlen." Die Oberamtsbeschreibung von 1879 deutet an, dass die Stadt Mühlheim den Mühlen – und der Lage an einer Handelsstraße vom Bodensee auf den Heuberg ihren wirtschaftlichen Aufschwung verdankt – und damit dem Wulfbach. Das nur 2,5 km lange Flüsschen hatte ursprünglich gar fünf Mühlen angetrieben. Die erste urkundliche namentliche Erwähnung des Ortes um 843 belegt das hohe Alter der frühen Energieanlagen. Heute sind noch die Obere und die Mittlere Mühle sowie ein Sägewerk in Betrieb. Der Fund eines römischen Mühlsteins zeigt, dass das heute „Altstadt" genannte Areal beim Friedhof bereits im 2./3. Jahrhundert besiedelt war. Erst ab 1200 wurde die Siedlung mit einer planvoll angelegten, befestigten zollerischen Stadt auf dem Bergsporn erweitert und später verlagert. Als Neubewohner kam 2007 der Biber dazu, der sich seither im Mittellauf des Flusses baulich betätigt.

Die ursprüngliche Lage Mühlheims links der Donau war dem Wulfbach geschuldet, der ganzjährig reichlich

Wasser lieferte, in Spitzenzeiten bis zu 200 Liter in der Sekunde. Wobei weitere Quellen aus dem Albhang weiter unterhalb den Quellbach erheblich verstärken.
Heute zeugen noch die Galluskirche und ein paar Häuser von der einstigen Bebauung des Hügels, der in Abertausenden von Jahren durch die Kalktuff-Ablagerungen der „Wulf" aufgeschichtet wurde. Bis 1938 zapfte man den Fluss zur Trinkwasserversorgung der Altstadt an. Nach einer Typhuserkrankung ward der Wulf keine große Bedeutung mehr zugemessen – bis die Höhlenforschung Interesse an der Quelle zeigte. Ein Bauer hatte 1957 „weiße Grottenolme" im Eingangsbereich des Felsenlochs entdeckt. Bei der Suche nach den Lurchen drangen erstmals Menschen tauchend 20 m tief in den Fels ein, befreiten den Quellmund von großem Gesteinsschutt und bereiteten den Weg zur Erforschung der aktiven und stets neun Grad kalten Wasserhöhle. Lange galt die Falkensteiner Höhle mit fast 4 km als längste der Alb, dann wurde die Wulfbachquellhöhle 1997 genauer erforscht und toppte das Uracher Unterwassersystem mit 6583 m. Seit der Entdeckung des Höhlenlabyrinths vom Blautopf 2010, ist das Blauhöhlensystem mit 11466 m das längste in Baden-Württemberg. In Deutschland ist nur noch die bayerische Riesending-Schachthöhle (19,3 km) länger.
Für den Gummistiefel tragenden Besucher ist in der Höhle nach ein paar Metern Schluss. Ihm bleibt der Anblick des 3 km entfernten „Wubadrom" verwehrt, einer gigantischen, 39 m hohen und Fußballfeld großen Arena. Auch für die Höhlentaucher ist Schluss: Ihnen versperrt ein Versturz am nördlichsten erreichbaren Punkt der Höhle das Weiterkommen.

Tipp

Die historische Galluskirche ist Ausgangspunkt zu außergewöhnlich schönen Wegen – mit Aussichtspunkten (Gelber Fels, 800 m) oder dem Geopoint Mühlheimer Felsenhöhle (900 m). Im Frühjahr kann man sich im Hintelestal (2 km) von Millionen von Märzenbechern verzaubern lassen. Der neu asphaltierte (Rad-) Begleitweg des Wulfbachs führt an imposanten Biberbauten vorbei.
www.muehlheim-donau.de

24 OBERE BÄRA – TIERINGEN

Älter als die Donau

Lage
Die Quelle der Oberen Bära liegt im Nordosten der Gemeinde Tieringen in der untersten Kehre der Steige nach Hossingen.

Koordinaten
GMS 48°12'5"N 8°53'5"O (Quelle)

Erreichbarkeit
Die K7143 führt von Hossingen kommend, am Wanderparkplatz zum Hörnle vorbei, in zwei Kehren abwärts nach Tieringen. Am Beginn der untersten Kehre, vor den ersten Häusern, gibt es links Parkmöglichkeiten, direkt neben dem Quellbeginn. Der kann aber auch erst 100 m unterhalb liegen (Ecke Katzensteige/Kehlenstraße – mit Infotafel). Durch den Ort ist die Obere Bära auf 750 m Länge eingedolt. Sie unterquert auch die Landesstraße 440, die von der Lochen nach Oberdigisheim führt. Gegenüber des Fabrikgebäudes von Mattes & Ammann in der Bärastraße fließt der Bach in einem Wiesengelände offen weiter.

Die Bära ist viel älter als die Donau. Vor sieben Millionen Jahren bildete sich nach der Anhebung der Alpen auf deren Nordseite die Ur-Donau. Die hatte ihre Quelle noch im Rhonetal und mündete bei Wien in den Vorläufer des Mittelmeeres.

Die Ur-Bära hingegen bestand damals vermutlich schon zehn Millionen Jahre und floss in den Voralpentrog. In dem entwässerte eine bis zu 13 km breite Rinne weite Teile Süddeutschlands. Allerdings aus östlicher Richtung kommend in die Westschweiz. Die Quelle der Ur-Bära lag damals viel weiter im Norden, einen Albtrauf gab es noch nicht. Seither hat sich das Einzugsgebiet langsam nach Süden verlagert. Trotz Anhebung der Alb hat die Bära ihre Eigenschaft als mäandernder Fluss mit geringem Gefälle nicht verändert.

Die Obere Bära, die ziemlich nahe der Wasserscheide von Neckar und Donau auf 850 Höhenmeter entspringt, entwässert ein Gebiet von rund 51 Quadratkilometern. Dabei legt sie eine Strecke von etwa 13 km zurück und durchquert in stets südlicher Richtung die Alborte Ober- und Unterdigisheim sowie Nusplingen. Gut 4 km vor dem nächsten Ort Bärenthal vereint sie sich mit der von Westen kommenden Unteren Bära. Beide Flüsse laufen hier im Schnittpunkt der beiden Täler mal neben- und bei Hochwasser miteinander. Wobei die Untere Bära zeitweise in einen Triebwerkskanal der Wasserversorgung der Hohenberggruppe geleitet wird. Bereits 1886 wurde die ehemalige Hammermühle zur zentralen Pumpstation des neu gegründeten Verbandes. Von hier wurde Wasser zu den Dörfern auf der trocken liegenden Hochfläche gepumpt.

Diese Talaue heißt Galgenwiesen und ist als Naturschutzgebiet ausgewiesen. Auf 30 Hektar konnte sich hier ein ganz besonderer Naturraum entwickeln, weil die sich hier vereinigten Bäche eine außergewöhnliche Vielfalt an Biotopstrukturen bieten – mit seltenen Fisch-, Vogel-, Käfer- und Pflanzenarten. Von hier sind es noch 13 Kilometer, bis an die Stelle, wo die vereinte Bära bei der Stadtmühle von Fridingen in die Donau fließt.

Tipp

Die evangelische Kirche Unserer lieben Frau in Tieringen hat eine Besonderheit. Sie ist nicht nur an der Straße „Wasserscheide“, sondern tatsächlich auf der Europäischen Wasserscheide errichtet. Eine Tafel an der Kirchenmauer zeigt das an. Bei Regen läuft das Wasser der nördlichen Dachrinne über die Schlichem in den Rhein. Die Südseite der Rinne fließt über die Bära in die Donau. Auch einen Wasserscheide-Brunnen gibt’s in der Straße.

www.stadt-messstetten/ortschaften.de

25 UNTERE BÄRA – GOSHEIM

Am Fuße des höchsten Berges

Lage
Die Quelle entspringt in einer Wiese zwischen dem Wanderparkplatz am Lemberg und der Gemeinde Gosheim.

Koordinaten
GMS 48°8'32"N 8°44'58"O

Erreichbarkeit
Von Wilflingen im Albvorland oder von Gosheim auf der Hochfläche auf der K5545 zum Wanderparkplatz am Lemberg. Rund 350 m unterhalb und südlich liegt die Quelle der Bära, etwa 70 m von der Lembergstraße entfernt. Man erreicht sie weglos über die Wiese oder über eine Feldwegzugfahrt.

Wolf, Luchs und Wildkatze sind zurück auf der Alb. Ob eines Tages auch hier wieder Bären heimisch werden, ist fraglich. Der letzte Bär in Württemberg wurde 1585 in Egenhausen bei Nagold erschossen. Gut 900 Jahre früher, als die ersten alamannischen Siedler die Täler der Heubergalb aufsuchten, waren die felsigen Laubwälder noch von vielen Bären bewohnt. Wie ihre größeren Vorfahren, die Höhlenbären, die vor 20000 Jahren ausstarben, boten die zahlreichen Felslöcher gute Winterruhe-Plätze. Und trotz des Vorrückens des Menschen gab es für die Wildtiere ausreichend Rückzugsgebiete entlang des 26 km langen Flusses. Die allgegenwärtigen Raubtiere waren wahrscheinlich der Grund, warum die Menschen dem Fluss den Namen Bero gaben – aus dem mundartlich die Bära wurde. Vergleichbare Gewässer mit Bezug zu Bären findet man hierzulande sonst nirgends. In gewisser Weise ist die schwäbische Bära die entfernte kleine Kusine des großen Bärenflusses im Gebirge der kanadischen Nordwest-Territorien. Dort leben heute noch Grizzlys – eben enge Verwandte der ausgestorbenen Alb-Braunbären.

Doch zurück zur Bära-Quelle, die auf 833 Hm am Fuße der höchsten Erhebung der Alb, dem 1016 m hohen Lemberg, entspringt und unmittelbar mitten in einer bebuschten Wieseninsel munter drauf los sprudelt. Eine Infotafel erläutert ihren Bezug zu dem auf 200 m herangerückten Ortsrand der kleinen Heuberg-Metropole Gosheim. Ihre nächsten Stationen auf dem Weg zur Mündung in die Donau sind Wehingen und Reichenbach. Der junge Bach läuft immer parallel zur L433. Auf halben Weg nach Egesheim, wo er diese unterquert, hat sich ein Landschaftsarchitekt niedergelassen, der für die erste markante Veränderung des Bachbetts gesorgt hat. Er hat es aufgestaut und die Fließfläche vergrößert: Ein Biber wars, auch ein Wildtier, das nach 150 nagefreien Jahren wieder auf die Alb zurückgekehrt ist.

Tipp

Der Lemberg ist einer der zehn Tausender der Westalb. Seinen Namen hat er von unseren Vorfahren vor rund 2800 Jahren bekommen, die dort eine Höhensiedlung bewohnten: Die Vorsilbe „lem" ist keltisch und hat die Bedeutung von Sumpf. Womit der Fuß des Zeugenbergs gemeint ist, der damals ein weitflächiges und nässeres Quellgebiet der Bära bildete. Der Aussichtsberg mit spektakulärem Rundum- und Alpenblick ist nach einem steilen Aufstieg vom nahen Parkplatz schnell erreicht. Wer den über 120 Jahre alten „Eifelturm der Alb" begehen will, sollte schwindelfrei sein.
www.lemberg-huette.de

26 SCHMIECHA-QUELLEN – ONSTMETTINGEN

Ein Fluss, mehrere Namen

Lage

Das Naturschutzgebiet Geifitze mit dem Schmiecha-Ursprung liegt 2,5 km nordwestlich von Onstmettingen und rund 600 m vom Aussichtspunkt „Heiligenkapf" entfernt. In der Ortsmitte befindet sich die eigentliche Hauptquelle im historischen Pumphäusle an der Nägelestraße.

Koordinaten

GMS 48°17'40"N 8°57'46"O (Quelle im Naturschutzgebiet)
GMS 48°17'7"N 9°0'6"O (Pumphäusle im Ort)

Erreichbarkeit

Am Ausflugsgasthof „Stich", wo die L360 von Bisingen-Thanheim kommend Richtung Onstmettingen die Hochfläche erreicht und auf die Kreisstraße 7141 nach Pfeffingen/Langenwand stößt, liegt der Wanderparkplatz „Traufgang". Von dort folgt man der Beschilderung zum 3 km entfernten Albtrauf-Aussichtspunkt „Heiligenkapf" auf dem Blasenberg durch das Naturschutzgebiet Geifitze. Bereits nach 500 m erreicht man den am Hang liegenden Rastpunkt „Längenloch". Hier wählt man nicht den nach Norden, am schattigen Waldrand entlangführenden Höhenweg, sondern hält sich rechts, talwärts und quert auf einem Feldweg die Brücke über die junge Schmiecha (rund 300 m). Danach folgt man dem Feldweg nach links entlang des Baches. Nach weiteren 550 m passiert man das Geotop Torfmoor. Von dort erreicht man weglos in den Wiesen nach 750 m den Schmiecha-Ursprung. Nach weiteren 600 m lockt ein Panoramablick ins Albvorland.

Im nördlichsten Winkel von Albstadt liegt das von Wacholderheiden gesäumte 33 ha große Naturschutzgebiet Geifitze (von Kiebitz), ein Flachmoor auf 848 Hm: Hier befindet sich der von der Mündung am weitesten entfernte Ursprung eines Flusses, der auf seinem 41 km langen Weg zur Donau den Namen wechselt. Weil der Quellausfluss sehr schwach ist, schafft es das Wasser im undurchlässigen Sedimentgestein nicht, den Hangschutt wegzuräumen, weswegen sich hier eine Sumpflandschaft gebildet hat. Diese zog sich bis nach Onstmettingen hin, wurde aber teils durch Torfabbau zerstört oder in Weiden umgewandelt. Das Quellwasser wird auf einer Wiese vom benachbarten

Bauernhof gefasst und zur Eigenversorgung genutzt. Das restliche Wasser fließt als Bach ab.

Im Ort, wo das Rinnsal von der Hauptquelle – einem vom Pumphäusle überdeckten Weiher – Zulauf bekommt, heißt es nur: „dr Bach". Vor der Kanalisierung gar: „dr dreckede varstauggene Bach". Nach Süden durchquert er als Schmeiach weitere Stadtteilorte, wo er zur Schmiecha wird und in denen seine Strecke „Talgang" heißt. Hinter Ebingen wird aus der württembergischen Schmiecha die hohenzollerische Schmeie – die ältere und korrekte Bezeichnung. An (ehemaligen) Ländergrenzen nicht unüblich: Zwischen Wien und Bratislava wird Donau zur Dunja, der Rhein heißt ab Holland Rihn.

Die Schmeie quert Straßberg und die namensgebenden Orte Ober- und Unterschmeien, ehe sie bei Inzigkofen in die Donau mündet. Ursprünglich hieß das Gewässer „Schmiehen", was sich von smiugen = krümmen ableitet. Wenn es beim Gasthof „Stich" regnet, fließt das Wasser vom nördlichen Dachtrauf über Klingenbach und Eyach in den Neckar. Während die andere Dachtraufe das abfließende Wasser über die Schmiecha zur Donau fließen lässt. Die am weitesten entfernte Quelle der 38 km langen Schmiecha liegt um wenige Meter südlich der Europäischen Wasserscheide, auf der die Gaststätte am Ende der Steige errichtet worden ist. Und sie liegt nur 2 km von der Quelle der Eyach entfernt (vgl. Seite 22).

Tipp

Das historische Pumphäusle an der Nägelestraße 12 Richtung Raichberg steht an der Stelle, wo 1770 der zweite Schmiecha-Quelltopf, ein Weiher, mit Steinen eingefasst worden war. Von 1909 bis 1953 war das Pumpwerk in Betrieb. Steigender Wasserbedarf durch die Textilindustrie führte 1953 zur Aufgabe der Anlage. Man kann das Denkmal durch die Fenster in Augenschein nehmen. Besichtigung nach Absprache möglich.
www.albstadt.de/Museen

27 GORHEIMER BACH – LAIZ
Am vergessenen Kloster

Lage
Der Quelltopf des Gorheimer Bachs liegt zwischen Sigmaringen und Laiz.

Koordinaten
GMS 48°5'19"N 9°11'55"O (Quelle)

Erreichbarkeit
Von der B313 an der Abfahrt Stadtmitte in die Laizer Straße abbiegen. Aus Richtung Albstadt kommend im Kreisverkehr am Abfahrtsende geradeaus in die Gorheimer Allee. Von Sigmaringen kommend nicht rechts über die Donaubrücke, sondern links die B313 unterqueren und in den Kreisverkehr. Die Allee führt nach 500 m direkt auf den Parkplatz am ehemaligen Kloster Gorheim. Von dort westlich entlang des Baches/Schmeier Straße nach 100 m zum Quelltopf.

Franziskaner-Niederlassung, Erziehungsanstalt, Waffendepot, Kaserne, Lazarett, Bildungsstätte der Erzdiözese Freiburg. Die Geschichte des Klosters Gorheim ist vielschichtig – und wenig bekannt. Um 1303 lässt sich in dem damals noch selbstständigen Dorf, das später in Sigmaringen aufging, eine religiöse Schwestern-Gemeinschaft nieder. Die Klause wird neben der damaligen Michaelskapelle und unweit eines Quelltopfes errichtet, um den die Siedlung entstanden war.

Der Gorheimer Bach entspringt am Ausgang eines kleinen Trockentals aus Weißjuragestein. Rund 50 Liter Wasser in der Sekunde werden ausgeschüttet. Im glasklaren Quelltopf, der an die Straße angrenzt, tummeln sich Enten. Nach etwa 1 km Lauf fließt der Bach in den rund 40 x 40 m großen idyllischen Burgwiesensee. Aus dem als hübschen Park angelegten Teich mit Kneipp-Garten läuft das Wasser nach wenigen Metern unweit des Bootshauses und des Abenteuerspielplatzes am Uferweg in die Donau.

Um 1395 entstanden in Gorheim erste Klostergebäude, 1671 ein Neubau durch den Franziskaner-Orden, 1682 wurde die Anlage nach den Schäden im Dreißigjährigen Krieg neu gebaut. Unter österreichischer Herrschaft wurde 1782 das Terziarinnenkloster säkularisiert, also verweltlicht. Fortan lebten hier Schwestern aus allen aufgehobenen Klöstern des südwestdeutschen Habsburger-Herrschaftsbereichs, genannt Vorderösterreich.

Später diente das Klostergebäude als Waffendepot des Fürstentums Hohenzollern-Sigmaringen, bis 1850 als Kaserne. Die französischen Besatzer richteten dort nach dem Zweiten Weltkrieg eine Offiziersschule ein. Seit 1979 ist das vormalige Kloster eine Bildungs- und Verwaltungsstätte. Das Gotteshaus wird von der 800 Katholiken zählenden Gemeinde Herz-Jesu als Pfarrkirche genutzt.

Im Oktober 1855 wurde der Gorheimer Bach zum Politikum. Bei der Planung der Eisenbahnlinie war die Hangterrasse oberhalb der Quelle, (heute Neubaugebiet an der Straße nach Unterschmeien), als Standort des Bahnhofes angedacht. „Mit Rücksicht auf den Umstand, dass die wiederkehrenden Überschwemmungen der Donau bis 14 Tage andauern und man dann nur auf beachtenswerten Umwegen aus der Stadt zum Bahnhof gelangt, soll dieses Projekt aufgegeben werden“, schrieb der Schwäbische Merkur.

Tipp

Am westlichen Ortsende von Laiz an der L277 Richtung Beuron (Parkplatz rechts) wurde 1870 beim Eisenbahnbau ein Altwasserarm der Donau abgetrennt. Der 1500 m lange Altarm ist der längste am Oberlauf bis Ulm. Das 20 Hektar große Naturschutzgebiet „Untere Au“ mit Teichrosenteppichen, Schilf und Weiden-Vegetation und seltenen Libellen, Schmetterlingen und Vögeln lässt sich auf einem Rundweg erkunden. Der führt auf festen Wegen entlang der 1,2 km langen Donauschlinge.

28 FEHLAQUELLE – BURLADINGEN

Verkehrsfrei durchs Tal in ungestörter Natur

Lage
Die Fehlaquelle liegt im südlichen Teil der Stadtmitte von Burladingen.

Koordinaten
GMS 48°17'14"N 9°6'44"O (Quelle)

Erreichbarkeit
Von der Hauptstraße (B 32) zweigen in der Stadtmitte von Burladingen zwischen Rathaus und Kreisverkehr die Josengasse und die Schäfergasse südlich ab. Beide Straßen kommen nach rund 200 m an der Quellanlage zusammen.

Ein Betonkanal mit meterhohen Mauern. So sahen die Planer der jungen Stadt Burladingen 1978 die Zukunft ihrer historischen Lebensader. Einer Bobbahn ähnlich zog sich der bereits eingezwängte junge Flusslauf durch den Ort. Von der Bannung eines Jahrhunderthochwassers war die Rede. Es bedurfte vieler Diskussionen, dass es nicht ganz so schlimm gekommen ist. Zumindest nicht durch den ganzen Ort. Heute ist der gefasste „Quelltopf" eine beschauliche Ruheoase, in der Kinder unter Aufsicht schon mal barfuß oder in Gummistiefeln herumstelzen können. Die eigentliche Quelle liegt allerdings an der alten Steige nach Hermannsdorf. Wer die naturbelassene Austrittsstelle sehen möchte, läuft die Straße Im Lauen rund 500 m westwärts bis zu deren Ende. Dort kann man dem dann noch nicht verdolten Bachlauf hangaufwärts zu der variierenden Austrittstelle im klüftigen Weißjura-Beta-Gestein folgen. An ihrem Oberlauf ist die Fehla, die nach 17,5 km zwischen Hettingen und Hermentingen in die Lauchert fließt, besonders ergiebig. Bis zu 1350 Liter pro Sekunde entwässert die Albhochfläche in das Tal. Im Mittel sind es 500 Liter. Auf ihrer Reise über 84 Höhenmeter südostwärts, schlängelt sie sich murmelnd auf den letzten Kilometern Richtung Lauchertmündung. Zuläufe hat sie so gut wie keine, ausgenommen nach Starkregen. Am Ortsende von Neufra beginnt der etwa 6 km lange idyllische autofreie Teil des Fehlatals und damit auch das bis zur Lauchertmündung

reichende 55 Hektar große Naturschutzgebiet.
Früher hatte der Fluss bereits von der Quelle ab durch die Siedlung zahlreiche Windungen, die im Laufe der Zeit begradigt wurden. Roms Truppen hatten sich im ersten Jahrhundert aus strategischen Gründen auf der Passhöhe zum Starzeltal niedergelassen. Sie errichteten auf 720 Hm, direkt auf der Wasserscheide Rhein/Donau, ein Kastell und ein etwa 750 m lang gezogenes Lagerdorf, das spätere Burichingen, ein Zentrum des Bohnerzabbaus. Dieser Ort wurde im 10. Jahrhundert verlassen. Da gab es bereits das 1,5 Kilometer östlich gelegene rein landwirtschaftlich geprägte Burladingen (gegründet von einem Burleid, meint „Bauernführer"). Diese alamannischen Siedler gaben dem Gewässer (Ach) den Namen Felawa, der die Weidenbüsche bezeichnete, die die Ufer in dichter Zahl gesäumt hatten. Aus den Felben am Bach wurde Fellbach, durch sprachliche Abschleifung heute die Fehla.

Tipp

Auf den letzten drei Kilometern der Fehla im vom Biber bewohnten Naturschutzgebiet versickert etwa ein Viertel des Flusses. Das Wasser läuft unterirdisch, direkt auf der Wasserscheide zur Gallus-Quelle (vgl. Seite 90). Auf halber Strecke im autofreien Fehlatal liegt Ruine Baldenstein. Startpunkte für beliebig lange Abstecher ins ruhige Tal sind bei den Parkplätzen Friedhof Neufra, Fehlakapelle im Gammertinger Industriegebiet oder an der Mündung (Stollbeckstraße) südwestlich von Hettingen.

29 LAUCHERT – WILLMANDINGEN/ MELCHINGEN

Ein Fluss aus zwei Kreisen

Lage
Die Lauchert entspringt am Südostrand von Willmandingen (Kreis Reutlingen) und östlich von Melchingen (Zollernalbkreis).

Koordinaten
GMS 48°22'34"N 9°9'23"O (Quelle Willmandingen)
GMS 48°21'42"N 9°9'23"O (Quelle Melchingen)

Erreichbarkeit
Die sporadisch fließende, aber am weitesten von der Mündung entfernte Quelle der Lauchert liegt am südöstlichen Ortsende von Willmandingen in der Lauchertstraße: An der Kirche nach Süden einbiegen und dem Verbindungsweg/Bachlauf Richtung Erpfingen 600 m folgen. Die offizielle Karstquelle liegt im Osten von Melchingen: In der Ortsmitte führt auch eine Lauchertstraße nach 800 m zum Wanderparkplatz, und nach weiteren 50 m zur Quell-Oase mit Infotafel.

Die Fluss-Geschichte der Lauchert ist nicht nur hochspannend und rund 15 Millionen Jahre alt. Die Lauchert ist auch einer der ganz wenigen Flüsse, die heute noch quer über die Hochfläche der Alb unaufhörlich Wasser und Sedimente zur Donau transportiert – ohne unterwegs zu versiegen. Ganze 60 km weit, mit einem Gefälle von 204 Hm

bis zur Mündung bei Sigmaringendorf. Wenn man das bis zu 1,5 km breite und rund 80 m tiefe Tal der jungen Lauchert mit dem gerade mal 2 m eingetieften Bachbett zwischen Melchingen und Stetten u. H. vergleicht, dann wird klar, dass das der kleine Bach so kurz nach seinem Ursprung nicht ausgeräumt haben kann. Deutlich wird das, wenn man von der Quelle in die entgegengesetzte, nordwestliche Richtung schaut. Dann sieht man deutlich, wie sich die Talwanne auf dem Fluggelände des Farrenbergs fortsetzt. Es muss also eine Ur-Lauchert gegeben haben, die als bedeutendes Flusssystem irgendwo hoch über dem heutigen Albvorland floss. Und dem wurde von einer Ur-Steinlach buchstäblich das Wasser abgegraben. Die Europäische Wasserscheide zwischen Rhein und Donau, zwischen den Kreisen Reutlingen (Willmandingen) und dem Zollernalbkreis (Melchingen) wird ständig verschoben – zugunsten des in den Rhein fließenden Neckars. Weil dessen Nebenflüsse tiefer liegen als die der Donau. Das bedeutet: Die Quelle der „Louchart", wie die Willmandinger den Fluss nennen – eine Bezeichnung, die auf das germanische „Lo-aha" (Sumpfwiesen) zurückgeht – fließt zwar bei viel Regen oberflächlich im Bogen durch das Dorf nach Melchingen, wo sie sich mit dem Hauptlauf vereinigt. Aber das meiste ging, bevor man das Bachbett in jüngerer Zeit mit Betonsteinen ausgelegt hat, unterwegs verloren und strebte unterirdisch der Steinlach zu.

So gab es in früheren Zeiten oftmals Streit zwischen beiden Dörfern, welches sich denn als Quellort bezeichnen darf. Bis zum Bau der Wasserversorgung 1912 war Melchingen bei Wasserknappheit begehrtes Ziel der Bauern umliegender Dörfer, die hier ihre Fässer auffüllten. Die Melchinger haben ihre zentrale Quelle im Frenzental als lauschigen Aufenthaltsort mit Sitzmöglichkeiten und Infotafel eingerichtet.

Tipp

Zur Lauchertquelle geht man am besten vom Parkplatz beim Gasthof und Theater „Lindenhof" zu Fuß in die Lauchertstraße, vorbei an zwei Dorfbrunnen zum neugestalteten Platz am Gänsebrunnen. Vor dem Wanderparkplatz, beginnt links der Kinderthemenweg „Wasser" mit sehr anschaulichen Infotafeln des japanischen Wasserforschers Masuro Emoto. Gegenüber wachen die beiden Holzskulpturen der Bad Schussenrieder Künstlerin Teresia Moosherr über das kostbare Gut Wasser – die Wasserhüterinnen „Treue" und „Stärke" unweit der Quellfassung für die Dorfbrunnen.
www.theater-lindenhof.de
www.wasserhueterin.de

30 WOOG – SALMENDINGEN/RINGINGEN

Ein See auf kurze Zeit

Lage
Das Quellgebiet der Woog liegt in der Senke unterhalb des Kornbühls mit der Salmendinger Kapelle.

Koordinaten
GMS 48°20'59"N 9°6'23"O (Quellgebiet)

Erreichbarkeit
Die Woog, der erste Nebenfluss der Lauchert, hat keine beständige Quelle. Nach der Schneeschmelze bildet er aber einen großen See, ein Naturphänomen, das unter dem Namen „Märzenbronnen" viele Schaulustige anlockt. Das temporäre Gewässer liegt direkt an der K7161 zwischen Salmendingen und Ringingen. Wenige Gehminuten von einem der drei Wanderparkplätze unterhalb des Kornbühls entfernt. Das Woogtal gilt als eines der größten Wildschnittlauch-Biotope.

Lebhaftes, bewegtes Wasser – das ist die Bedeutung, die hinter dem Wort „woog" steckt, das sich erstmals um das Jahr 1225 in dem wichtigsten deutschen Rechtsbuch des späten Mittelalters, dem Sachsenspiegel, nachweisen lässt. Der kleinen Woog, dem nur 6 km langen Zufluss der Lauchert, sieht man die Lebhaftigkeit eigentlich gar nicht an. Doch nach Starkregen und Schneeschmelze wird aus dem Bach schon mal ein Fluss. Die Woog führt an sich nur periodisch Wasser. Ihre Hauptquelle ist ein großer Quelltopf in der „Enge". Doch wenn viel Nachschub von oben kommt, dann verlegt die Woog ihren Ursprung weiter talaufwärts bis in die Ringinger Talwiesen. Oder bis zum Fuß der Salmendinger Kapelle. Dort bildet sie in einer großen Geländemulde unterhalb des Kornbühls einen See – der Märzenbronnen. Der ist nicht auf diesen Monat beschränkt und kann sich mehrmals im Jahr bilden. Dann werden von der Dorfjugend schon mal Schlauchboote zu Wasser gelassen. Und wenn der Frost zurückkommt, auch schon mal die Schlittschuhe ausgepackt. Aus dieser Mulde schwappt das Wasser über einen Fahrweg und ergießt sich in breiter Front südwestwärts, dann in einem Bogen um die Bergkuppe Richtung

Lauchert. Nach gut fünfzig Höhenmetern mündet sie südlich des Melchinger Sportplatzes im Gewann Lachen in die junge Lauchert. Wenige Hundert Meter davor, durchquert sie wilde Schnittlauchwiesen, mithin das größte Vorkommen seiner Art in Europa.

Dass die Woog auch schon mal trockenfällt, zeigt ein Beispiel aus einem Gemeinderatsprotokoll von 1867. Ein Pächter beschwerte sich, dass er mangels Wasser gar nicht fischen konnte und deswegen nichts zahlen wolle.

Tipp

Zwecks des Überblicks ist ein Aufstieg auf den 886,5 m hohen Zeugenberg Kornbühl absolut lohnend. Der gegenüber der Erosion besonders widerstandsfähige Berg bietet nicht nur einen Rundumblick erster Güte. Man befindet sich auch auf dem ehemaligen Boden eines subtropischen Meeres und kann mit ein wenig Glück auch ein paar Versteinerungen finden. Die der Großmutter Jesu Christi geweihte St. Anna-Kapelle ist eine Wallfahrtsstätte aus dem 15. Jahrhundert.

31 ERPF – ERPFINGEN

Der trocken gelegte See

Lage
Die Erpf entspringt in der Ortsmitte von Erpfingen.

Koordinaten
GMS 48°21'4"N 9°11'31"O (Quelle)

Erreichbarkeit
Die Haupt-Karstquelle der Erpf entspringt im Brechlöchle. Ein zweiter Quellast kommt vom östlichen Industriegebiet Im Zwingelhof, rund 700 m nördlich entfernt. Das aufgestaute Brechlöchle-Quellbecken liegt an der Ortsdurchfahrtsstraße, zwischen den Gebäuden Stettener Straße Nr. 26 und 30. Von dort rund 550 m bachabwärts Richtung Stetten befindet sich die Kneipp-Anlage im Kurgarten. Weiter südlich liegt zwischen der L 382 und der Erpf die trocken gelegte Wiesenfläche eines spätmittelalterlichen Sees. Der Staudamm („Wuhrbuckel“) ist bis heute erhalten geblieben.

Gerade mal 3 km lang ist die Erpf, bevor sie sich kurz vor Stetten u. H., zusammen mit dem von ihr gebildeten Tal, mit der Lauchert vereinigt. Sie kommt aus zwei Quellen, dem „Anraus“ und dem „Brechloch“ – einer Höhle im Weißjura-Gestein. Wovon „beide so bedeutend sind, dass sie durch ihren Zusammenfluss einen ansehnlichen Bach bilden, der gleich unter Erpfingen eine Mühle treibt“, heißt es in der Oberamtsbeschreibung von 1824. Immerhin liegt die maximale Schüttung des 32 Quadratkilometer großen Einzugsgebietes bei bis zu 500 Litern in der Sekunde. Ein im Auftrag des württembergischen Herzogs Friedrich I. angelegtes Verzeichnis aller Seen und Fischweiher des Landesherrn zeigt die Zeichnung eines Sees südlich von Erpfingen. Aufgestaut war eine Fläche „von 21 Morgen und 3 Viertel, dazu 4,5 Morgen Sumpfwiesen“. Der abgelassene See der Erpf wurde 1610 an die Gemeinde Erpfingen verkauft. Weitaus jünger ist der idyllische Kurgarten am renaturierten Bach, kurz vor der Abzweigung zu Sommerbobbahn und Campingplatz. Der Luftkurort punktet mit einer Kneipp'schen Wassertretanlage und einem Armbadebecken. Auch einen kleinen Kräuterlehrgarten gibt es am Ufer der Erpf, nebst Sitzbänken

und einem Toilettenhäuschen mit Wickeltisch.
Auf den ersten Blick scheint der Flussname eine Ableitung des alamannischen Ortsnamens zu sein. Demnach klänge in Erpf die Sippe der Erpho an, die sich dort im Frühmittelalter an der Quelle niedergelassen hat. Allerdings ist es wahrscheinlicher, dass sich erpf auf das althochdeutsche „braun" bezieht. Um 1906 heißt es dazu in den Blättern des Schwäbischen Albvereins: „Merkwürdig dunkelfarbige Leute wie selten und von feurigem Blut finden wir in Undingen, Willmandingen und ganz besonders in Erpfingen". Das lässt auf eine zurück gebliebene keltisch-römische Bevölkerung schließen, und der Ort/Bach hätte die Bedeutung „bei den Dunkelfarbigen" oder „bei den Gallorömern".

Tipp

Ein 4 km langer, barrierefreier Themenwanderweg „Rund ums Lauchertwasser" führt von Stetten u. H. bis zur Guckenmühle vor Hausen a.d.L., immer entlang des Flusses mit sieben Stationen. Die beleuchten informativ und spielerisch Mühlen, Burgen, Tier- und Pflanzenwelt. Der gesamte Weg ist asphaltiert und bei einem Gefälle von 30 Höhenmetern perfekt für einen Spaziergang oder eine Radrundfahrt.
www.burladingen.de/freizeit-erlebnis

32 SECKACH – TROCHTELFINGEN

Quellsumpf wird Fluss

Lage
Die Seckach-Quellen liegen nördlich von Trochtelfingen an der B313.

Koordinaten
GMS 48°19'15"N 9°15'0"O (Quellsumpf)

Erreichbarkeit
Das Quellgebiet der Seckach liegt rund 1,5 km nördlich der Ab-/Ausfahrt der B313 Trochtelfingen/Steinhilben entfernt. Hier liegt östlich der Straße eine große Parkbucht. Gegenüber läuft die Seckach parallel zur Fahrbahn. Etwa 80 m nördlich der Parkbucht führt ein Feldweg über den jungen Fluss und über die ebenfalls parallel verlaufende Bahnlinie. Nach der Überquerung folgt man dem Bahndamm etwa 150 m weit nach Norden und gelangt in den Quellsumpf.

Die Lebensader des alten Landstädtchens Trochtelfingen ist das nur 6,6 km lange Flüsschen Seckach. Der Name der Vorsilbe ist keltischen Ursprungs, die „ach“ ist angehängtes deutsches Wortgut für Bach. Der mündet bei Mägerkingen in die Lauchert. Die Seckach hat mehrere Quellen, die sich auf einer Länge von rund 200 m im Kalksteinboden verteilen. Sie liegen zumeist in einem mit Röhrich bewachsenen Sumpfgebiet, eine als Natura 2000 ausgewiesene Schutzzone, die gefährdete, wildlebende heimische Pflanzen- und Tierarten bewahren will. Das Einzugsgebiet der Quelltöpfe umfasst 28 Quadratkilometer. Unterm Strich kommen im Durchschnitt bis zu 400 Liter Wasser in der Sekunde aus dem Karstboden. Diese auffällig gleichmäßige Schüttung, die auch schon mal 1 000 Sekundenliter betragen kann, nutzten bereits im Mittelalter viele Mühlen an dem kurzen Flusslauf: Drei Getreidemühlen, eine Säge-, Gips-, Öl- und Pulvermühle. Der letzte Stadtmüller Matthias Zeiler gab 1962 auf. Den Rohstoff Wasser benötigten auch einige der Brauereien, von denen es um 1900 noch fünf gab. Und die Stadtleute hatten noch einen weiteren Vorteil. Der Chronist Pfarrer Ernst G. Johler hat 1824 in seiner Land- und Ortskunde des Fürstentums Hohenzollern notiert: „Zu bedauern sind die Alpbewohner, welche, weil in klüftiger Gebirgsart gleich jede Feuchtigkeit versinkt, ... Regenwasser von Dächer in Hülben aufzufangen genötigt sind. Das nun meistens Strohdächer haben, so bekommt dieses Wasser eine gelbliche Farbe und einen ekelhaften Geruch, zuweilen auch rote Würmchen ...“

Da das Flüsschen im engen Bett und dicht zu den alten Häusern zunächst durch die Trochtelfinger Altstadt, weiter abwärts auch durch den alten Ortsteil Mägerkingen zieht, sind die Anrainer stets hochwassergefährdet. Anderseits hatte man früher die Waschhäuschen zur Minimierung der Brandgefahr nahe an das Ufer gebaut.

Tipp

Nach einem Spaziergang durch die historischen Fachwerkhäuser-Gassen der Stadt Trochtelfingen, vorbei an der mittelalterlichen Befestigungsanlage und der mit wertvollen Fresken ausgestatteten Pfarrkirche St. Martin, sollte ein Besuch im Bierkrug-Museum nicht fehlen. Hier sind über tausend Exponate zu bestaunen. Die ältesten Krüge stammen aus der Zeit um 1885, als das Eichmaß 0,8 Liter betrug. Die Brauereivielfalt liegt neben dem Gasthaus des Albquell-Brauhauses – natürlich direkt an der Seckach.
www.albquell-brauhaus.de

33 GALLUS-QUELLTOPF – HERMENTINGEN

Hohenzollerns stärkste Quelle

Lage
Der Gallus-Quelltopf liegt in der Ortsmitte von Veringenstadt-Hermentingen.

Koordinaten
GMS 48°12'0"N 9°12'53"O (Gallus-Quelltopf)
GMS 48°10'11"N 9°11'37"O (Büttnau, Hungerbrunnen)

Erreichbarkeit
Von der B32 zwischen Gammertingen und Sigmaringen im kleinen Dorf Hermentingen in die Ortsstraße abbiegen, die Bahnlinie queren und nach 200 m links zur Gallus-Quelle am westlichen Ortsrand.

Die größte Quelle im kleinsten Dorf. Der Gallus-Quelltopf in Hermentingen ist der stärkste in den Hohenzoller'schen Landen, jenes Gebiet der ehemaligen beiden Fürstentümer Hechingen und Sigmaringen, der von der Horber Gegend über die Westalb bis in den Stockacker Bodenseeraum reicht.

Pro Sekunde füllt sich der gemauerte Quelltopf mit mindestens 370 Litern Wasser. Bei Regen können es zeitversetzt auch mal 2000 Liter sein. Zum Vergleich: Aus Deutschlands größter Quelle, dem Aachtopf (siehe Seite 168), sprudeln 8600 Liter. Ein kleiner Teil des Brunnenwassers fließt nach 80 m in die Lauchert. Der Großteil des auf einer Größe von rund 40 Quadratkilometern auf der Albhochfläche versickerten und wieder heraussprudelnden Wassers wird zur Trinkwasserversorgung genutzt. Man hat durch Markierungsversuche errechnen können, dass das Regenwasser mit einer Geschwindigkeit von 30 bis 110 Meter/Stunde unterirdisch zur Quelle strömt. Vom weitesten Versickerungsraum, dem rund 9 km entfernten Dorf Bitz, ist das Wasser also bis zu vier Tage lang unterwegs. Allerdings fließt nicht das gesamte Niederschlagswasser sofort in den Quelltopf. Untersuchungen auf das Wasserisotop Tritium haben ergeben, dass ein Teil des Wassers mitunter Jahrzehnte lang im geklüfteten Gesteinsuntergrund verbleibt und erst langsam wieder ans Tageslicht kommt.

Über 40000 Menschen werden mit dem kostbaren Nass rund um die Uhr versorgt. Die Leitung, die das

Wasser direkt an der Quelle abzapft, führt hinunter bis Balingen. Im ehemaligen Backhäuschen ist eine Messstation untergebracht, die die Rohwassergüte untersucht. „Wasser ist Leben, halte es rein, es wird sonst dein Ende sein" steht dort in Latein geschrieben. Am Rande des Quellbeckens thront eine Statue des Namensgeber des Gewässers: Der heilige Gallus. Der Legende nach soll der irische Wandermönch Gallus auf seinen Missionierungsreisen im 7. Jahrhundert auch ins Lautertal gekommen sein. So erklärt man sich zumindest das Patrozinium St. Gallus der 1275 ersterwähnten und mit kostbaren Fresken verzierten Dorfkirche. Der neben dem Missionar dargestellte Bär ist das Wappentier der Schweizer Stadt St. Gallen, dessen Kloster an dem Ort errichtet worden ist, wo der Mönch bis zu seinem Tod als Eremit gelebt hatte. Auf einem Felsen über dem 170-Seelen-Dorf zieht das irisch-schottische St. Gallus-Kreuz die Blicke auf sich.

Tipp

Zwei Kilometer südwestlich von Veringenstadt zweigt das 3 km lange autofreie Büttnau-Tal (Rad/Lauchert-Rundweg 8) Richtung Harthausen ab, durch das die Büttnau fließt. Der 7,8 km lange Bach entspringt am Ortsrand von Winterlingen. Liegt aber oft trocken. Doch kurz vor der Mündung in die Lauchert, in der breiten Aue, bekommt er von vier nahe beieinander liegenden Hungerbrunnen bis zu 400 Sekundenliter Wasser. In der Mitte des Tals steht der Einlaufbehälter zum 24 km langen Albstollen der Bodensee-Wasserversorgung.

34 BIBERBACH UND LANGWATTE – LANGENENSLINGEN

Einst zehn Mühlen betrieben

Lage
Beide Quellen liegen am westlichen Ortsrand von Langenenslingen.

Koordinaten
GMS 48°9'11"N 9°22'19"O (Biberbach-Quelle)
GMS 48°9'11"N 9°21'8"O (Langwatte-Quelle)

Erreichbarkeit
Die Langwatte-Quelle liegt rund 2 km westlich des Rathauses von Langenenslingen entfernt, in einem Waldstreifen zwischen der L415 Richtung Billafingen und der Verbindungsstraße durch das Warmtal nach Emerfeld. Am Ortsausgang zweigt die L415 von der L277, die nach Wilflingen führt, rechts ab. Man folgt der L415 bis nach 300 m rechts das Sträßchen in das Warmtal abzweigt. Nach 100 m quert der Weg die Langwatte. Von hier läuft man auf einem Feldweg rund 1 km parallel zum Bach, an der Sandhof-Mühle vorbei, bis zur Karstquelle. Der Biberbach entspringt auf dem Privatgelände der Oberen Mühle in einem 20 m großen Quelltopf. Vom Rathaus folgt man 250 m der Hauptstraße und biegt dann nach rechts in die Schattenweiler Straße ab. Geradeaus nach 500 m liegt rechts der eingefriedete Quelltopf, der nur von dieser Seite aus einsehbar ist. Die gegenüberliegende Seite ist Teil des privaten Mühlegartens.

Die „Byberach" (1304 erstmals urkundlich genannt) ist für den Albbesucher einer der weniger bekannten Flüsse im Süden. Sie mündet nach nur 9 km bei Altheim in die Donau. Die „Biber", mittlerweile: der „Biberbach", entspringt in einem Quelltopf im Nordwesten des Dorfes. An der 20 m breiten stark schüttenden Quelle (80 bis 560 Liter in der Sekunde) wurde schon früh eine Mühle gebaut. Nachweisbar seit 1303 stehen hier Wasserkraftwerke. Vermutlich aber viel länger. Die Obere Mühle liegt 250 m vom alten Oberdorf entfernt. Sie zeigt sich heute unspektakulär: Ein Mühlstein in der Hofeinfahrt und ein über die Biber gesetzter Anbau – die alte Wasserstube, neben den Wohnbauten.

Die Obermüller waren historisch gesehen die angesehensten und reichsten Familien im Ort. Noch 1726

verfügten sie über 17 Hektar Land. Die Mühle war eine Mahlmühle mit zwei zusätzlichen Triebwerken für eine Säge- und eine Ölmühle.

Etwa 500 m unterhalb des Quelltopfes mündet die Langwatte bei der Mittleren Mühle in den Bach. Noch acht weitere Mühlen nutz(t)en die Wasserkraft. Während die Biber ihren Namen von den heute im Unterlauf wieder anzutreffenden Nagern hat, steckt in dem Zufluss die oberschwäbische Bezeichnung „wat" für Sumpf. Die Langwatte, die früher als eigentliche Biber-Quelle gesehen wurde, entspringt in einem lichten Wäldchen aus mehreren Nebenquellen mit 120 bis 200 Sekundenlitern. Allerdings nicht in Trockenperioden. Ursprünglich lag die Hauptquelle im 3 km entfernten Emerfeld. Dort, Ecke Fürstenbergstraße/Wiesentalweg, befindet sich der schön eingefasste Quelltopf des Emerfelder Grabens. Heute fließt mitunter nur ein Rinnsal, vermutlich erschöpft vom Auswaschen und Abtragen des breiten Warmtals.

Tipp

Langenenslingen, aus zwei Siedlungen zusammengewachsen, hat zwei Kirchen: Die neugotische St. Konrad im Oberdorf und die alte Pfarr- und heutige Friedhofskirche St. Mauritius im Unterdorf, erbaut auf mittelalterlichen Resten. Aus östlicher Perspektive ein schönes Postkartenmotiv. Neben dem Mauritiushaus ist vor Jahren ein verdeckter tiefer Brunnenschacht entdeckt und wieder freigelegt worden.

35 GROSSE LAUTER – OFFENHAUSEN

Seit Millionen Jahren im Fluss

Lage
Die Quelle liegt am Gestütshof im ehemaligen Kloster von Offenhausen.

Koordinaten
GMS 48°23'57"N 9°22'4"O (Quelltopf)

Erreichbarkeit
Auf der L230 zwischen Kohlstetten und Gomadingen nach Offenhausen. In der Ortsmitte zum Gestütshof abzweigen und beim Haltepunkt der Albbahn oder vor dem ehemaligen Kloster parken. Nach rechts (westlich) am Klostergarten und der Museums-Kirche vorbei, erreicht man nach 100 m den von der hohen Klostermauer umfassten Quelltopf der Lauter.

Die Graupensandrinne und die Große Lauter. Das ist eine spannende geologische Geschichte der Zusammenarbeit, aber verdammt lange her. Vor 20 Millionen Jahren erstreckte sich vor der gesamten nördlichen Alpenfront ein Meer. Der Voralpentrog reichte von Wien bis nach Genf. Die Küstenlinie markiert heute den Übergang von der Kuppenalb zur Flächenalb. Verwitterungsschutt des aufsteigenden Gebirges füllte das Becken stetig. Und die Graupensandrinne, nach dem namensgebenden Kleingeröll benannt, war ein Fluss, der am Nordrand dieses Molassebeckens für die Entwässerung und den Abtransport der Sedimente sorgte. Allerdings damals noch nach Südwesten über die Rhone ins Mittelmeer. Kräftig mitgeholfen hatte da die Lauter, die für ordentlichen Wassernachschub sorgte. Heute sprudelt sie, wie das althochdeutsche „lauter" für „reines, klares Wasser" übersetzt heißt, in einen beschaulichen Quelltopf mit rund 200 Litern/Sekunde.

Ursprünglich aber war sie ein großer Fluss, ihr Ursprung lag irgendwo im heutigen Nichts oberhalb des Schönbuchs, vermutlich doppelt so weit wie ihre jetzige Länge von 42,3 km. Ihr Einzugsgebiet war dadurch weitaus größer als die aktuellen 326 Quadratkilometer. Die Aufgabe ihrer einstigen Zuflüsse nördlich des heutigen Plateaus haben mittlerweile die rheinischen Flüsse übernommen. Vor allem die zum Neckar fließende Echaz, die sich tief in den Albkörper hineinfrisst und dem alten Tal der Lauter folgt. Deutlich wird das auf der Fahrt von Engstingen über Kohlstetten zum Quelltopf bei Offenhausen durch das breite, flache trocken gefallene Tal. Auch flussabwärts haben die meisten ihrer Seitentäler die oberirdische Entwässerung eingestellt.

Die Lauter war auch eifriger Lieferant für die Nachfolgerin der Graupensandrinne, die vor 15 Millionen Jahre begonnen hatte, die Fließrichtung nach Osten zu ändern und dann die Abflussarbeiten der sich bildenden Urdonau übertrug. Deren Quellfluss war vor 4 Millionen Jahren noch die obere Rhone. Seither wandert das Bett des bedeutendsten europäischen Flusses. Stets treu mit dabei ist die Lauter, immer der Eintiefung und dem wechselnden Verlauf der Donau folgend. Ihr fast unmerkliches Gefälle ließ sie zu einem gemütlich mäandernden Gewässer werden. Dem einzigen, das komplett durch das einzigartige Biosphärengebiet Schwäbische Alb fließt und mit dem burgenreichen Lautertal die mithin beliebteste Sehenswürdigkeit der Mittleren Alb geschaffen hat. Bereits der Quelltopf im ummauerten ehemaligen Garten der Äbtissin, des in den 1250er-Jahren gegründeten Klosters Gnadenzell, ist ein verwunschener, wunderschöner Ort zum Verweilen: Aus mehreren Klüften strömt das Wasser in das Becken und trieb damals beim Auslauf die alte Klostermühle an.

Tipp

Hinter der Mauer des 1534 zum Gestüt umgewandelten Klosters stürzt der Fluss in ein altes Kleinwasserwerk (Infotafel).
www.gomadingen.de

36 ZWIEFALTER AACH – WIMSEN/ ZWIEFALTEN

Einziger mit Boot befahrbarer Albquellfluss

Lage

Der Ursprung der Zwiefalter Aach liegt in der Wimsener Höhle. Ihr zweiter Lauf entspringt in einem Quelltopf rund 600 m westlich vom Zwiefalter Münster.

Koordinaten

GMS 48°15'33"N 9°26'53"O (Quelle Wimsener Höhle)
GMS 48°13'47"N 9°27'16"O (Quelltopf Kesselbach)

Erreichbarkeit

Über die L245 zwischen Hayingen (3 km entfernt) und Zwiefalten zum großen Parkplatz des Weilers Wimsen. Hier kommt der unterirdisch fließende Fluss Aach in einer Höhle ans Tageslicht. Es sind rund 200 m zu Fuß zum Naturdenkmal „Friedrichshöhle" besser bekannt als Wimsener Höhle, der einzigen (70 m weit mit Fährmann) per Boot befahrbaren Höhle Deutschlands (Tageskasse und Online-Tickets). Die Wimsener Höhle (557 Hm) hat zwischen November und März Winterruhe. www.tressbrueder.de/wimsener-hoehle/
Nebenan bietet der Biogasthof Friedrichshöhle leckere, regionale Gastronomie. Zum zweiten Zweig der Aach, der Kesselbachquelle, gelangt man vom Großparkplatz Dobeltal (südwestlicher Ortsausgang von Zwiefalten) an der K6745 Richtung Upflamör/Mörsingen. Vom äußersten westlichen Ende des Parkplatzes liegt der Quelltopf rund 100 m entfernt. In der Nähe befindet sich auch die neue, barrierefreie Spiel- und Freizeiteinrichtung Dobel-SpATZ mit überdachter Grillstelle.

Was hat es mit dem merkwürdigen Ortsnamen Zwiefalten auf sich? Zwei wasserreiche Quellbäche vereinigen sich an der Stelle, wo 1089 das ehemalige Benediktinerkloster errichtet worden ist. Der Ort Zwivaltum ist allerdings einiges älter und wurde aus dem althochdeutschen Adjektiv zwifalt, (zweifach) gebildet. Die Siedler wählten also den Ort, wo der Fluss Aach, der von Norden aus der Wimsener Höhle kommt, mit der Aach zusammenfließt, die in der Kesselquelle westlich des Ortes entspringt. Von Wimsen her mischt auch noch der Hasenbach mit, der aus dem Glastal fließt (siehe Seite 151).

Die Zwiefalter Aach fließt nach 9 km bei Zwiefaltendorf in die Donau. Während im Mittel 590 Liter in der Sekunde an Frischwassernachschub aus der Höhle kommen, liefert der Hasenbach gut die Hälfte, hingegen der Kesselbach im Schnitt 700 Liter. Der bläulich schimmernde Topf ist 22 m groß und 4 m tief – aus Sicherheitsgründen allerdings umzäunt, weil die Albwasserversorgung einen Teil als Trinkwasser abzapft. Der Kesselbach (seiner Quellform wegen so genannt) hat außer seinem unterirdischen Zulauf noch einen weiteren Mitstreiter – den Tobelbach. Er hat das bizarre höhlenreiche Tal Richtung Mörsingen gebildet und fließt meist nur schwach. Entlang der Kreisstraße lassen sich für Fußgänger weglos beidseits der Straße die abenteuerlichen Felslöcher erkunden.

Hingegen ist in der Wimsener Höhle nach 70 Meter für den normalen Besucher Schluss. Tiefer können die Kähne nicht in den Schlund einfahren. Ihre tatsächliche Länge ist nicht bekannt. Höhlentaucher sind zumindest 1260 Meter in das Albinnere vorgedrungen. In einer „Schatzkammer" im hinteren Teil der Höhle wurden Keramikreste und menschliche Knochen gefunden. Sie stammen

aus der Bronzezeit. Damals lag der Fundort noch in einem trockenen Bereich. Spätestens seit eine Mühle im 11. Jahrhundert den Quellfluss aufgestaut hat, ist der Wasserstand auf dem heutigen Niveau.

Tipp

Ein idyllischer, leicht begehbarer Wanderweg führt von Wimsen entlang des wildromantischen Aachtals durch eine Felsschlucht nach Gossenzugen (Kneippanlage) und von dort weiter nach Zwiefalten. Hin und zurück rund 9 km.
www.zwiefalten.de/freizeit-gaeste/aktivitaeten/wandern

37 BRAUNSEL – EMERINGEN

Kürzester Fluss im kleinsten Dorf

Lage
Die Quellen der Braunsel liegen rund 1 km östlich der Pfarrkirche von Emeringen.

Koordinaten
GMS 48°14'8"N 9°31'47"O (Quellgebiet)

Erreichbarkeit
Die Gemeinde Emeringen liegt ziemlich zentral, aber im Verkehrsschatten zwischen Hayingen, Zwiefalten und Obermarchtal. Die K7337 führt am Ortsrand entlang. Im Norden markiert die Josefskapelle weithin einen Wanderparkplatz (560 Hm) mit Rundwanderwegekarte. Von dem gelangt man dem Feldweg 500 m nach Osten folgend zu einem Hang, der zum Quellgebiet der Braunsel hinabführt (512 Hm). Alternativ wählt man 200 m südlich der Kapelle den Parkplatz beim Spielplatz mit Grillhütte und folgt dem abwärts führenden Feldweg 650 m weit. Bereits nach 400 m passiert man den rechts an einem Felssporn aufragenden Hügel einer ehemaligen Burg (Aussicht), die hier über der Donauschleife an einer alten Furt zwischen Emeringen und Mittenhausen platziert war.

Hier kommen die Kleinen groß raus. Da ist zunächst die kleinste selbstständige Gemeinde im Regierungsbezirk Tübingen: Emeringen, mit rund 135 Einwohnern. Das Dorf am Südhang der Alb bietet fantastische Weitsichten bis zu den Schweizer Alpen, sofern man sich auf die Hanghöhen des westlich angrenzenden Emerbergs begibt. Wer die Romantik dem Fernweh vorzieht, wählt den mitunter schmalen Wanderpfad entlang des Quellbaches Braunsel bis zur Donaumündung. Das sind gerade mal 920 m, was das Gewässer zum kürzesten Donau-Zufluss macht. Der Weg durch das Naturschutzgebiet Braunsel führt zunächst zum spektakulärsten Aussichtsfelsen über der Donau – jenseits des Durchbruchstales bei Beuron. Denn dort, wo die glasklare Braunsel in den großen Fluss mündet, erhebt sich das gewaltige Felsmassiv des Hochwartfelsen mit Gipfelkreuz. Bei Hochwasser bildet sich ein riesiger See. Von dort sind es, entlang der von der Sonne aufgewärmten Felsengalerie, noch rund 900 m zum Burgort Rechtenstein. Einst, mit 200 m Länge, größte Burganlage der Mittleren Alb. Ein Besuch der mächtigen Geisterhöhle, unterhalb der Burg, gehört auch dazu. Doch zurück zur Braunsel. Die hat ihren Namen vom mittelhochdeutschen „bruns", in der ursprünglichen Bedeutung von wallen, sieden. Diesen Eindruck gewinnt man beim Betrachten der 32 Quelltöpfe entlang des Bergwaldes, die mitunter sprudelnd – wie kochendes Wasser – an der Oberfläche blubbern. Die Breite des Quellwasserstroms überrascht mit ihren bis zu 25 Metern. Die meist 10 Grad kalte Braunsel liefert der Donau in der Sekunde bis zu 1500 Liter Wasser. Korrekterweise muss man erwähnen, dass das Wasser zum Großteil geklaut ist – es wird der Lauter an Versickerungsstellen zwischen Indelhausen und Lauterach einfach abgezwackt.

Tipp

Eine der weniger bekannten Stellen, wo die vom Aussterben bedrohten Märzenbecher als erste Frühlingsboten eines Jahres massenweise aufblühen, liegt ebenfalls beim Quellgebiet. Gegenüber der südlichen Ortszufahrt (Lederstraße/Feuerwehrhaus) führt das Felsental 300 m durch das Naturschutzgebiet hinab. Zwischen Mitte März und Mitte April ist der Nordhang des lichten Laubwaldes mit den Pflanzen übersät. Und hier sieht man auch den seltenen, zinnoberroten Kelchbecherling.
www.emeringen.de

38 SCHMIECH – SPRINGEN

Eldorado der Schmetterlinge

Lage
Die Schmiech sprudelt aus einer Felsenquelle am Rande des Schelklinger Teilorts Springen im Oberen Schmiechtal.

Koordinaten
GMS 48°23'2"N 9°35'46"O (Quelle)
GMS 48°22'25"N 9°36'57"O (Schwarzer Weiher)

Erreichbarkeit
Auf der L230 zwischen Böttingen und Magolsheim zweigt die K6773/7410 in das lang gezogene bewaldete Obere Schmiechtal, Richtung Gundershofen ab. Nach 5 km erreicht man in einer scharfen Linkskehre den Weiler Springen. Rechts zweigt ein Feldweg ab, von dem man zu Fuß nach 20 m zur Quellnische im Fels gelangt, unterhalb liegen die Reste der ehemaligen Bannmühle (623 Hm). Ein ausgeschildeter Wanderweg führt durch das bis Hütten reichende Naturschutzgebiet. Start am Biosphären-Infozentrum Schelklingen-Hütten, https://infozentrum-huetten.de.

Das 14 km lange Schmiechtal ist ein Eldorado für Schmetterlinge. Die Wacholderheiden des in seiner Gesamtheit bis Hütten als Naturschutzgebiet deklarierten, steilwandigen Kerbtals sind bekannt für ihre reichhaltige Fauna. Trotz des hohen Gehölzanteils ist die Zahl von bisher über 80 entdeckten Arten erstaunlich hoch: Dazu gehört der Zwerg-Bläuling, der mit 22 mm Spannweite als der kleinste Tagfalter überhaupt gilt. Oder der nur noch im Süden anzutreffende Storchenschnabel-Bläuling.

Am oberen Anfang des in vier Teilgebiete gegliederten 121 Hektar großen Gebiets liegt die Quelle der Schmiech. Sie strömt aus einer Felswand. Trotz ihrer ergiebigen Schüttung von bis zu 900 Sekundenliter bildet sie keinen Karstquelltopf, sondern fließt über ein kiesiges Bachbett sofort ab. Diese Energie nutzten bereits im Mittelalter drei Mühlen, die den Weiler Springen bildeten (im Sinne von „schnell fließend Hindernisse überwinden"). Die Bauern der Umgebung waren durch die verschiedenen Herrschaften „gebannt", hier ihr Getreide mahlen zu lassen. Die große Obere Mühle „am Urspring des Wassers" gehörte zum

Ritterbezirk Justingen, sie war bis ins 19. Jahrhundert in Betrieb. Das Hauptgebäude steht heute noch. Die Magolsheimer Mühle, deren Nebengebäude sich alle erhalten haben, gehörte zum Herzogtum Württemberg. In der kleineren, unteren Gundelfinger Mühle mussten die Bewohner von Mehrstetten ihr Getreide abgeben. Nach dem Niedergang der Ritterherrschaft Hohengundelfingen (Burg im Lautertal) wurde 1306 Österreich neuer Besitzer, 1766 schließlich Württemberg. Als Denkmal hat sich ein 5 km flussabwärts bei Talsteußlingen restauriertes Mühlrad erhalten. Das Schauwasserrad erinnert an den 1985 eingestellten Getreidemühlenbetrieb.

Die Schmiech verlässt bei Schmiechen in einem Bogen nach Süden das kleine Tal, um nun in einem breiteren noch 11 km weit zur Mündung bei Ehingen zu fließen. Das große Tal hat die Urdonau geschaffen, die bis vor 150000 Jahren viel nördlicher verlaufen ist, bevor die Eiszeit sie zwang, das heutige Flussbett auszuspülen.

Tipp

Der „Schwarze Weiher" ist ein kleines Feuchtgebiet inmitten der mit Kalktuff angefüllten Talaue. Es beherbergt die letzten Reste eines waldfreien Niedermoors. Einst eine Abbruchgrube für Tuffstein, wird die Karstquelle (250 l/s) heute von der Albwasserversorgung gefasst und speist das nahe gelegene Pumphäuschen, 1 km flussabwärts von Gundershofen.

39 WEIHERQUELLE/SONDERNACH – HÜTTEN/SONDERNACH

Wo 1871 erstmals Wasser auf die Alb gepumpt wurde

Lage

Der Schmiech-Zufluss Sondernach entspringt am gleichnamigen südlichen Dorfrand unterhalb der Kapelle. Die Weiherquelle sprudelt an der Schmiechtalhalle in Hütten.

Koordinaten

GMS 48°22'0.33"N 9°37'2.68"O (Sondernach)
GMS 48°22'18"N 9°37'54"O (Weiherquelle)

Erreichbarkeit

In einem südlichen Seitenzweig des Oberen Schmiechtals eingezwängt liegt der urige Weiler Sondernach (mit Bahnhaltestelle). Auf der K7409 zweigt man zwischen Gundershofen und Hütten ab und parkt gleich am parallel verlaufendem Feldweg/Bushaltestelle. Nach 100 m wird die Schmiech an der Riedmühle überquert, einem klassischen Lost Places-Fotomotiv. Nach weiteren 200 m quert man die Sondernach. Zu deren Quelle folgt man der Schulstraße etwa 700 m bis fast zur Kapelle. Der Bach entspringt meist unterhalb des Friedhofs auf einer einsehbaren Privatwiese. Nach Regen sprudelt die Quelle aber in einer weiter westlich liegenden Streuobstwiese.
Zur Weiherquelle gelangt man in der Ortsmitte von Hütten über das Biosphärengebiet-Infozentrum (Parkplatz). Hier zu Fuß der Mühlstraße/Mühlwiesen rund 550 m bis zur Schmiechtalhalle folgen. Dort liegt der Weiher am Kindergarten. Die eigentliche Quelle befindet sich etwas entfernt.

Ein Ort, ein Fluss. Das 120-Einwohner-Dorf Sondernach nennt sich nach der Sundernach, einem rund 1 km langen Zufluss der Schmiech. Das Gemeindewappen mit blauem Wellenschnitt mit goldenem Wellenfaden weist auf die nach „sundar" (althochdeutsch), also nach Süden fließende Aach (eingekürzt von Bach) hin.
Für Fotografen hat der Schelklinger Stadtteil einige urige Motive zu bieten. Neben der Kombination eines Feuerwehr-, Rat- und Backhauses unter einem Dach sind das die spätgotische Kirche und der Haltepunkt

der Schwäbischen Albbahn. Morbiden Charme strahlt die ehemalige, halbverfallene Riedmühle des Klosters Salem mit Wasserrad am Zusammenfluss von Schmiech und Sondernach aus.

Versteckt im westlichen Ortsteil von Hütten, direkt an der Kreisstraße, quillt die idyllische Weiherquelle mit satten 151 Litern pro Sekunde in einen großen Teich. Im Hintergrund, von der Straße getrennt, ragt der 12 m hohe und 30 m lange Weiherfels aus dem Talgrund. Der 10 m breite Koloss im Nordhang ist ein geschütztes Geotop inmitten des Naturschutzgebiets Oberes Schmiechtal. Auf der Berghalbinsel lag im Spätmittelalter ein dem Ort namensgebendes (Ver)hüttun(gs)-Bergwerk. Getreidespreu, die 1495 in einen Schacht („Höllgrube") fielen, sollen anderntags an der Quelle wieder zum Vorschein gekommen sein.

Bis 1988 bezogen die Einwohner von Ennahofen, Grötzingen, Weilersteußlingen und Ermelau auf der Albhochfläche ihr Trinkwasser aus der Talaue. Eine Pumpstation in Talsteußlingen hat das kostbare Nass 165 m in die Höhe gefördert. Mittlerweile bekommen diese Gemeinden ihr Wasser vom Schmiechtal-Ort Allmendingen, der das Trinkwasser in vier Brunnen aus einer Tiefe von 60 bis 136 m fördert.

Das Pumpwerk in Teuringshofen wiederum ist ein Industriedenkmal. 1871 wurde von hier erstmals Trinkwasser aus der Schmiech auf die Albhochfläche gedrückt.

Tipp

Der neu konzipierte Albwassertour-Themen-Rundweg führt von Hütten (Start am Biosphärenzentrum oder Bahnhaltepunkt) über Justingen und durch das Schmiechtal wieder zurück. An sieben Stationen und unzähligen Sehenswürdigkeiten geht es unterwegs vorbei. Die 12 km lange Strecke (Gehzeit etwa 3 Stunden, 200 Höhenmeter) kann auch punktuell angesteuert werden.

Öffnungszeiten Infozentrum von April bis Ende Oktober, sonn- und feiertags von 10–16 Uhr, https://infozentrum-huetten.de.

Von Hütten aus führt auch die 10 km lange Rundtour durchs Naturschutzgebiet Oberes Schmiechtal über Sondernach, durch das wilde Bärental zum verfallenen Schloss Hohenjustingen.

MÜHLENER BACH – EHINGEN-MÜHLEN

40

Vorbei an einer ehemaligen steinzeitlichen Siedlung

Lage
Kirchen und sein Nachbarort, die Ortschaft Mühlen mit ihren Quellen und Hungerbrunnen, liegen in Seitentälern (K7414) zwischen Lauterach und Ehingen.

Koordinaten
GMS 48°17'9.5"N 9°38'49.1"O (Quellenweg Mühlen Parkplatz)
GMS 48°16'56"N 9°39'05"O (Steinzeitstätte Felsställe)
GMS 48°17'16,4"N 9°39'43,7"O (Hungerbrünnele)

Erreichbarkeit
Von der Albhochfläche kommend, empfiehlt sich die Anfahrt nach Mühlen über eine abenteuerliche Strecke, bei der man bei guter Sicht mit einem grandiosen Alpenpanorama belohnt wird: Von der B465 zwischen Münsingen und Ehingen biegt man in Altsteußlingen (653 Hm) in der Ortsmitte nach rechts in die Sankt-Anno-Straße ab. Die führt bergwärts nach 1 km zur Waldanhöhe (721 Hm) auf nun geschotterter Straße zur Abzweigung Mühlen oder Kirchen. Abwärts Richtung Mühlen führt nach 300 m ein Waldrandweg östlich zur Bussenblick-Aussicht (500 m zu Fuß). Folgt man der Straße weiter abwärts, passiert man nach 100 m rechter Hand den Antoniusbrunnen (650 Hm). Nach weiteren 500 m ist das Dorf erreicht, links am Quellenweg (610 Hm) gibt es Parkmöglichkeiten vor dem Dammwildgehege. Nordöstlich wegaufwärts nach 150 m erreicht man zwei (Fisch-)Teiche des wenig oberhalb entspringenden Mühlener Bachs. Zweite Quelle: Rechts des Geheges/Beckens 100 m dem Wiesenweg folgen. Der Bach fließt als Wasserfall Ecke Wiesental/Hungerbrunnen zwischen den Häusern hindurch.
Dritte Quelle: Vom Quellweg entgegengesetzt nach Nordwesten, den Käferberg-Hangweg rund 350 m am Waldrand entlang, trifft man auf die Quelle, die aus einer Nische im Hang sprudelt.

Mühlheim hieß der Ort ursprünglich. Er war nur wegen seiner Wasserkraft durch den von drei Quellen am Talende gespeisten Bach im Frühmittelalter gegründet worden. Der Ort blieb immer ein Kleinstweiler, der bis 1725 nur aus drei Höfen bestand. Wo der Mühlener Bach das verträumte und abgelegene Dorf in einem kleinen Streuobstparadies nach 500 m verlässt, liegt am Waldrand ein bedeutender prähistorischer Siedlungsplatz: die halboffene Höhle des Felsställes. Sie ist mit rund 430 000 Steinzeit-Werkzeugen, Schmuck und Waffen der reichhaltigste Fundort vom Ende der Eiszeit vor etwa 18 000 bis 12 000 Jahren. Genauer gesagt stammen die Artefakte aus der Kulturstufe des Magdalènien, benannt nach der altsteinzeitlichen Fundstätte im französischen La Madelaine. Zum Speiseplan am Mühlheimer Bach gehörten Rentier, Wildpferd, Eisfuchs, Steinbock und Schneehase – wodurch man einen Eindruck vom damaligen Klima am Südrand der Alb bekommt. Zum Vergleich: die Höhlenfunde der ältesten Musikinstrumente der Menschheit (Geißenklösterle) oder die erste figürliche Darstellung einer Frau (Venus vom Hohle Fels) im benachbarten Aach-Tal werden in die 35 000 bis 40 000 Jahre alte Kulturstufe des Aurignacien datiert. Der munter plätschernde Mühlener Bach bot offenbar ideale Siedlungsbedingungen, denn das geschützte Seitental wurde über Jahrtausende hinweg bewohnt – wie Jagdspuren und Bestattungen zeigen: Knochenreste vom Rothirsch datieren in die Mittelsteinzeit vor etwa 11 600 bis 9 000 Jahren. Der Fund eines dreijährigen Kinderskeletts in Hockerbestattung stammt aus der Zeit um 4000 vor Christus. Zum Felsdach gelangt man, dem Bach abwärts folgend, am Ende/Anfang der Ortsbebauung nach 300 m. Oder ebenfalls 300 m vom Wanderparkplatz. Den erreicht man, aus Richtung Süden/Ehingen oder Lauterach angereist, rund 1,2 km nach der Abzweigung der K 7414.

Der rund 2 km lange Mühlener Bach ist trotz seiner kulturgeschichtlich bedeutsamen Lage als Donauzufluss eher Nebensache. Er wird im wahrsten Sinne des Wortes vom bekannteren Weiherbach geschluckt, der in der Ortsmitte von Kirchen an der Brunnenstraße entspringt (596 Hm). Der große Dorfteich liegt versteckt hinter Wohnhäusern. Beide Bäche münden nach 8 km in Ehingen in die Schmiech.

Tipp

Das im lichten Wald 1,5 km östlich von Mühlen sprudelnde romantische Hungerbrünnele ist einen Abstecher wert (Panoramablick über Ehingen). Vom Dorfwahrzeichen „Mühlener Dom" (Kapelle) dem Feldweg Hungerbrunnen 400 m bis zur Abzweigung folgen. Hier rechts, 300 m am Hangwaldrand entlang, dann links aufwärts, den Weg 650 m weit durch freies Feld bis zum Wald gehen, dort liegt nach 30 m der Rastplatz mit Schutzhütte (631 Hm). Alternativ zurück über einen der weiter oben am Berg, im Wald, verlaufenden Wege, die zu den Mühler Teichen führen.

41 URSPRING/AACH – SCHELKLINGEN

Am schönsten Umlaufberg der Alb

Lage
Im markanten Talbogen westlich von Schelklingen entspringen Urspring und Aach in benachbarten Quelltöpfen.

Koordinaten
GMS 48°22'53"N 9°43'5"O (Urspringtopf)
GMS 48°22'37"N 9°43'1"O (Aachtopf)

Erreichbarkeit
Von der B492 auf Höhe des Bahnhofs in die Stadtmitte nach Schelklingen abbiegen. Die Bahnhof- und die Schulstraße führen nach 500 m in einer Linkskurve ortsauswärts am Talhang Richtung Hausen/Justingen. Nach weiteren 500 m zweigt links ein Sträßchen Richtung Urspring ab, das nach 1 km zum Wanderparkplatz am ehemaligen Kloster führt (heute Internatsschule, Kirche ist zugänglich). Von dort erreicht man nach 150 m mitten im Areal den sehr romantischen Urspring-Quelltopf.
Den rechten Feldweg am Hang südwärts folgend, erreicht man nach 600 m den Quelltopf der Aach bei der ehemaligen Dreikönigsmühle. Rund 150 m unterhalb fließen Urspring und Aach bereits zusammen. Über eine Brücke gelangt man nach 50 m über einen Rundweg unterhalb des Lützelbergs (Umlaufberg, 614 Hm) nach 750 m wieder zurück zum Ausgangspunkt. Optional: Aufstieg zur barocken Herz-Jesu-Bergkapelle (nach 850 m) mit dem Aussichtspunkt (1,2 km) auf dem Kreuzweg.

Nichts Geringeres als der nachweisliche Beginn der menschlichen Kunst und Musik hat sich an diesem Flüsschen abgespielt. Oberhalb der Aach in der Schelklinger Felskathedrale der Karsthöhle Hohle Fels und im benachbarten Geißenklösterle schufen die ersten anatomisch modernen Menschen vor rund 40 000 Jahren die ältesten je entdeckten Kunstwerke: Filigrane Tierdarstellungen aus Elfenbein, die erste figürliche Darstellung einer Frau – und das erste bekannte Musikinstrument, eine Flöte aus der Speiche eines Gänsegeiers. Vielleicht inspiriert von dem zwischen den hohen Talfelsen gemächlich dahinplätschernden Fluss, der sich nach 10 km kurz vor dem berühmten Blautopf in die Blau ergießt.

Die Aach – korrekt lang gesprochen mit Doppel-a – wird aus kartografischen Gründen nur mit einem Vokal geschrieben. Eindeutig und unübersehbar ist ihre Quelle: Eine große, teichähnliche Karstöffnung auf dem Grund des idyllischen Schelklinger Urspringtals. Inmitten dieser mächtigen Talschlaufe liegt der schönste Umlaufberg der gesamten Schwäbischen Alb. Die Aach fließt durch die westliche Schlingenhälfte, die in ihrer Gesamtheit einst von der Donau ausgeschwemmt worden war. Bis zur weitesten Ausdehnung der Vergletscherung in der Riss-Kaltzeit vor 150 000 Jahren, durchfloss die Donau dieses Tal – in entgegengesetzter Richtung wie die Aach heute. Dabei grub sie sich besonders weit nach Nordwesten in die Jurafelsen ein, auf dem heute die Ruine Hohenschelklingen (621 Hm) steht. In der Flussschlinge entwässert seit dem Rückzug der Donau der Regen der Albhochfläche (bis hoch nach Münsingen). Beim Wiederaustritt hat das Wasser sogar einen zweiten Karstquelltopf geschaffen – den der Urspring.

Diese entspringt in einem großen und mehreren kleinen Quelltrichtern der Anlage eines 1127 erstmals erwähnten Klosters. Eine ideale Lage für die geistliche Gemeinschaft, trieb doch die mittlere Schüttung von 500 l/s sofort die Klostermühle an. Bereits nach

500 m fließt die Urspring in die Aach. Die schüttet etwas weniger (im Schnitt 440 l/s), was aber nur eine Momentaufnahme ist, denn schon nach gerade mal 100 m vereint sich die junge Aach mit der Urspring und übernimmt fortan das Kommando.

Auch die Aach treibt eine Mahlmühle an. Allerdings erst seit 1845, nachdem der benachbarte Ursprinter Mühlbetrieb eingestellt worden war. Die Aacher Dreikönigsmühle wurde 1912 zum Elektrizitätswerk umgebaut, heute sind dort Schüler und Lehrer der evangelischen Internatsschule untergebracht.

Tipp

Drei der UNESCO-Welterbestätten Höhlen und Eiszeitkunst der Schwäbischen Alb liegen im Aachtal. Der Hohle Fels, die größte zugängliche Höhlenhalle der Alb, am östlichen Stadtausgang von Schelklingen, ist vom 1. Mai bis 31. Oktober an Wochenenden und Feiertagen geöffnet. Jederzeit können die Sirgensteinhöhle (1,3 km entfernt, nördlich der Parkbucht an der B492, kurzer Aufstieg) und die Geißenklösterle-Höhle aufgesucht werden (südlich des Ortsbeginns von Weiler, steiler Aufstieg). Sie ist vergittert, aber gänzlich einsehbar. Die Höhlenvorplätze sind mit zahlreichen Info-Tafeln bestückt. Die Funde sind im Urgeschichtlichen Museum in Blaubeuren zu sehen.
www.urmu.de

BLAU – BLAUBEUREN

42

Die berühmteste Karstquelle Deutschlands

Lage
Die Quelle der Blau im Blautopf liegt am nördlichen Albhang der Stadt Blaubeuren.

Koordinaten
GMS 48°24'58"N 9°47'2"O (Quelltopf)

Erreichbarkeit
Der Quelltopf des Flusses Blau liegt am nördlichen Rand der Altstadt von Blaubeuren nahe dem ehemaligen Kloster. Zahlreiche Parkmöglichkeiten befinden sich wenige Gehminuten entfernt. Mehrere Infotafeln geben Auskunft über den Blautopf und die Blauhöhle. www.blautopf.de

Über die berühmteste und zweitstärkste Karstquelle Deutschlands ist eigentlich schon alles geschrieben worden: In dem trichterförmigen Quelltopf (512 Hm), der rund 40 m im Durchmesser misst und über einen Rundweg begangen werden kann, schütten rund 2280 Liter Wasser in der Sekunde hervor. Bei Hochwasser können es auch schon mal gewaltige 32000 Liter sein, die aus dem 21 m tief ausgespülten Felstopf sprudeln. Schließlich beträgt das Einzugsgebiet 160 Quadratkilometer der Albhochfläche, auf der das Regenwasser im porösen Gestein versickert. Sein unterirdischer Weg zur Austrittstelle führt durch ein unglaubliches Höhlensystem. Vermutlich das größte, aber sicher das faszinierendste Deutschlands. Im Verborgenen und in ewiger Dunkelheit liegen riesige Hallen, wie der „Mörikedom“ mit einer Höhe von 30 m, gut 25 m breit und 125 m lang. Unfassbare 16 km beträgt die bisher erforschte Länge der vergessenen Welt unter der Erde (Stand 2022). Die 1,5 km entfernte Hessenhauhöhle in Berghülen – eine Doline, über die man bis zu 140 m in die Tiefe vorstoßen kann – ist rund 8,3 km lang. Es könnte noch Jahre dauern, bis Menschen die verzweigte Unterwelt gänzlich entdeckt und eine Verbindung zwischen beiden Höhlen geschaffen haben werden. Denn man muss Taucher und Bergsteiger zugleich sein. Das ist nicht nur sehr aufwendig, sondern auch gefährlich: Engstellen, mühsame Kletterpassagen und mehrere Siphons fordern die Forscher. Ohne Übernachtung in Biwaks ist das nicht möglich.

Dem normalen Besucher zeigt sich der Quelltopf als wunderschöner, gar mystischer Ort. Blau schimmert er, je nach Sonnenlichteinstrahlung aufgrund der Streuung der im Wasser enthaltenen Kalkpartikel. In der ältesten schriftlich überlieferten deutschen Sprache aus dem 8. Jahrhundert haben unsere Vorfahren bereits die Farbe blâ gekannt, was für eine ungleich schärfere Naturbeobachtung als sie uns heute eigen ist spricht. Und so fließt das vermeintlich farbige Wasser als Flüsschen Blau nach 22 km in Ulm in die Donau. Genauer gesagt nach 300 m, vereint mit der hier schon 10 km langen, aus Schelklingen kommenden Aach.

Tipp

Für wen ein Bummel durch das romantische Fachwerkstädtchen noch nicht tagesfüllend ist, dem sei ein Aufstieg auf einen der beeindruckenden Aussichtspunkte empfohlen: Auf dem Blaufels (654 Hm) liegt einem die Stadt mit ihrem ehemaligen Kloster zu Füßen. Von der westlichen Seite des Blautopfs, oberhalb der Hammerschmiede, führt ein schmaler Pfad zu Sonderbucher Steige. Dort geht es erst ein Stück bergab, um dann halbrechts zum Aussichtspunkt aufzusteigen. Alternativ kann man an der Ecke Kloster-/Blautopfstraße aufsteigen (Weglänge etwa 1 km). Zum Abschluss können in der Klosteranlage noch der Hochaltar mit seinem prächtigen Chorgestühl von Bildhauern der berühmten Ulmer Schule und das einzige Mönchsbad Deutschlands bestaunt werden.

43 KLEINE LAUTER – BLAUBEUREN-LAUTERN

Wo die Zeit scheint still zu stehen

Lage

Der Quelltopf der Kleinen Lauter liegt beim Weiler Lautern in einem Seitental nordwestlich von Herrlingen.

Koordinaten

GMS 48°26'56"N 9°51'39"O (Quelltopf)
GMS 48°26'54"N 9°51'30"O (Ruine Lauternburg)

Erreichbarkeit

Von der B28 zwischen Blaubeuren und Blaustein nahe des Kreisverkehrs nach Herrlingen in die Bahnhofstraße einbiegen. Nach 400 m links in die Lauternstraße abzweigen und dieser ortsauswärts in das Tal der Kleinen Lauter folgen. Nach 4,4 km erreicht man im Weiler Lautern rechts an der Kirche den Wanderparkplatz. Von hier sind es 250 m zu Fuß zum Quelltopf (539 Hm). Eine Weiterfahrt für den motorisierten Verkehr zum 2,5 km entfernten Wanderparkplatz in Bermatingen (Sportplatz, 640 Hm) auf der Albhochfläche ist nicht möglich. Alternativ kann man auch vom Wanderparkplatz 800 m westlich des Dorfes Weidach an der K7383 ins Tal absteigen (2 km bis zum Quelltopf).

Angenommen, Sie wollen einem Besucher, der noch nie auf der Schwäbischen Alb war, diese grandiose Naturlandschaft mit all ihren Facetten zeigen, ohne tagelang unterwegs sein zu müssen. Dann geht der Tagesausflug ins Kleine Lautertal. Die kleine Schwester der in Offenhausen entspringenden Großen Lauter durchläuft auf ihren sechs Fließkilometern alles, was das schwäbische Mittelgebirge ausmacht: Leuchtend weiße Kalksteinfelsen und Gesteinshalden, in denen der Uhu brütet. Wacholderheiden mit vielen Tierarten, darunter seltenen Heuschrecken oder der streng geschützten Schlingnatter. Dazu rund 450 Pflanzenarten mit gefährdeten Orchideen, gepflegt von Schafherden und Ziegen in den bis zu 200 m hohen Steilhängen. Außerdem Schluchtwälder mit üppiger Märzenbecherblüte im Frühjahr. Im abgelegenen Wiesental bilden einige wenige bäuerliche Anwesen die sogenannte

Einöde Lautern. Jahrhunderte lang gab es hier nur eine Kirche nebst Mesnerhaus, eine Gaststube und sechs Mühlen. Die romanische Kirche Unserer Lieben Frau ist eine der ältesten auf der Alb. Die Reste mittelalterlicher Wandmalerei, ein spätgotischer Flügelaltar und der alte Friedhof mit schmiedeeisernen Grabkreuzen nebst Fachwerkgebäude bilden zusammen ein unvergleichliches Ensemble und wirken, als ob die Zeit stehen geblieben wäre. Zum seither kaum gewachsenen

Weiler gehört Burg Lauterstein, die zu Beginn des 13. Jahrhunderts erbaut wurde. Auf ihr lebte der berühmteste Alchimist der Neuzeit. Die Oberamtsbeschreibung Blaubeuren weiß 1830 zu berichten, dass „die Sage ist, Theophrastus Paracelsus, den man in allen verborgenen Winkeln laborieren lässt, auch auf dem Lauterstein eine Zeit lang sein Wesen getrieben habe. Es sind noch Mauern und Gewölbe davon übrig, die aber in dem Dickicht des Waldes der wilden Schlucht dem Anblicke von unten auf fast ganz entzogen sind".

Der urig eingefasste Quelltopf der Lauter mit einer mittleren Schüttung von 600 l/s ist in jeder Beziehung die Lebensader des Tales: Die ewig sprudelnde Lauter bildet den Ausgangspunkt der Besiedlung, mit dem Standort einer historischen Pumpstation, die bereits 1873 Albgemeinden mit Trinkwasser versorgte. Seit 1995 ist das 280 Hektar große Tal Naturschutzgebiet. Das Flüsschen schlängelt sich durch ein immer breiter werdendes Tal, wo man allenthalben noch auf Wehre und Mühlkanäle stößt. Schnecken, Bachflohkrebse und Insekten bevölkern den Flussgrund. Bachforelle und Groppe gehen auf Beutezug.

Tipp

Die Kirche in Lautern ist ganzjährig bis zum Einbruch der Nacht geöffnet (Ausnahmen möglich). Die Felsenburg-Ruine Lauterstein (580 Hm, westlich gegenüber des Quelltopfes, auf dem letzten Felsen) wurde 1556 zerstört. Man gelangt zu den Überresten mit Burggraben über einen Fußweg, der von der Lautern-Brücke aus auf die Anhöhe führt (500 m Wegstrecke). Im und um das Naturschutzgebiet verlaufen mehrere markierte Rundwanderwege.

NAU – LANGENAU

Quellenreichste Stadt im Süden

44

Lage
Im Stadtgebiet von Langenau gibt es mehrere Karstquellen, die kleine Seen bilden und deren Bäche den Ort in West-Ost-Richtung durchfließen. Im Stadtpark am Rande der Altstadt konzentrieren sich die Wasserflächen.

Koordinaten
GMS 48°29'51"N 10°7'19"O (Nau-Ursprung)
GMS 48°29'54"N 10°7'28"O (Stadtpark Feuchtgebiet)

Erreichbarkeit
An der A7 die Abfahrt 119 nach Langenau auf die L1170 nehmen. Diese führt als Hindenburgstraße nach 2,6 km in die Mitte der Altstadt zum Marktplatz (Parkplätze im Umkreis). Achtzig Meter südlich des Rathauses befindet sich vor der VR-Bank der Infopunkt 7 des Biodiversitäts-Spazierwegs. Er markiert die Mitte des kurzweiligen 2,4 km langen und zehn Wasser- und Mühlen-Stationen umfassenden Wegs durch das Stadtgebiet. Man folgt den Stationen nach Belieben durch den benachbarten Stadtpark und entgegengesetzt, der Nau flussaufwärts folgend, an den westlichen Stadtrand zum Quelltopf am Naturfreundehaus (440 Hm). Alternativ startet man den Themenweg von dort: Von der A7 kommend biegt man nach 700 m im Kreisverkehr links ab, erreicht nach 600 m eine Kreuzung und folgt hier rechts der Wasserstraße 300 m weit. Dann führt die Gänsgasse nach 100 m zum Parkplatz am Nau-Ursprung.

Man ist versucht zu sagen: „Venedig der Schwäbischen Alb". Doch das trifft es nicht ganz. Langenau ist zwar die quellenreichste Stadt im Süden der Republik. Aber für Gondeln, Kähne oder Boote ist das der Stadt namensgebende Gewässernetz der Nau zu klein. Wer diese gemütliche Grenzstadt zu Bayern am Südrand der Schwäbischen Alb erstmals besucht, muss sich in diesem bebauten Feuchtgebiet erst einmal zurechtfinden. Einfacher ist es für die vielen Störche, die von ihren exponiert gebauten Horsten den besten Überblick haben. Hilfreich ist der interessante, neu angelegte Biodiversitäts-Spazierweg (BioSpaz) zum Thema „Wasser. Quelle des Lebens". Dieser „geführte 2,4 km

lange Stadtrundgang" verläuft entlang der späteren Nau, die aus der Warmen Ach, der Kalten Ach, dem renaturierten Flötzbach und drei großen Weiher-Biotopen im Stadtpark Wörth gebildet wird.

Spaziergänger erwarten neben zahlreichen anschaulichen Infotafeln auch interaktive Elemente. An manchen Stationen kann mittels moderner Augmented Reality (Filme, 3-D-Figuren, 360-Grad-Ansichten) und dem eigenen Smartphone in das Thema Wasser „eingetaucht" werden.

Der Nau-Ursprung (Warme Ach) ist ein durchschnittlich 230 Liter in der Sekunde ausspuckender Quelltopf. Beim Hochwasser 2022 waren es aber fast 2500 Liter. Ein Großteil des Wassers stammt vom Fluss Lone, der bei Bernstadt stellenweise versickert. Die Hochstaudenflur rund um den Platz hat sich zu einem wertvollen Biotop entwickelt. Der Namen Nau (erstmals 1003 als Navua) ist vermutlich keltischer Herkunft (wilder Fluss) und könnte, weil Langenau und das Umland ein römischer Siedlungs- und

Militärschwerpunkt waren, lateinisch Nava geheißen haben. Sicher ist, dass der Fluss nach 21 km bei Günzburg in die Donau fließt.
Wenige Hundert Meter nach der Quelle bekommt der Fluss erste Verstärkung durch den Flötzbach. Die 3 km lange Warme Ach teilt sich jenseits der Altstadt auf, zwischen den rund 700 m langen Armen bildet der Stadtpark die Flussinsel Wörth. Auf ihr liegen im Bunzenmüllers Weiher (Mühlenstandort, heute Biotop) und im benachbarten Löffelbrunnen-Weiher die Quellen der Kalten Ach. Nach 1,4 km vereint sie sich östlich des von ihr gespeisten Freibads mit der Warmen Ach zur Nau. Insgesamt reihten sich im Oberlauf elf Mühlen entlang des wasserreichen Flusses.

Tipp

Auf dem Umweltlehrpfad „Riedweg" lernt man auf 6 km mit 14 Stationen die Besonderheiten des Donaurieds kennen. Das einzigartige Natur- und Vogelschutzgebiet liegt am südöstlichen Stadtrand von Langenau. (Startpunkt: Straße Ostener Kuften bei der Kläranlage). An der Station 7 zweigt der Weg zum sagenumwobenen Grimmensee ab, einem weiteren Karstquelltopf im Donauried. Ein 700 m langer Lehrpfad mit Infotafeln führt in geologische und hydrologische Zusammenhänge ein. Lage: 2 km südöstlich der 700 Jahre alten Ostermühle, der letzten aktiven Mühle an der Nau (Dinkel-Mühleladen mit Naturkost, Mühlgasse 30).
www.langenau.de/wandern

Wasserfälle

45 SCHLICHEM-WASSERFALL – HAUSEN AM TANN

Metermächtige Schichtstufen

Lage
Am Ortsende von Hausen am Tann talwärts Richtung Ratshausen.

Koordinaten
GMS 48°11'39"N 8°49'56"O (Wasserfall)

Erreichbarkeit
Auf der K7170 biegt man in Hausen am Tann am Ortsende (bei den Glascontainern) die letzte Straße rechts ab und parkt dort. Von hier führt ein Waldweg nach 200 m zu einem Rastplatz am oberen Wasserfall (720 Hm). Der Schlichem-Wanderweg, der von Tieringen Richtung Ratshausen führt, passiert die Stelle als Ziel der ersten, 6 km langen Etappe, ebenfalls.

Ein idyllischer Bachlauf, der sich eindrucksvoll in die Schichten des Braunen Jura eingeschnitten hat: Das ist der 3 Meter hohe Schlichem-Wasserfall. Massive Sandmergelbänke, sinnigerweise auch Wasserfallschichten genannt, zwingen den jungen Fluss, kaskadenartig über Stufen zu rauschen und die 161 Millionen Jahre alten Sedimente einzuschneiden.

Es ist eine Wechselfolge aus hartem und weichem Gestein, die sich hier auf einer Länge von einigen Hundert Metern hinzieht. Während der obere Wasserfall bequem zu begehen ist, muss man sich bei den unteren Wasserfällen mit einem Blick von oben begnügen. Im Sommer muten die Umgegend und der erfrischende Sprühnebel fast tropisch an und wecken Erinnerungen an das mediterrane Jurameer, dessen Verlandung wir heute die Schwäbische Alb verdanken. Im ruhigen Bereich der Gleithänge lassen sich Versteinerungen finden, Ammoniten, Belemniten und Muscheln. Im kühlen Gewässer haben urtümliche Verwandte überlebt. Zum Beispiel der Steinkrebs, die kleinste Variante des europäischen Flusskrebses, der immerhin, mit Scheren, rund acht Zentimeter misst. Spuren im Schlamm zeigen, dass mit der beginnenden Dämmerung auch Wildtiere aus ihrer Deckung kommen: Wildschweine, Rehe, Füchse – und offenbar auch ein Waschbär suchen den Wasserfall auf.

Tipp

Am Wasserfall beginnt die zweite von vier Etappen des Schlichem-Wanderwegs, der von der Quelle in Tieringen bis zur Mündung in Epfendorf führt. Der Abschnitt endet nach 6,5 km beim Schömberger Stausee. Wer den Rückweg scheut, kann einen Shuttle nutzen: Zwischen dem 1. Mai und dem 15. Oktober fährt an Sonn- und Feiertagen dreimal morgens, mittags und abends der Schlichem-Wanderbus die Strecke ab.

www.schlichemwanderweg.de

46 WASSERFALL IM BÄRATAL – BÄRENTHAL

Im freien Fall durch die Höhle

Lage
Der Tuffstein-Wasserfall liegt westlich der Gemeinde Bärenthal.

Koordinaten
GMS 48°4'31"N 8°55'27"O (Sinterterrassen)

Erreichbarkeit
Zwischen Nusplingen und Fridingen auf der L440 nach Bärenthal. An der Kreuzung Kirchstraße/Richtung Gnadenweiler gegenüber zum Parkplatz an dem Verbindungssträßchen nach Renquishausen abbiegen. Hier liegt gut sichtbar die Bruckfelsenhöhle (Infotafel). Einige Meter nach dem Höhlenportal weist ein Wegezeiger zu einem Tuffsteinbruch. Der Weg führt am Ufer der Bära entlang nach 400 m zu den unteren Stufen des Wasserfalls (661 Hm). Dem Pfad 50 m flussaufwärts weiter folgend, biegt man nach der offenen Lagerhalle eines Tuffsteinbetriebs nach links in den Hang und folgt dem Rundwegzeichen durch den bizarren Tuffsteinbruch hoch zur Ölmühlenquelle (691 Hm), die zum Wasserfall fließt. Dem Waldweg abwärts folgend kommt man nach 700 m zum Ausgangspunkt.

Klein, aber oho. Die mit rund 500 Einwohnern kleinste Gemeinde des Landkreises Tuttlingen, eingezwängt im oberen Tal der Bära, hat geologisch und vor allem landschaftlich viel zu bieten: Bizarre Kalksteinformationen, furiose Felsentore, traumhafte Aussichten. Und im Tal dreht sich fast alles um das Thema „Wasser und Kalk".
Vier Erlebniswege, dazu der Abschnitt des Jakobswegs zum Kloster Beuron, führen über die Markung. Vom Rathaus oder Wanderparkplatz an der Bruckenfelshöhle geht's auf ausgeschildertem Rundweg zu typischen Besonderheiten des Karstgebirges. Rechts, also westlich des Flussufers, reihen sich ein Wasserfall, eine Quelle, eine Kalktuffhöhle und ein abenteuerlicher Tuffsteinbruch aneinander. Ein aus der westlichen Hangseite des Säratals entspringender Bach plätschert rund 100 m nach seiner gefassten Quellöffnung im schattigen Westhang des Tales über viele Tuffsteinkaskaden in unterschiedlichen Rinnsalen gut

10 m in die Tiefe. Unter dem oberen Wasserfall liegt eine etwa 3,5 mal 2 m große Primärhöhle. Ihre wasserdurchflossene Länge beträgt 15 m. Man kann ihr quasi beim Wachsen zusehen. Sie entsteht gemeinsam mit dem sie umgebenen Gestein. Ihre berühmte Schwester ist die Olgahöhle. Die größte Kalktuffhöhle Deutschlands in Lichtenstein-Honau. Die Quelle der früheren Ölmühle, deren Wasser nach wenigen Metern durch die Höhle zu Tal stürzt, wird erst seit 1955 in einem Becken gesammelt. Das gestaute Wasser, das als Niederschlag zuvor auf der Heubergfläche zwischen Renquishausen und Kolbingen versickerte, fließt in die Bära.
Der 100 m nördlich des Wasserfalls teilstillgelegte Tuffsteinbruch, lieferte ab den 1890er-Jahren, mit Beginn des Baus der Donautal-Eisenbahn und ihrer Bahnhöfe, begehrtes Baumaterial. Verbaut wurden die aus dem Gesteinskörper herausgesägten Kalktuff-Bausteine auch in den Stadtkirchen von Geislingen/Steige und Spaichingen und für Brücken am Albaufstieg Aichelberg.

Tipp

Allein ein Dutzend schützenswerte Geotope liegen auf der kleinen Bärenthaler Markung. Es lohnt sich, die Gegend auf einem der Rundwege zu erkunden. Der familienfreundliche, nur 3 km lange Albbär-Erlebnisweg führt am Tuffsteingelände vorbei zu einem Barfußpfad, einer Wassertretstelle im Wald und einem Forellenteich.
Wer kulturellen Input möchte, findet ihn, auf der Rückfahrt Richtung Schwenningen, in der weithin bekannten katholischen Wallfahrtskapelle „Maria – Mutter Europas" im Ortsteil Gnadenweiler auf 950 Hm, östlich des Talortes.
www.baerenthal.de

47 ZILLHAUSER WASSERFALL – BALINGEN-ZILLHAUSEN

Drittgrößter Wasserfall der Alb

Lage
In der Ortsmitte des Balinger Teilorts Zillhausen.

Koordinaten
GMS 48°15'19"N 8°55'13"O (Wasserfall)

Erreichbarkeit
Von der B463 (Balingen – Albstadt) die Abfahrt Dürrwangen Richtung Pfeffingen über Stockenhausen nach Zillhausen (630 Hm). Am dortigen Friedhof (Ortseingang links) beginnt der Geo-Wanderweg, er führt nach 200 m zum Wasserfall. Über 115 Treppenstufen gelangt man an den Fuß des Gefälles. Achtung: Rutschgefahr. Infotafeln erklären die Entstehung des Wasserfalls.

Der drittgrößte Wasserfall der Schwäbischen Alb zeigt seine ganze Imposanz nur nach stärkeren Regenfällen – oder nach längerer Frostphase. Dann bildet sich eine riesige Eisskulptur, an denen sich „Bergsteiger" einen Spaß daraus machen, die „Gletscherwand" hinabzusteigen.

Vor allem nach Gewittern oder während der Schneeschmelze stürzt der Büttenbach mit lautem Getöse 26 m in die Tiefe, davon 17 m im freien Fall. Der Büttenbach ist mit der Wasserführung recht launisch. Wer im Sommer vorbeischaut, steht mitunter vor einem fast versiegten Wasserfall. Leichte Abstriche muss man bei diesem 2018 ausgezeichneten Geotop ein wenig mit der natürlichen Umgebung machen. Denn ein Teil des Büttenbachs wird beim Wasserfall zur Stromerzeugung abgeleitet. Das ist gut fürs Klima, aber, wegen der Rohre und des Generators, etwas störend fürs Ansichtskarten-Foto. Geologisch interessierte Besucher indessen bekommen nicht nur vom Sprühnebel feuchte Augen, wenn sie die faszinierende Schluchtwand sehen, wo sich die Gesteinsschichten des Weißen und des Braunen Jura übereinanderliegend deutlich abzeichnen.

Seinen Ursprung hat der Büttenbach auf einer Höhe von 819 m am Hörnle, oberhalb von Streichen.

Das liegt im Naturschutzgebiet Irrenberg-Hundsrücken. Auf den ersten vier Kilometern heißt er noch Roschbach, dann vereint er sich mit dem Aubenbach mit dem er dann gemeinsam in Zillhausen in den schluchtartigen Talabschnitt stürzt. Nach weiteren vier Kilometern mündet der Büttenbach bei Frommern in der Eyach.

Tipp

Ein Geo-Wanderweg mit zehn Infotafeln (Symbol Ammoniten) bietet zwei hochinteressante und landschaftlich außergewöhnliche Rundwege von (wahlweise) bis zu fünf Stunden an. Der (bis zu 10 km lange) Weg führt durch die steinernen Überreste eines subtropischen Jurameers, das bis vor 135 Millionen Jahren die Gegend überzog, vorbei an weiteren Wasserfällen und naturnahen Pfaden 30 m hinauf auf den Hundsrücken (931 Hm) durch das Naturschutzgebiet Irrenberg.
www.balingen/freizeit-und-tourismus.de

48 WEILERBACH-WASSERFALL – BURLADINGEN-HAUSEN

Schönster Wasserfall Hohenzollerns

Lage
Der Wasserfall des Weilerbachs entspringt einem Seitenzweig des Weilertals, in dem die L 442 Burladingen-Hausen mit Albstadt-Neuweiler verbindet.

Koordinaten
GMS 48°16'42 N 9°3'45"O (Parkbucht Waldweg)

Erreichbarkeit
Der Ursprung des Weilerbachs, der später Starzel heißt, liegt mit mehreren Quellen im Weilertal. Die Hauptquelle ist die Brunnenstube am westlichen Straßenrand. Das Bauwerk befindet sich rund 1,6 km unterhalb dem Ende der Steige bei Neuweiler. Weitere 500 m unterhalb zweigt das Engtal nach Westen ab. Hier unterquert der Weilerbach die L 442. Ein Waldweg führt ins Seitental und bietet eine Parkmöglichkeit. Man läuft etwa 100 m bis man links den Wasserfall entdeckt. Er läuft allerdings nur nach Regenfällen.

Die Starzel ist der Hauptfluss des ehemaligen Fürstentums Hechingen-Hohenzollern, dessen Staatsgebiet sie 29 km weit durchfloss. „Wer den Schwarzwald bereist hat, die steilen Passhöhen der Alpen erklommen, der erinnert sich mit Vergnügen der behaglichen Ruhe, die er manchmal an der kleinen Quelle genoss“, heißt es 1925 im Heimatbuch Hohenzollern. „Ganz anders, wenn wir den Jura durchwandern! Meist strömt das Wasser in gewaltiger Ader aus dem Boden heraus, sofort im Stande, eine Mühle zu treiben.“ Eine solche starke Quelle findet sich im Engtal, wo das nach längeren oder ausgiebigen Niederschlägen auf der Albhochfläche südlich oberhalb von Hausen versickernde Wasser seinen Weg ins Tal sucht. „Wir kennen den durchlässigen Juraboden, wir kennen die großen Hohlräume im Innern infolge der leichten Löslichkeit des Gesteins. Manche dieser Höhlen gebraucht Mutter Natur als ausgedehnte Behälter, denen die Wasser in großer Fülle entströmen, wenn sie in tieferen Lagen auf undurchdringliche Schichten gestoßen.“

Der nur sporadisch laufende Abfluss in der Steilwand des Engtals sorgt dann für einen Wasserfall, den man durchaus als schönsten Hohenzollerns bezeichnen kann. Wobei er zwar nicht den klassischen freien, senkrechten Absturz bieten kann. Aber er plätschert rund 30 m über einen moosbedeckten und doch sonnenbeschienenen Waldboden hinab und muss dabei einige stufige Absätze überwinden, um sich nach rund 100 m mit dem Weilerbach zu vereinen. Ab Hausen wird er dann, verstärkt durch weitere Quellen, Starzel genannt. Mitunter ist der Fluss fälschlicherweise im Tal bis zur Markungsgrenze bei Hechingen auch unter dem Namen Killer geläufig.

Um eine solche Naturschönheit wie den Wasserfall im Engtal zu bewundern, fahren manche Leute extra in ein Schwarzwaldtal. Man kann es ihnen nicht verdenken: Der romantische Quellbach-Fall findet sich nämlich in keiner Karte oder Wander-App.

Tipp

Der Wacholderbuschweg ist ein 11 km langer Rundkurs, zu Hälfte oberhalb des Weilertals. Gestartet wird am Parkplatz beim Schützenhaus Hausen. Der Weg führt von der B32 leicht bergauf entlang eines Fauna-Flora-Habitat-Gebiets. Dann folgt ein 800 m langer Anstieg zum Aussichtspunkt Jägerkreuz (Holzliege). Nach 100 m links zum Aussichtspunkt Killertal beim Heinrich-Kreuz abbiegen mit tollem Blick hinab ins Killertal und in den Schwarzwald. Der Weg führt durch schöne Wälder zum Grill- und Spielplatz bei Hermannsdorf. Talabwärts geht's zum Wolfsbrunnen. Weiter steil bergab und dann leicht ansteigend durch Wacholderheide und Naturschutzgebiet Richtung Hausen. Beim weißen Kreuz wieder ein schöner Aussichtspunkt.
www.zollernalb.com/attraktionen

49 GIESS – JUNGINGEN
Verstecktes Juwel

Lage
Zwischen Hechingen-Schlatt und Jungingen im Starzeltal westlich der B 32.

Koordinaten
GMS 48°20'12"N 9°1'52"O (Wasserfall)

Erreichbarkeit
Von Hechingen kommend auf der B 32 am Ortsbeginn von Jungingen nach rechts ins Gewerbegebiet abbiegen. Der Straße An der Sägemühle folgen und in der Linkskurve scharf nach rechts in die Straße Am Wasser einbiegen. Sie führt über die Bahnlinie an den Waldrand zum Wanderparkplatz. Von dort folgt man Waldrand und Bahnlinie rund 600 m nach Norden und überquert die Gleise zur Flussschlinge. Ein Trampelpfad führt zur linken Seite des Wasserfalls (572 Hm). Über eine steile und rutschige Böschung gelangt man an den Fuß des Falls. Will man den Wasserfall von oben betrachten, muss man weglos von der 100 m entfernten B 32, je nach landwirtschaftlicher Nutzung, über eine Wiese oder ein Getreidefeld/Acker (dann bitte einen Umweg) an die rechte Flussseite laufen.

Der 8 Meter hohe Wasserfall im Starzeltal hat zwei Namen. Er wird Junginger Gieß genannt, aber auch Weiler Schroffen. Damit wird an ein mittelalterliches Dorf erinnert, das, sich hier, zwischen den Zollern-Dörfern Schlatt und Jungingen befand. Ein Kreuz an der B 32 ist der letzte augenfällige Hinweis auf den „Weiler ob Schlatt". Noch bis 1806 stand hier eine Katharinenkapelle. Erstmals ist 1317 von einem Müller von Weiler die Rede. Wo die Mühle stand, ist nicht mehr bekannt. Das Dorf gehörte meist Rittern der Umgegend, die im Dienste der Zollern-Grafen standen. In Weiler gab es 1544 noch zehn Einwohner, 1733 existierte ein Weilerhof mit Haus, drei Scheuern, Gärten, Wiese, Baumgärten. Äcker und Waldungen, rundum 50 Mannsmahd Fläche.

Über die Jahrhunderte bestimmt die Starzel das Dorf- und Hofleben. Nichts erinnert mehr daran. Heute wirkt der Wasserfall wie ein verstecktes Juwel auf die Besucher, die hier selten anzutreffen sind, ausgenommen an schönen Sommertagen. Dann kann der Fall zur Besucherattraktion werden. Dabei hat die Gefällstufe zu jeder Jahreszeit ihre Reize. Natürlich nach Regenfällen, ganz besonders

nach Frosttagen, aber auch in der vegetationslosen Zeit, wenn kein Bewuchs den Blick auf das Naturschauspiel eintrübt. An heißen Tagen kann man bei niedrigem Wasserstand erfrischend durchs Flussbett spazieren. Insbesondere in trockenen Phasen der Jahre ist der steile Abstieg zum Flussufer einfacher handzuhaben, weil man nicht im steilen Hang rutscht.

Die Starzel konnte sich hier, am geologischen Übergang von der harten Gesteinsschicht des Braunjura in die weichere, darunter liegende tief eingraben. So sieht man an der Böschung, die vor Millionen von Jahren entstandenen Gesteinsprofile.

Tipp

Mittelalterliches gibt es in Jungingen zu bestaunen. Die Pfarr- und Wallfahrtskirche St. Silvester, 1275 erstmals urkundlich erwähnt, wartet mit einer Besonderheit auf: Hier wird die Schwarze Madonna verehrt. Eine Kopie des Gnadenbildes aus dem berühmten Kloster Einsiedeln/Schweiz hat die Gemeinde zu einer Hochburg der Marienverehrung gemacht. Älter ist die St. Anna-Kapelle, das erste Kirchlein im Dorf.
www.gemeinde-jungingen.de

50 SALMENDINGER WASSERFÄLLE – MÖSSINGEN-TALHEIM/SALMENDINGEN

Nass-tropfende Moosfelder

Lage
Die Wasserfälle des Wangenbachs liegen 1,5 km südlich von Mössingen-Talheim am Albtrauf auf Salmendinger Markung.

Koordinaten
GMS 48°22'0,6"N 9°6'2"O (Wasserfälle)

Erreichbarkeit
Ausgangspunkt sind die Parkplätze am Sportheim Talheim. Von dort erreicht man die Wasserfälle nach 2,2 km zur Hälfte auf geteerter Straße, dann auf geschottertem Waldweg. Vorbei am Häckselplatz in südlicher Richtung passiert man auf der Fahrstraße Richtung Talheim nach 500 m in einer Linkskurve einen Zwischenstopp an einem Brunnen. Nach 100 m biegt man rechts in die hangaufwärts führende Straße ein. Diese biegt nach 270 m links ab, hangbegleitend Richtung Talheim. Nach weiteren 200 m schwenkt die Straße nach rechts in das Wangenbachtal ein. Jetzt geht es gerade in südlicher Richtung 550 m am Waldrand entlang bis zu einer Wegegabelung. Beide Wege sind möglich: Die rechte Fortsetzung (Unterer Haldenweg) führt in einem großen Linksbogen am Fuße des Albtraufs nach 1 km am Steilhang vorbei, wo das Wasser über bemooste Tuffterrassen herabfließt. Die linke Abzweigung (Rietshaldeweg) führt nach 200 m über einen Wanderpfad und nach 350 m durchs Gelände zu den Wasserfällen. Alternativ gelangt man vom Salmendinger Schuppengebiet (hinterer Teil) durch den in Kehren abwärts führenden Waldweg nach 1 km zum Ziel.

Zwei Dörfer streiten sich um dieses versteckt gelegene Naturschauspiel. Talheimer und Salmendinger proklamieren beide die Wasserfälle für sich. Wie so oft, liegt die Wahrheit in der Mitte. In unserem Fall auf der Markungsgrenze, genau genommen aber auf der Burladinger Alb.

Das Schmelz- und Regenwasser versickert 2 km westlich von Salmendingens Ortsmitte auf dem Heufeld. Exakter: Im verkarsteten Kalkboden des Monkberges, (dort, wo der Salmendinger Sportplatz liegt). Das Wasser sinkt nicht unaufhaltsam in die Erde, sondern trifft auf eine undurchlässige Mergelschicht. Auf dieser läuft es unterirdisch bis zur Albkante. Im Talanschnitt der Unteren Halde tritt es als Wasserfall aus und lagert im Laufe der Zeit den Kalk wieder als Tuff ab. Bei den Salmendinger Wasserfällen handelt es sich also um konstruktive Fälle, die sich immer weiter aufbauen. Was im Sommer als kleines Rinnsal – wenn überhaupt – dahinplätschert, kann sich nach ausgiebigem Regen als tosender Wildbach offenbaren. Wenn es nicht gerade gefriert und sich dann bei Tauwetter Hunderte von Eiszapfen bilden, stürzt das Wasser auf 700 Höhenmetern breitflächig über den Hang verteilt, viele Meter tief über steinerne Schwellen, weißschäumend, Wurzelwerk umspülend in die Tiefe. Wasservorhänge bilden sich vor nass-tropfenden grünen Moosfeldern und sammeln sich als einer von drei Seitenzweigen des 2,6 km langen Wangenbachs. Der längste Ast kommt aus 720 Hm vom Tellenbühl, am Rande des Salmendinger Schuppengebiets, der andere aus dem Gewann Salmessen, auf 685 Hm.

Tipp

Am 2. Juni 2013 ereignete sich nach 30 Jahren der zweite große Erdrutsch am Albtrauf bei Talheim, dieses Mal nicht westlich, sondern südlich der Sportanlagen. Nach Dauerregen hatte vollgesogenes, rutschungsanfälliges Braunes Jura-Gestein den Hangschutt und Felsschollen zum Abgleiten gebracht. Elf Hektar Wald gerieten in Bewegung, schoben ihrerseits 3,5 Hektar Wiesenfläche mit Streuobstbäumen wie surfende Schollen in den Weiherbach. Der musste sich ein neues Bachbett suchen. Zur Rutschfläche gelangt man über den Feldweg, der 100 m nach dem Häckselplatz links abzweigt, und, entlang des Baches, nach 500 m an der Rutschscholle endet.

51 GÖNNINGER WASSERFÄLLE – GÖNNINGEN

Wo einst die Papiermühle mahlte

Lage

Einen großen und einen kleinen Wiesaz-Wasserfall gibt es direkt in Gönningen, zwischen Friedhof und der Seniorenanlage an der Ortsdurchfahrt der L230.

Koordinaten

GMS 48°25'47"N 9°9'24"O (Wasserfall-Brücke)

Erreichbarkeit

Am Ende/Beginn der Ortsdurchfahrt von Gönningen (Lichtensteinstraße) in/von Richtung Genkingen befinden sich ein großer Parkplatz und eine RSV-Haltestelle an der Sportanlage. Von hier gelangt man auf dem Gehweg rund 300 m dorfeinwärts zu einem zweiten Parkplatz an einem geteerten Seitenweg. Man folgt ihm 100 m über die Wiesazbrücke. Weglos erreicht man, dem Bachbett flussaufwärts folgend, nach rund 50 Metern den kleinen Wasserfall. Zum großen Fall geht's an der Brücke rechts ab, Richtung Friedhof. Vorbei an Mahlsteinen der Papierfabrik erreicht man nach 50 m eine Bank. Hier, über einen Treppenweg abwärts, oder barrierefrei der Straße 60 m folgend und dann in einem Schlenker zurück, gelangt man zum Steg über den Wasserfall hinter der Seniorenanlage.

„Niederschläge sind beträchtlich", heißt es in der Oberamtsbeschreibung 1867 zur natürlichen Wolkenbarriere am Albrand. Und so „fließt die muntere Wiesaz durch Gönningen hindurch und empfängt im Ort selbst mehrere kleinere Zuflüsse. [...] Gutes Trinkwasser liefern reichlich über 16 Brunnen, wovon der 12-röhrige Marktbrunnen der bedeutendste ist. [...] Die Wiesaz, deren starke Quelle nahe Genkingen entspringt, schwillt zuweilen, doch ohne Schaden zu tun, mächtig an."

Um das Jahr 1761 wurde im „hinteren Gefäll", also im Bereich des großen Wasserfalls, eine Papiermühle gebaut. Etwa acht Meter stürzt an dieser Stelle der Fluss in die Tiefe. Eine Tuffstein-Barriere lässt ihm keine andere Wahl. Die Wasserkraft hat vielen Generationen von Papiermachern und ihren Arbeitern ein Auskommen ermöglicht. 1824 ist von einer Pappendeckel-Fabrik die Rede, 1863 folgt ein Neubau, der brennt 1866 ab, wird wieder aufgebaut und modernisiert. Die erste Dampfmaschine des Ortes kam hier 1878 zum Einsatz – und der erste Schornstein war 24 Meter hoch. Von 1929 bis 1975 war das Pappenwerk A. G. Wilhelm Koch noch in Betrieb: Pappe, Druckkarton und Packpapier. Die Fabrikbrache mit ihren verrosteten Maschinenresten wich ab 2005 dem Neubau des Seniorenzentrums der BruderhausDiakonie. Ein Glücksfall. Denn die Wiesaz hatte man damals in einen Kanal gezwängt, nun wurde das Bachbett renaturiert. Oberhalb der Fabrik gab es ein Staubecken, aus dem das Wasser in die Turbinen schoss. Waghalsige Dorfbuben genossen den kalten, aber verbotenen Badespaß.

Der Wasserfall, der hinter der Industrieruine versteckt war, ist seither wieder frei zugänglich. Auch der oberhalb gelegene. Auf dem Steg über den Fluss bei der Altenwohnanlage haben Fotografen einen perfekten Standort, um den Wasserschleier in Augenschein zu nehmen. Ein Besuch lohnt zu jeder Jahreszeit, von niederschlagsarmen Sommern einmal abgesehen.

Tipp

Berühmt ist der Reutlinger Stadtteil vor allem durch seinen Samenhandel. Über 1 200 Vertreter waren im 19. Jahrhundert bis Amerika unterwegs, um Blumen- und Gemüsesamen zu verkaufen. Kaum bekannt ist, dass Gönningen im Mittelalter zu einem Städtchen ausgebaut worden war. Ein historischer Rundgang führt zu 26 Stationen einer in Vergessenheit geratenen schwäbischen Landstadt. Start ist am Rathaus.
www.goenningen/tourismus.de

52 WASSERFÄLLE – GÖNNINGER SEEN

Im Dschungel der Steinbrüche

Lage
Die Gönninger Seen liegen im Talgrund am Beginn der Steige der L230 nach Genkingen.

Koordinaten
GMS 48°25'37"N 9°10'58"O (Wanderparkplatz an der Kehre)
GMS 48°25'42"N 9°10'30"O (Parkplatz Gönninger Seen)

Erreichbarkeit
Vom Gönninger Ortsende auf der L230 Richtung Genkingen. Nach 1 km biegt rechts ein Weg ab zum Parkplatz unterhalb den Gönninger Seen. Ein zweiter links, nach weiteren 400 m, in der scharfen Rechtskehre der beginnenden Steige. Jeweils 250 m weite Fußwege entlang der Wiesaz und Ramstel (von der Kehre aus) führen zunächst zum unteren See, mit Grillplatz und Freizeit- und Liegewiese (Baden auf eigene Gefahr). Mehrere Wegemöglichkeiten führen bergwärts am mittleren See vorbei. Wo dieser von der Wiesaz gespeist wird, befinden sich drei kleine Wasserfälle. Nach rund 150 m aufwärts ein vierter. Die Wiesaz läuft hier parallel in zwei Zweigen, der Ahornbach aus Westen kommt als dritter hinzu. Mehrere Wege führen nach 300 bis 400 m zum oberen See. Kurz davor liegt östlich der etwa 10 m hohe Wiesaz-Wasserfall.

Wo noch bis 1975 Tuffstein abgebaut wurde, liegt heute eine kleine Seenplatte. Wer das von der Natur zurückgeholte Gebiet im Sommer besucht, fühlt sich wie im Dschungel. Dazu muss man aber zunächst den unteren See hinter sich lassen, wo Sonnenanbeter die Wiesen säumen und sich im Wiesaz-See erfrischen. Was übrigens nicht erwünscht und wegen der Wasserqualität nicht ratsam ist, aber geduldet wird. Allerdings gibt es keine Toiletten (auch nicht für die vielen Hunde-Spaziergänger) – und man fragt sich, was das für Leute sind, die hierherkommen, um das idyllische Ambiente zu genießen, aber nicht in der Lage sind, ihren Grill-Müll mit nach Hause zu nehmen.

Doch nur wenige Gehminuten abseits der Umtriebe am See beginnt eine „andere Welt". In lichtem Wald schlängelt sich die Wiesaz wildromantisch durch eine abenteuerliche Landschaft, bizarre Gesteinsformationen und Tuffhöhlen tauchen unmittelbar an den Wegen auf. Im

goldenen Oktober ist die von Laubbäumen und Abertausenden von bunten Blättern gesäumte Seenlandschaft ein einziges Farbenspektakel mit herrlichen Wasserspiegelungen. Nichts erinnert mehr an die Steinbrüche, wären da nicht die Infotafeln des Tufflehrpfades. Innerhalb von drei Jahren wurde die 21 Hektar große Fläche renaturiert, die Bruchstellen mit Wasser geflutet.

Tipp

Die Wiesazquellen haben oberhalb der Seen drei Kalksinterterrassen aufgebaut. Die mittlere, als Geotop geschützt, liegt 100 m vor der ehemaligen Talmühle. Eine Steinbruchwand verläuft 120 m quer und 12 m hoch zum Tal. Auf der Sohle bildet sich der obere und letzte See. In der Terrasse befindet sich der 4 m breite und nur 40 cm hohe Zugang zur 14 m langen Schatzkammerhöhle. In der verfallenen Ostwand beim 10 m hohen Wasserfall öffnet sich der Zugang zur Wiesazhöhle.

53 WASSERFALL – GENKINGEN

Kriegt gerade so die Kurve

Lage

Der Wasserfall liegt rund 700 Meter nördlich der Genkinger Ortseinfahrt, unterhalb der L 230 nach Gönningen, bei der alten Wiesaz-Talmühle.

Koordinaten

GMS 48°25'4"N 9°10'51"O (Wasserfall)

Erreichbarkeit

Der Wasserfall auf Genkinger Markung liegt bei der zweiten Station des elf Tafeln umfassenden, 5 km langen Tuffstein-Lehrpfads. Wer den langen Weg vom Gönninger Rathaus oder – gekürzt – talaufwärts auf halber Strecke von den Gönninger Seen bis zur Wiesazquelle hinauf scheut, kann eine kürzere Route nehmen: Rund 1,7 km von Genkingen talabwärts oder 1,1 km von der untersten scharfen Kehre der Steige auf der L 230 aufwärts, zweigt ein spitzwinkliger Weg hinab ins Wiesaztal. Er ist für den Autoverkehr gesperrt und führt nach 300 m zur Talmühle. Von ihr gelangt man flussaufwärts nach 200 m zum Wasserfall. Oder direkt nach der Einmündung den Hang rund 50 m abwärts. Parkmöglichkeiten bieten 150 m die Albsteige weiter eine lange Parkbucht oder die Steinbrucheinfahrt gegenüber.

Dieser weniger bekannte Wasserfall liegt am obersten Steinbruch. Die Wiesaz schießt zu Beginn einer hohen und steilen Tuffmauer um die Ecke und bekommt bei hohem Wasserstand „gerade noch so die Kurve", um senkrecht in die rund 5 m tiefere Bachbettfortsetzung zu prasseln.

Der Abbaubetrieb wurde 1975 stillgelegt. Zu Beginn der 1840er-Jahre wurde damit begonnen, Tuffsteine herauszusägen, die für den Neubau der Gönninger Kirche Peter und Paul benötigt wurden. Beileibe nicht das einzige Gebäude in Gönningen, das aus dem Naturstein gebaut wurde. Die Schule, das Rathaus und einige Bürgerhäuser sind auch aus Tuffsteinquader errichtet worden. Wie alt die Gönninger Steinbrüche sind, zeigt sich am Beispiel der Bad Uracher Amanduskirche. Deren Fassaden wurden bereits 1475 aus Gönninger und Seeburger Naturstein errichtet. Noch älter, aber nicht mehr sichtbar, sind die Burgmauern des Hohenstöffeln aus dem 12./13. Jahrhundert.

Das Baumaterial mit seinen charakteristischen großen Poren wurde mit der Handsäge in Blöcke geschnitten. Mit der Industrialisierung ab 1912 konnten Rohblöcke durch eine kraftstoffgetriebene Schwertsäge hergerichtet werden.

Tipp

Die Ur-Quelle der Wiesaz war eigentlich die Ramstel. Ein kleiner Bach, der aus einem bewaldeten Seitental unter der ersten Kehre an der Genkinger Steige bei den Gönninger Seen zufließt. Man kann ihn bequem erwandern. Ausgangspunkt: Wanderparkplatz Ramstel in der Kehre. Ein 2 km langer Waldweg begleitet den Bach durch ein mäßig ansteigendes Tal bis unterhalb der von Pfullingen kommenden Stuhlsteige (Wanderparkplatz Ruoffseck). Gegen Ende des Tals teilt sich die Ramstel in drei Arme. Der von rechts, südlich aus dem Hang kommende, gilt als die Hauptquelle. Nach 1,2 km gelangt man in einer großen Schleife zum Wanderparkplatz Ruoffseck.

54 DER „GIESS“ – VERINGENDORF
Erschaffen in Jahrtausenden

Lage
Im nördlichen Ortsteil von Veringendorf, nahe der B 32.

Koordinaten
GMS 48°9'36"N 9°12'4"O (Wasserfall)

Erreichbarkeit
An der B 32 zwischen Veringenstadt und Jungnau in Veringendorf beim Rathaus ins Oberdorf abbiegen (K 8202 Richtung Hochdorf). Nach 100 m an der abknickenden Vorfahrtsstraße nach links und nach weiteren 100 m zum Parkplatz am linken Fahrbahnrand. Hier führt ein 40 m langer Pfad hinab zum Wasserfall an der Lauchert.

Versteckt, mitten im Ort, liegt ein wenig bekanntes landschaftliches Kleinod: Der Lauchert-Wasserfall von Veringendorf, von alters her „Gieß" oder scherzhaft auch „Niagarafälle" genannt.

Über eine Tuffsteinterrasse überwindet der Fluss einen Höhenunterschied von rund 10 m und stürzt schließlich 4 m in die Tiefe. Dort hat sich ein lagunenartiges Becken gebildet. Ein lauschiges, beschattetes Plätzchen, das über einen neu angelegten Fußpfad nach moderatem Abstieg leicht zugänglich ist. Eine Aussichtsbank bietet einen reizvollen Panoramablick auf die „Lagune". Radfahrer und Wanderer können bequem Rast einlegen.

Damit hier aber nicht für Wasserbewohner Endstation ist, gibt es eine Fischtreppe, die den Ober- mit dem Unterlauf verbindet.

Den Tobel hat die Natur in Jahrtausenden erschaffen. Nach dem Ende der Eiszeit, in der sogenannten Klimastufe des Atlantikums (6 000 bis 10 000 Jahren vor unserer Zeit), ist an den Geländestufen der zur Donau fließenden Lauchert Karstwasser sedimentiert worden. Die 1,8 km lange und bis zu 500 m breite Auenlandschaft zwischen Veringenstadt und Veringendorf wird heute von einer Kalktuffterrasse bedeckt. An der tiefsten Stelle in der Talmitte hat sich der Fluss über das Hindernis hinweggesetzt.

Noch vor 200 000 Jahren, (in der nach dem oberschwäbischen Fluss Riß benannten Kaltzeit), hatten sich die Alpengletscher samt Geröll bis kurz vor Veringendorf ausgedehnt. Die Lauchert wurde gestaut und bildete einen riesigen See bis hinauf nach Mägerkingen und Hausen.

Tipp

Im Lauchertbogen, der das Städtchen Veringen umfließt, verläuft der kurzweilige Uferpfad „Lebendige Lauchert". Mit gezielten Informationen wird an sieben Stationen am Rande der sehenswerten Altstadt mit ihren bedeutenden Höhlen auf die Ökologie dieses alten Albflusses hingewiesen: Von der erdgeschichtlichen Entstehung über die Artenvielfalt bis hin zur menschlichen Nutzung. Start ist an der Oberen Brücke (Inneringer Straße/ Lauchertstraße).

STAHLECKER BACH – LICHTENSTEIN
Ein Wasserfallteppich

Lage
Die Quellen des Stahlecker Bachs und der Ziegelbrunnen liegen im Zellertal, auf halber Wegstrecke zwischen Lichtenstein-Unterhausen und dem Ortsteil Göllesberg.

Koordinaten
GMS 48°26'45"N 9°17'29"O (Ziegelbrunnen)

Erreichbarkeit
In Lichtenstein-Unterhausen von der B312/3 Richtung Holzelfingen in die L387 einbiegen. Nach 100 m links in die Moltkestraße, nach 400 m rechts in den Maierwiesenweg, der nach 200 m in die ortsauswärts führende Zellertalstraße Richtung Ortsteil Göllesberg mündet. Am östlichen Ortsende, im enger werdenden Tal, fährt man rund 1,5 km bis zum links abwärts führenden Wanderparkplatz am Schützenhaus (526 Hm). Hier beginnt ein geschotteter, nach Göllesberg/Stahleck führender Waldweg. Der überquert nach 150 m und 450 m den Stahlecker Bach. Danach läuft der Weg parallel zum südlich fließenden Bach. Ab hier kann man die kleinen wasserfallartigen Sinterterrassen erkunden. Weglos durch die Vegetation gelangt man an das urwüchsige Bachbett.
Gut 800 m nach dem Ausgangspunkt verlässt man den Talweg und biegt scharf rechts nach Süden ab. Nach 50 m, 120 m und 200 m überquert man die Zweige des Stahlecker Bachs, deren Quellen, je nach Niederschlag, nicht weit entfernt liegen und in einem Wasserbehälter gefasst werden. In einem scharfen Rechtsanstieg gelangt man auf einem Rundkurs nach 230 m wieder auf die Zellertalstraße, vorbei an einem kleinen Wasserfall. Der stammt von dem 30 m bergwärts am Hang liegenden Ziegelbrunnen (610 Hm).

Über einen langen Wasserfallteppich fließt der Stahlecker Bach nach 3 km in Unterhausen in die Echaz. Die Sinterterrassen finden sich aber nur auf den oberen 300 Metern seines wilden, von urwüchsiger Vegetation fast verdeckten Laufes. Diese Naturschönheit liegt nahezu völlig im Abseits der bekannten touristischen Wege und hat daher von seiner Natürlichkeit nichts verloren. Nicht nur der Bachflohkrebs fühlt sich daher hier pudelwohl. Eine der Quellen des Stahlecker Bachs ist der Ziegelbrunnen. Er ist als Naturdenkmal eingetragen und als Geotop geschützt. Das in einem Bassin zunächst aufgefangene Wasser an der Steigstraße Richtung Göllesberg diente früher als Tränke für die Tiere. Heute erfrischen sich Radfahrer am kalkgefilterten Frischwasser, bevor sie die schweißtreibende Steige angehen. Der mittlerweile versinterte Trog stand ursprünglich in der Unterhausener Ortsmitte.

Das Wasser im Bassin stammt wiederum aus zwei kleineren Quellen, die einige Meter oberhalb gefasst sind. Wo diese abfließen, bilden sie Tuff. Unter der Straße hindurch läuft das Nass Richtung Talgrund dem jungen Bachlauf zu. Im Hang stürzt es als kleiner Wasserfall in die Tiefe.

Tipp

Die dem Bach namensgebende Ruine Stahleck (711 Hm), rund 1 km vom Ziegelbrunnen entfernt und oberhalb des Talschlusses über einen Pfad erreichbar, ist im 14. Jahrhundert einer Brandkatastrophe zum Opfer gefallen. Von der Anlage auf einem steilwandigen Felsen ist allerdings obertägig kaum noch was zu sehen. Archäologische Grabungen haben ein Areal von 20 x 25 m nachweisen können. Folgt man dem Traufwanderweg 1,8 km Richtung Unterhausen, gelangt man beim Eckfelsen zu einem beeindruckenden Aussichtspunkt. Alternativ stärkt man sich im rund 500 m von der Ruine entfernten Stahlecker Hof. www.stahleckerhof.de

56 GÜTERSTEINER WASSERFÄLLE – BAD URACH

Das verschwundene Kloster

Lage
Zwischen dem Gestütshof Güterstein und Bad Urach im Maisental, einem Seitental der Erms, am Albtrauf.

Koordinaten
GMS 48°29'23"N 9°21'5"O (Wasserfall)

Erreichbarkeit
Die Gütersteiner Wasserfälle (Quellen auf 635 Hm) liegen 1 500 m nordwestlich des bekannteren Uracher Wasserfalls, ebenfalls in einem Seitental des Ermstals. Zwischen beiden liegt die große Bergzunge des Runden Bergs. Parkmöglichkeiten, von Metzingen kommend, am Ortsbeginn beidseitig der B28 im Kurgebiet oder im Maisental (Zughaltepunkt Wasserfall und drei weitere gebührenpflichtige Stellplätze). Vom Maisentalstüble (montags Ruhetag) folgt man nicht den zum Uracher Wasserfall ausgeschilderten Weg, sondern der geteerten Straße nach rechts Richtung Gestütshof Güterstein (500 Hm). Auf ausgeschildertem Weg umgeht man die Domäne, um dann über einen Waldweg und Zickzackpfad zum ehemaligen Kloster aufzusteigen. Varianten führen über Waldwege in den Hängen oder als große Runde über den Uracher Wasserfall (8,2 km). Alternativ kann man vom Gestütshof St. Johann über den Fohlenhof (740 Hm) über einen Pfad zum Wasserfall absteigen (1,2 km).

Abgelegen, weniger besucht, aber dafür umso romantischer: Die Gütersteiner Wasserfälle bei Bad Urach können es mit dem Bekanntheitsgrad ihres großen Nachbarn zwar nicht aufnehmen, aber punkten dafür aus naturgeschichtlicher und kulturhistorischer Sicht. Hier sprudelt das Nass in vielen kleinen Kaskaden zunächst in ein 15 m langes und 2 m tiefes Becken. Das Wasser stammt aus acht Quellen, die am Fuße einer 20 m hohen Felswand entspringen. Nach längerem Regen bricht das Wasser auch aus höher gelegenen Felsspalten hervor. Die Wasserfälle speisen sich aus dem Niederschlag, der im Gebiet des Fohlenhofs (Sankt Johanner Feld) versickert, dort auf eine wasserundurchlässige Bodenschicht trifft und zum Albtrauf geleitet wird. Der gefasste See liegt auf einer 70 m langen und rund 30 m breiten Kalktuff-Terrasse. Daneben steht ein Pumphäuschen, das anstelle eines um 1715 erstellten Brunnenhauses errichtet worden war. Dieses diente bis 1907 dazu, Wasser hinauf zum Fohlenhof zu pumpen und den im Tal gelegenen Gestütshof (vormalige Wirtschaftsgebäude des Klosters Güterstein) mit Leitungswasser zu versorgen. Vom Becken stürzt das Wasser im „oberen Fall" über steile Kalktuff-Wände rund 10 m hinab auf eine zweite, aber schmälere Terrasse. Nach mehreren kleinen Fällen, die allesamt über wunderschöne, riesige Moospolster und vorbei an üppiger und seltener Vegetation fließen, kommt das Wasser im Tal an und mündet nach 1,8 km in den vom Uracher Wasserfall gespeisten Brühlbach.

In diesem abgeschiedenen Talschluss wurden 1226 die Pläne des Grafen von Urach zum Bau eines Zisterzienserklosters umgesetzt, das sich im Laufe der Zeit zu einer wohlhabenden Benediktinerpropstei und einem Marien-Wallfahrtsort entwickelte. Nachdem die Kartäuser das Kloster übernahmen und ausbauten, wurde Güterstein ab 1441 zur Grablege der Grafen von Württemberg-Urach und zu einem geistig-literarischen Zentrum. Im Zuge der Reformation wurden die

Anlagen abgetragen und in der Burg Hohenurach verbaut; die fürstlichen Skelette in die Tübinger Stiftskirche überführt.

Tipp

Am Wasserfall kommt es zu Kalkabscheidung aus den kalkgesättigten Quellwässern und so zur Bildung von Sinterüberzügen auf Moospolstern. Immer neue Lagen bilden sich und über Jahrtausende können so meterdicke Ablagerungen entstehen. Man kann ihnen förmlich beim Wachsen zusehen. Helfen Sie, dieses Naturwunder der Schwäbischen Alb zu schützen: Bitte vermeiden Sie es, den Bereich des Wasserfalles zu betreten. Die filigranen Strukturen sind sehr verletzlich, beim Betreten werden sie zerstört.

57 URACHER WASSERFALL – BAD URACH

Das schönste Naturhighlight

Lage
Rund 2,5 km südwestlich von Bad Urach im Maisental, einem Seitental der Erms, am Albtrauf.

Koordinaten
GMS 48°28'56"N 9°22'4"O (Wasserfall)

Erreichbarkeit
Der Uracher Wasserfall (Quelle auf 623 Hm) ist von der Stadt, dem Kurzentrum und den ausgeschilderten Parkplätzen (453 Hm) am Ortsbeginn einfach zu erreichen. Vom Maisentalstüble (montags Ruhetag) folgt man dem rund 2 km langen, ebenen Weg entlang des Brühlbachs (Premiumweg Wasserfallsteig). Der Schotterweg ist auch mit Kinderwagen befahrbar. Am Fuße des Falls führen steile und meist überflutete Stufen hinauf auf die Hochwiese. Von dort lässt sich der Fall von oben bestaunen. Die Wasserfallhütte (Kiosk) ist zwischen Anfang März und Ende November geöffnet, außerdem ist eine Grillstelle vor Ort. Alternativ erreicht man die Hochwiese auch über einen gemächlich ansteigenden, aber längeren Waldweg, der am Fuße des Hohenurachs den Berghang hinaufführt.

Das schönste Naturschauspiel der Schwäbischen Alb ist der Uracher Wasserfall. Fast 40 m stürzt das Wasser über die Albtuffkante in die Tiefe. Was diesen Wasserfall zum bekanntesten und schönsten des Mittelgebirges macht, sind die unterschiedlichen Perspektiven, aus denen dieses Naturhighlight beobachtet und fotografiert werden kann. Von verschiedenen Standorten und natürlich zu jeder Jahreszeit erleben ihn Besucher des Geoparks Schwäbische Alb in einem anderen „Licht". Gerade im goldenen Oktober kommt zum Wasserrauschen noch der Rausch der farbigen Wälder hinzu. Im Hochsommer sorgt der Sprühregen für herrliche Erfrischung. Oder man wählt einen sonnigen Märztag zum Besuch, wenn noch kein Blätterwerk den Fernblick auf das Naturereignis verdeckt. Aber am beeindruckendsten ist der Uracher Wasserfall, wenn er vereist ist.

Verantwortlich für dieses Spektakel ist der Brühlbach, dessen wilder Lauf bereits entlang des Weges zum Wasserfall die Blicke auf sich zieht. Seine Ursprünge liegen rund 150 m südwestlich der Fallstufe. Es sind mehrere Karstquellen, die in einem zerklüfteten Kalktuff-Plateau austreten. Ihr Einzugsgebiet sind acht Quadratkilometer auf der Hochfläche, beginnend bei St. Johann, bis auf halben Weg nach Würtingen. Allerdings nur oberflächlich. Es muss große unterirdische Wasserhöhlen geben, denn die Menge, die beim Wasserfall austritt, ist viel größer als die Summe der versickernden Gewässer. Rechnerisch zapft der Brühlbach weitere 12 Quadratkilometer Sickerfläche ab.

Das kohlensäurehaltige Regenwasser nimmt beim Einsickern in das Gestein den Kalk auf, der beim Austritt an der Luft wieder freigesetzt wird. Die Partikel setzen sich an Ästen, Moos und eben auch wieder am Gestein fest, die so nach und nach ein ausgedehntes Polster bilden. Leider sehen einige Besucher den Wasserfall nicht als schützenswertes Geotop, sondern als Event und nehmen keine Rücksicht auf das fragile und poröse Gestein. Um eindrucksvolle Fotos zu machen,

werden die Wege verlassen, Absperrungen missachtet und dabei vieles zerstört.

Der Brühlbach hat im Laufe der Jahrtausende mit dem Kalk eine gewaltige Terrasse im Volumen von einer halben Million Kubikmeter Kalktuff geschaffen. Der bricht immer mal wieder ab, wird aber auch ständig erneuert – sofern Touristen nicht dazwischengehen. Etwa sechs Kubikmeter werden im Jahresschnitt abgesetzt. Herausgelöst aus den 70 bis 420 Litern Wasser, die in der Sekunde ins Tal rauschen. Zusammen mit dem Gütersteinbach vom Nachbarwasserfall und zwei weiteren Bächlein mündet der Brühlbach nach 3,4 km beim Bad Uracher Thermalbad in der Erms.

Tipp

Der Wasserfallsteig ist 2016 zum schönsten Wanderweg Deutschlands gewählt worden. Siegerverdächtig ist auch der benachbarte Hohenurachsteig. Der Höhe(n)punkt der 7,5 km langen Strecke ist das Wahrzeichen der Stadt, die Burgruine. Abwechslungsreiche Pfade führen durch die traumhafte Trauflandschaft des UNESCO-Biosphärenreservats. Ausgangspunkt dieses Premiumweges ist am Park-and-ride-Platz am Bahnhof oder am Parkplatz P 19/Jugendherberge.
www.badurach-tourismus.de

SIRCHINGER WASSERFALL – SIRCHINGEN

58

Versteckte Schönheit

Lage
Im Osten des Bad Uracher Teilorts Sirchingen, über dem Ermstal.

Koordinaten
GMS 48°27'34"N 9°25'13"O (Wasserfall am Brunnen)

Erreichbarkeit
In Sirchingen beim Dorfgemeinschaftshaus parken. Der Hauptstraße abwärts folgen. In einer Kurve zweigt die Kanzstraße ab. Sie geht bergabwärts in einen Feldweg über. Wo dieser den Waldrand erreicht (nach insgesamt 900 m), zeigt ein Wanderschild (673 Hm) den Waldweg an, der nach 500 m zum Fischerbrunnen führt. Aus dessen Quelle ergießt sich nach wenigen Metern der Wasserfall (595 Hm).
Alternativ: Vom Rulamanparkplatz an der Wittlinger Abzweigung der B465 Bad Urach-Münsingen. Von dort über den Bad Uracher Rundwanderweg Nr. 6 zum Weiler Georgenau. Im Ort quert man die Erms, folgt ihr aufwärts am Waldrand entlang bis zum Kraftwerk. Man überschreitet den Ablauf des Wasserfalls und gelangt nach 100 m über einen mitunter rutschigen Serpentinenweg hoch zur Fallkante.

Es ist der kleine Bruder des Uracher Wasserfalls. Weil er aber etwas umständlich zu erreichen ist, wird er kaum besucht. Außerdem kann man seinen Fall in der Vegetationszeit schwerer einsehen. Trocken sollte es auch sein, damit man im Hang direkt an den freien Fall herankommt, ohne abzurutschen. Aber auch nicht zu trocken, weil dann wenig Wasser ins Tal strömt. Aber ein vergleichbares lauschiges Ambiente lässt sich nur schwerlich andernorts finden: Mitten in einer Waldschlucht entspringt aus einer Felsspalte das kleine Bächlein. Über eine steinerne Rinne wird es zu einem Becken geführt und dann weiter zum Steilhang. Die Quellen wurden 1924 vom damaligen Forstmeister Emil Fischer gefasst, womit sich die Bezeichnung „Fischerbrunnen" erklärt. Buchen, Linden und Ahornbäume säumen den Teich. An der Kante der Kalktuffterrasse zum Ermstal hat sich

durch die Ausfällung eine sogenannte Schnauze gebildet. Über die stürzt das Quellwasser zunächst im freien Fall 4 m tief, um dann über einen algen- und moosüberzogenen Kalkabhang rund 60 m hinabzurieseln.

Tipp

Vom kaum bekannten Wasserfall sind es nur 600 m bis zur wenig bekannten Burgruine Blankenhorn. Man folgt dem Albtrauf ermsaufwärts nach Süden zunächst auf einem Pfad, um dann auf einen breiten Forstweg zu stoßen. Links vom Hauptweg liegt der 120 m hohe Burgsporn mit schönem Blick ins obere Ermstal. Viel ist nicht mehr übrig vom edlen Rittersitz. Aber die unbekannten Bauherren, die hier nach 1050 eine Burg errichten ließen, gehörten zum Hochadel. Denn damals konnten sich nur Grafenfamilien einen solchen Bau erlauben und leisten.

HASENBACH – WIMSEN

Aus wildestem Talgrund

59

Lage
Die Wasserfälle des Hasenbaches liegen bei der Wimsener Höhle, rund 4 Kilometer südwestlich von Hayingen.

Koordinaten
GMS 48°15'29"N 9°26'57"O (Wasserfälle)

Erreichbarkeit
Über die L245 zwischen Hayingen und Zwiefalten zum Parkplatz an der Wimsener Höhle. Direkt östlich fließt der Hasenbach über mehrere Kaskaden vorbei. Er entspringt in 2,2 km Entfernung im wildesten Abschnitt des höhlenreichen Glastals, das man auf ausgeschildertem Weg nach 1,5 km aufwärts (vorbei an Schloss Ehrenfels) erreicht. Alternativ ist das Glastal auch aus dem Norden zu erreichen: Am Ortsausgang Hayingen Richtung Ehestetten zweigt von der L249 die Verbindungsstraße nach Pfronstetten-Aichstetten ab. Nach 2 km, am tiefsten Punkt der zunächst abwärts führenden Straße, an der „Hayinger Brücke", befindet sich ein Rastplatz. Von hier sind es im Trockental 1,5 km bis zur Quelle, 3,5 km zu den Wasserfällen.

Er ist im Erdreich verschwunden. Der Hasenbach, der das tiefe Glastal ausgeschwemmt und zum Trockental hat werden lassen. Seine Quelle ist nach unten gewandert. In den wildesten, mit Felsschutt erfüllten Teil des Tales, über 100 m unterhalb des fast senkrecht emporragenden Lämmerstein (700 Hm). Der Bach quillt aus einem steinernen Becken hervor. Bei besten Regenbedingungen können es über 500 Liter in der Sekunde sein. Hier, bei einer künstlich erweiterten Höhle mit Funden aus der Bronzezeit, soll im Mittelalter eine Glashütte gestanden haben, daher der Name des Tals. Der Weg bachabwärts führt nach der Brücke, wo sich Bisamratten tummeln, am linksseitigen Talrand entlang. Mehrere kleinere Quellen fließen in den Bach. Unweit wurde 1958 Wasser gefasst, um Schloss Ehrenfels zu versorgen. Am breiter werdenden Grund mündet von Norden das trockene Schweiftal. Wo beide zusammentreffen, liegt der über einen steilen Pfad erschlossene Hügel der 1516 vom Klosterstaat Zwiefalten zerstörten Burgruine Alt-Ehrenfels. Zu jener Zeit lief durch das heute abgelegene Tal eine Fernstraße.

Gegenüber der im 13. Jahrhundert erbauten Burg liegt die gut sichtbare Alt-Ehrenfels-Höhle und ein von ihr abgetrenntes Felstor. Die aus dem Hasental aufwärts führende Schweiftalschlucht endet nach 300 m mit Felswänden auf der linken Seite, in denen eine Höhle mit drei Eingängen liegt. Man gelangt aber in seiner Fortsetzung, falls man einen Rundkurs laufen möchte, nach 1,6 km wieder an die Hayinger Brücke. Kurz vor der Mündung in den Wimsener Höhlenfluss – der Zwiefalter Ach – ergießt sich der Hasenbach nach 2,3 km als breiter Wasserfall über unzählige Felsstufen.

Tipp

Der Premiumwanderweg „hochgehschätzt" (9 km, 2 x 195 Hm) führt vom Wimsener Parkplatz am nicht zugänglichen Schloss Ehrenfels vorbei auf dem historischen Steinweg durch das Schweiftal ins Naturschutzgebiet Digelfeld mit seiner einzigartigen Wacholderheide, die die größte im Biosphärengebiet Schwäbische Alb ist. Zurück über die Hayinger Brücke (Grillplatz) geht es durch das Glastal, in dessen Mitte, nach 1 km, die 19 m lange und 2,50 m hohe Bärenhöhle liegt.

www.hochgehberge.de

HOHER GIESSEL – GROSSES LAUTERTAL

60

Schäumende Kaskaden

Lage
Der Wasserfall liegt im autofreien Teil des Großen Lautertals zwischen Hayingen-Anhausen und Unterwilzingen, rund 500 m nordwestlich der Burgruine Wartstein.

Koordinaten
GMS 48°16'42"N 9°30'49"O (Wasserfall)

Erreichbarkeit
Der Wasserfall lässt sich auf Wanderwegen von drei Startpunkten aus erreichen: Wanderparkplatz Anhausen/Ruine Maisenburg (1,8 km), Wanderparkplatz Ruine Wartstein (1,8 km mit steilen Abstieg) oder von Unterwilzingen (Grillplatz an der Lauter, 4 km).

Großes Kino an der Großen Lauter: Im abgeschiedenen, oberen verkehrsfreien Abschnitt des Tales, an der am weitesten zu Fuß entfernten Stelle vom nächsten Parkplatz, läuft der Fluss zur Bestform auf. Auf einer Länge von 2 km hat er im Laufe von Jahrtausenden eine Kalktuffterrasse gebildet. Dabei rauscht die tief eingeschnittene Lauter über Tuffbänke und bildet kleine Wasserfälle. Seit dem Beginn des Nacheiszeitalters vor etwa 11700 Jahren lagert sich das im Wasser aus den Kalksteinen gelöste Calciumcarbonat ab und wird zu Tuffgestein. Das Gestein wächst stetig und damit auch der Wasserfall. Sein Gebilde wird aber auch ebenso wieder gelöst und weggespült. An der Stelle, wo die Tuffschicht endet, ist der Niveauunterschied zum darunterliegenden Flussbett auf 4 Meter angewachsen.
Über diese breite Stufe stürzt das Nass in die Tiefe. Um genau zu sein, handelt es sich beim „Hohe Gießel“ eigentlich nicht um einen Wasserfall, sondern um mehrere große kaskadenförmige Stromschnellen. Weniger die Fallhöhe als vielmehr seine dem Rheinfall bei Schaffhausen ähnelnde Miniaturform beeindrucken.
Vor und hinter der stets in Schaum gehüllten Fallstufe haben sich im Flussbett noch bis zu 30 cm hohe Absätze gebildet. Unterhalb des

Falls durch das strudelnde Geröll ein tiefer, sogenannter Kolk. Im Sommer ein ideales Naturfreibad, sofern man mit den kalten Wassertemperaturen klarkommt. Nach längeren Frostperioden vereist der Fall und sorgt für spektakuläre Bilder. Daneben entspringt der „Blaubrunnen", eine nicht immer aktive Karstquelle, die sofort in die Lauter fließt.

Die Bezeichnung „Gießel" entstammt dem Mittelhochdeutschen – der Sprache, die auf der Alb vor tausend Jahren gesprochen wurde. „Gieze" heißt Wasserfall.

Tipp

Rund 750 m flussabwärts gelangt man unterhalb der Ruine Wartstein (erbaut vor 1185) über eine Brücke und kann den oberen Teil des Tales in einem Rundweg auf der anderen Flussseite erkunden. An der östlichen Seite liegen mehrere bedeutende Höhlen am Hangfuß (so der 14 m x 40 m große Steinzeitlagerplatz Heuscheuerle). Unbedingt den Aufstieg zur erhaltenden Schildmauer (12 m hoher Turm) einplanen: Über eine Wendeltreppe ersteigt man eine der kühnsten Burgen des Tales mit herrlichem Blick ins Flusstal.

WASSERFALL LAUFENMÜHLE – LAUTERACH

61

Erlebnispfad zur schönsten Felsschlucht

Lage
Der Wasserfall liegt bei der Laufenmühle, unterhalb des Weilers Reichenstein, an einer Engstelle der Großen Lauter.

Koordinaten
GMS 48°15'37"N 9°33'41"O (Wasserfall)

Erreichbarkeit
In der Ortsmitte der Alb-Donau-Kreis-Gemeinde Lauterach biegt man nach Norden in die Lautertalstraße ein (Hinweisschild Laufenmühle/Wolfstal). Das Sträßchen führt rund 1,3 km durch das wilde Lautertal zum Wanderparkplatz Wolfstal beim Biosphärenzentrum mit Spiel- und Grillplatz, Informationstafeln und Startpunkt eines Wasser-Erlebnispfad. Von der musealen Tuffsteinsäge folgt man der Straße rund 300 m bis zum Wasserkraftwerk Laufenmühle. An dieser Brücke an der Gaststätte gabelt sich der Weg. Rechts führt er durchs romantische autofreie Lautertal nach 2,6 km zum Wanderparkplatz Unterwilzingen (Alternativer Startpunkt). Die linke Gabelung führt als Straße hoch zum Burgweiler Reichenstein (Aussichtsturm 450 m). Bereits nach 100 m, am Ende der Einzäunung des Privatgartens, führt ein Pfad 5 m hinab zum Wasserfall.

Ein Ausflug – fünf Höhepunkte: Autofrei entlang der Lauter. Durch das Wolfstal – die schönste Felsenschlucht der Alb. Auf dem Wasser-Erlebnispfad zu 31 Stationen. Hoch zum Aussichtsturm der Ruine Reichenstein. Und natürlich: der Lauter-Wasserfall.

Das Dorf Unterwilzingen liegt zwischen zwei verkehrsfreien Abschnitten des südlichen Lautertals. Flussaufwärts gelangt man zum Wasserfall Hoher Gießel (siehe Foto links), flussabwärts zum Wasserfall an der Lautermühle. Eine besonders schöne Wegstrecke durch ein wildes, ruhiges Tal. Auf zunächst 1,5 km führt ein geschotterter Weg entlang des mäandernden, aber immer schneller fließenden Wassers. Vorbei an Höhlen, schroffen Felsen, saftigen Auen und an den allgegenwärtigen Bau- und Dammarbeiten der Biber. Und hier, rund 1 km

vor der Laufenmühle, am Beginn eines zur Elektrizitätsgewinnung 1956 abgezweigten Fluss-Kanals, beginnt der Wasser-Erlebnispfad. Insgesamt 31 sehr informative Thementafeln stehen verteilt entlang des Flusses durch den Ort Lauterach bis zur etwa 4,5 km entfernten Mündung in die Donau.

Der Talweg führt am alten Tuffsteinwerk vorbei, wo bis 1940 Baumaterial gewonnen wurde. Leider sind ein vormals größerer Wasserfall und der ursprüngliche Lauf der Lauter Opfer des 1918 gebauten Wasserkraftwerks geworden. Bereits im Jahr 1105 werden zwei Mühlen „ad Lauffam", also „beim Wasserfall" genannt.

Nichtsdestotrotz hat die stetige Kalktuffbildung, die das Tal der Lauter regelrecht aufpolstert, einen schönen Tuffstein-Wasserfall geschaffen. Gut 8000 Jahre hat die Natur dafür gebraucht. Das Naturschauspiel liegt etwas versteckt hinter dem 1876 erbauten imposanten Staffelgiebelbau.

Wer sich das von oben ansehen möchte, sollte unbedingt den Bergfried der stauferzeitlichen Ruine Reichenstein besteigen. Dafür den Fußweg in den namensgleichen Burgweiler nehmen. Der Turm kann von April bis Oktober wochenends bestiegen werden.

Die urtümliche, tief eingeschnittene Felsenschlucht des trockenen Wolfstals besucht man am besten nicht an jenen Wochenenden, wenn dort Abertausende von Märzenbecher blühen und einen weißen Teppich im lichten Hangwald zaubern. Dann drängen sich viele Schaulustige, um diese Frühlingsboten zu bestaunen.

Ansonsten: Nicht vergessen, zur dortigen Bärenhöhle am westlichen Hang aufzusteigen, in der eiszeitliche Funde gemacht wurden.

Tipp

Das Biosphären-Informationszentrum hat von März bis Ende Oktober geöffnet (Freitag bis Sonntagnachmittag; in den Ferien auch Dienstag bis Donnerstag).

Bewirtung im Schneggahäusle Samstag und Sonntag von 12–18 Uhr. Es gibt regionale Köstlichkeiten, Kaffee und Kuchen, Eis und Getränke. Die Gaststätte Laufenmühle, mit Biergarten, hat wechselnde Öffnungzeiten.

www.tourismus.alb-donau-kreis.de

62 SINTERTERRASSEN – GUTENBERG

Gefällstufen wie an einer Perlenschnur

Lage
Die Kalktuffstufen der Weißen Lauter liegen im Westen der Gemeinde Gutenberg.

Koordinaten
GMS 48°31'37"N 9°30'54"O (Obere Sinterterrassen)

Erreichbarkeit
Von Lenningen kommend über die Bundesstraße 465 am Ortsbeginn von Gutenberg rechts zum Parkplatz Lindenstraße. Von dort folgt man der Hauptstraße in den Ort rund 110 m weit. Dann quert man links in die Grünenbergstraße, die nach erneut 110 m einen Linksknick macht. Ortsauswärts folgt man der Straße und gelangt nach 400 m zum Geopoint an den oberen Sinterterrassen. Rund 100 m flussabwärts sind die Stufen flacher und naturnaher (502 bis 505 Hm). Achtung: Betretungsverbot wegen Schafhaltung saisonal möglich.

Eigentlich ist die Weiße Lauter ein einziger Wasserfall. Über Dutzende von Geländestufen bahnt sich der Fluss durch das Tal und hat hier prächtige Naturschönheiten erschaffen. Aber auch sehr fragile. Darum vorneweg: Auf keinen Fall, auch wenn es im Sommer noch so erfrischend sein könnte, auf den zerbrechlichen Sinterterrassen herumspazieren. Badende Ausflügler hatten während der Pandemie-Sommer das Naturschutzgebiet als Freibadersatz auserkoren und große Brocken der Terrassen abgebrochen. Die Stufen sind, wie Tropfsteine in den Alb-Höhlen, in Tausenden von Jahren gewachsen – und werden durch fehlende Sensibilität für den Umgang mit der Natur binnen weniger Augenblicke zerstört.

Die Talsohle der Lenninger Lauter ist auf 8 km Länge von Gutenberg bis Brucken von meterhohem Kalksinter bedeckt. Viele Sinterterrassen und -becken haben sich an den Gefällstufen gebildet. Sie entstehen, wenn der Regen, der aus Luft und Boden Kohlendioxid aufgenommen hat, den Kalk auflöst. Der wiederum fällt im bewegten Flusslauf das Kohlendioxid wieder aus, was zur Sinterbildung führt. Kräftig helfen

dabei Wasserpflanzen, die dem Bach während der Fotosynthese ebenfalls Kohlendioxid entziehen. Ein ewiger Kreislauf, denn aus dem Salz des vor 150 Millionen Jahren verlandeten Jurameeres wird wieder Kalk – nun aber Süßwasserkalk. Wem das zu theoretisch-abstrakt ist, schaut sich das einzigartige Naturphänomen der kaskadenartigen kleinen Wasserfälle auf einer Spazierrunde an. Wobei die Jahreszeit für einen Besuch keine Rolle spielt. Die Sinterterrassen sind ein seit 2017 als Geopoint zertifizierter Höhepunkt des Geoparks Schwäbische Alb.

Tipp

Wo eine großartige Albschlucht-Landschaft in Wildnis übergeht: Der Donntalbach, der unterhalb der Sinterstufen in die Weiße Lauter mündet, entspringt in einem 2,5 km langen romantischen Nebental auf 680 Hm unterhalb der Ruine Sperberseck (728 Hm) und dem Geotop der Mondmilchhöhle (687 Hm). Er schlängelt sich auf 500 m Länge ebenfalls über zahlreiche Terrassen. Vom Parkplatz Lindenstraße geht man 270 m talabwärts bis zum Beginn eines Feldweges, der meist entlang des Baches führt. Die Ruine ist 2 km vom Talbeginn entfernt.

63 NEIDLINGER WASSERFALL – NEIDLINGEN

Der tiefe Fall der Lindach

Lage
Im Talschluss südlich der Gemeinde Neidlingen und unterhalb der K 1430 nahe der Ruine Reußenstein.

Koordinaten
GMS 48°33'30"N 9°33'51"O (Wasserfall-Brücke)

Erreichbarkeit
Von Weilheim/Teck nach Neidlingen. Am Rathaus rechts Richtung Kirche abbiegen und rund 600 m parallel zur Lindach bis zum Wanderparkplatz Braike am Ortsende (456 Hm). Von hier dem Tal auf geteertem, landwirtschaftlichem „Pfannenweg" etwa 1,5 km weit bis zu einer Grillstelle/Hütte folgen. Hier an der Lindach-Brücke links der Wegefortsetzung bergauf folgen. Nach 250 m führt rechts ein Pfad über eine Wiese zum Fuß des Lindach-Wasserfalls im Steilhang. Über einen Trampelpfad (Vorsicht bei Nässe!) gelangt man hinauf auf den Waldweg Pfannensteige, der auf einer Brücke über den Wasserfall führt. Von hier gelangt man auf einem weiteren Pfad über Felsgestein nach rund 20 m zu den beiden Quellhöhlen der Lindach (620 Hm).
Alternativ: Vom Wanderparkplatz „Bahnhöfle" an der K 1430 zwischen Schopfloch und Ruine Reußenstein auf ausgeschildertem Weg im schattigen Waldhang nach 900 m zur Wasserfall-Brücke. Oder vom Parkplatz „Untere Wendung", in der Steige von Neidlingen nach Wiesensteig, auf dem Waldweg Pfannensteige unterhalb der Ruine nach 30 Minuten zum Wasserfall – Achtung! Steinschlaggefahr.

Der insgesamt 15 Meter hohe Neidlinger Wasserfall ist ein Naturschauspiel, das dem weitaus bekannteren Uracher Wasserfall in Nichts nachsteht. Er ist zwar kein Geheimtipp mehr, aber touristisch alles andere als überlaufen. Unter der Woche ist man mitunter allein auf der Strecke, um den vom Geopark Schwäbische Alb ausgezeichneten Geopoint zu erkunden.

Vor allem nach ausgiebigen Regenfällen ergießt sich die Lindach, die 20 m oberhalb aus zwei kleinen Höhlen aus dem Kalkgestein quellt, schwallartig über steile Felskaskaden. Dort haben sich zahlreiche übereinander gestapelte und von

Moos überzogene Tuffpolster gebildet. Im freien Fall stürzt das Wasser über eine kontinuierlich weiterwachsende Kalktuffnase 6 Meter senkrecht zu Tal. Da die Schüttung stark schwankt, kann das Wasser bei Trockenperioden auch schon mal ausbleiben. Dann versiegen auch die zwei Höhlenquellen. Nach Frosttagen hingegen erwartet den Besucher ein bizarres Eisgebilde. Eine besonders starke Vereisung führte in den 1950er-Jahren allerdings dazu, dass der damals ausgeprägte Tuffvorsprung unter dem Gewicht zusammenbrach.

Ein weiteres Phänomen sind die vom kalkhaltigen Wasser bestäubten Zweige und Blätter entlang des Wasserfalls: Beim Zerdrücken in der Hand knistern sie. Zum sehr besonderen Erlebnis wird der Ausflug Mitte April, wenn im Neidlinger Tal rund 20000 Kirschbäume blühen.

Tipp

In der Neidlinger Ortsmitte gibt es eine der letzten noch produzierenden Kugelmühlen Deutschlands. Hier wird bunter Jura-Marmor mittels Wasserkraft zu Kugeln und Murmeln geformt. Im Ort auf der Hauptstraße bis zum Gasthof Lamm (rund 200 m vor dem Rathaus). Dort links in die Gießenstraße. Rechts liegt der Seebach mit der Kugelmühle. Die Manufaktur (mit Museum, Ausstellung und Shop) ist 40 m bachaufwärts. Geöffnet sonntags und feiertags 11 bis 16 Uhr.

www.kugelmuehle-neidlingen.de

64 AUTALWASSERFÄLLE – BAD ÜBERKINGEN-AUFHAUSEN

Aus der Brunnensteighöhle ins Tal der Fils

Lage
Oberhalb von Bad Überkingen, am Albtrauf nördlich der Gemeinde Aufhausen.

Koordinaten
GMS 48°35'20,9"N 9°46'17,9"O (Brunnensteighöhle)

Erreichbarkeit
Im dicht bewaldeten Hang des Albtraufs auf der Südseite des Filstals entspringt der Autalbach aus der Brunnensteighöhle (620 Hm) und stürzt als Wasserfall über meterhohe Tuffkaskaden in die Tiefe (567 Hm). Der kürzeste Weg zum Wasserfall ist von der Hochfläche hinab: In Aufhausen auf der K 1436 zur Ortsmitte. Dort führt der Hauser Weg nördlich abschüssig aus dem Dorf. Nach den letzten Häusern beidseitige Parkflächen vorhanden. Nach rechts führt ein rund 100 m langer Wiesenweg direkt auf die Albtraufkante zu (707 Hm). Man folgt dem Traufpfad nach rechts und gelangt nach etwa 20 m zum ausgeschilderten 400 m langen Abstiegsweg zunächst zur Brunnensteighöhle. Über steile Steinstufen und Brücken führt ein bei Nässe sehr rutschiger Pfad neben den Wasserfällen hinab ins Tal. Alternativ startet man bei der Autalhalle in Bad Überkingen (448 Hm), folgt dem „Wald-und-Wasser-Weg" (rote Raute) parallel zur B466, aussichtsreich in Halbhöhenlage ins Naturschutzgebiet Autal hinein. Nach 1,8 km erreicht man den Hangfuß am Waldrand und steigt 150 Meter zur Höhle hinauf. Es gibt die Möglichkeit zu einem 8 km langen Rundkurs.

Der rund 1,8 km lange Autalbach ist ein auf den ersten Blick recht bedeutungsloser kleiner Zufluss der Fils. Doch er setzt sich mächtig in Szene. Mit Erfolg: An manchen Wochenenden strömen die Besucher zu Hunderten, um seine Wasserfälle zu bestaunen. Vor allem während der Blütezeit der Märzenbecher, wenn im Naturschutzgebiet Autal Hunderttausende dieser Frühlingsboten das Ende des Winters verkünden.

Wer aber diese Naturidylle am Südhang des Filstales unter der Woche aufsucht, hat sie mitunter ganz für sich allein. Die unscheinbare Felsquelle des Bachs direkt im Steilhang entpuppt sich beim Betreten

mit Gummistiefeln und Taschenlampe als begehbare Wasserhöhle – mit einer erforschten Gesamtlänge von 876 m! Wobei allerdings „nur“ die ersten 130 m der engen und niedrigen Röhre ohne Tauchausrüstung befahrbar sind – und auch nur bei niedrigem Wasserstand.

Wenige Meter nach seinem Austritt stürzt der Höhlenbach über mehrere Steilstufen aus Kalktuff und über bemooste Felsen und Baumstümpfe in die Tiefe. Nach regenreichen Tagen spuckt die Karstquelle, samt den dann auch aktiven Nachbarquellen, beachtliche Mengen an Wasser aus. Vor dem Bau einer Albwasserversorgung holten die Einwohner von Aufhausen ihr Trinkwasser direkt an der Höhlenquelle. Davon zeugen die heute noch sichtbaren, aufwendig gebauten hang- und talseitigen Stützmauern am Weg aus dem Dorf.

Tipp

Von Aufhausen (Hülebrunnen-Denkmal in der Dorfmitte) führt ein aussichtsreicher, schattiger Traufwanderweg zum Nachbarort Türkheim. Nach 2 km erreicht man einen imposanten Aussichtsfelsen, nach weiteren 400 Metern die Ruine Bühringen, niedergebrannt im Bauernkrieg 1525. Alternativ startet man die verkürzte Aussichtsrunde mit verschiedenen Blickperspektiven ins Filstal am westlichen Ortsbeginn von Türkheim. Nördlich der OGV-Hütte zunächst Richtung Aufhausen bis zu einem Aussichtspunkt, dann am Trauf entlang nach Osten zum Burgstall Türkheim, direkt am Ortsrand. Diese Stelle gilt bei Sonnenuntergängen als eine der schönsten der Schwäbischen Alb. Weitere Aussichtsfelsen folgen nach dem Ortsende Richtung Geislingen.
www.mein-albtrauf.de/wandern

65 GOS-WASSERFALL – DRACKENSTEIN

Großer Fall im kleinsten Dorf

Lage
Am nördlichen Ortsrand der Gemeinde Unterdrackenstein

Koordinaten
GMS 48°33'33"N 9°40'26"O (Kalktuffterrasse)

Erreichbarkeit
Unterdrackenstein liegt an einer 180-Grad-Kehre im Hang der Schwäbischen Alb unweit der Autobahn-Ausfahrt Mühlhausen (A 8). Vier Parkmöglichkeiten in dem kleinen Ort gibt es an der katholischen Kirche (Infotafel). Von dort folgt man der Beschilderung nach wenigen Gehminuten zunächst zur Mariengrotte und dann absteigend zum Fuß des Wasserfalls. Alternativ parkt man an der von Gosbach heraufführenden K 1447 noch vor der Kehre rechts am Waldrand. Nach Querung der Straße, einer Wiese und des Gosbachs erreicht man nach wenigen Gehminuten die Infotafel des Geopoints am Fuße des Wasserfalls.

Jeder Autofahrer hat den Ortsnamen sicher schon irgendwann einmal gehört: Drackensteiner Hang. Hier verläuft die berüchtigte Albquerung der Autobahn 8. Der Name stammt vom Drachenloch, einer bei den Bauarbeiten zugeschütteten Höhle. Und er ging auch auf die beiden Gemeinden Ober- und Unterdrackenstein über. Letztere ist das kleinste Dorf in der Region Stuttgart. Hat aber Großartiges zu bieten: Einen Geopoint namens Gos-Wasserfall. Der Gosbach entspringt in den Albhängen aus mehreren Karstquellen. Nach kurzem Lauf fließt der Bach eingedolt unter dem Dorf hindurch. Dessen westlicher Teil mit Kirche und Friedhof wurde auf der Kalktuff-Terrasse erbaut, die der Bach im Lauf der Jahrtausende gebildet hat. An der 20 m breiten Terrassenkante stürzt der Bach dann ebenso tief ins Tal hinab. Die mächtigen, bemoosten Ablagerungen haben einige Höhlen gebildet – darunter die „Mariengrotte", Wallfahrtsstätte und Naturdenkmal der außergewöhnlichen Art zugleich. Der Hohlraum ist einer Lourdes-Grotte nachempfunden.

Der Kalktuff-Aufbau ist ständig am Wachsen, aber auch am Abbrechen. Zuletzt war in der Nacht zum 23. August 2020 die „Wasserfall-Nase" unter ihrem freistehenden Gewicht zusammengebrochen.

Der Kalkbrocken liegt nun mitten im Bachbett. Die Gos, die nach 3,8 km bei Gosbach in die Fils mündet, bildet in kalten Wintern am Wasserfall bizarre Eisgebilde.

Tipp

Die berühmte Albabstiegs-Drachenlochbrücke der A8, die vom Geopoint aus zu sehen ist, wurde 1936/1937 in Rekordzeit gebaut – und steht heute noch. Es ist das einzige denkmalgeschützte (Reichs-)Autobahnteilstück Baden-Württembergs. Allerdings gibt es Planungen zum sechsspurigen Ausbau.

Das 185 m lange und 47 m hohe Bauwerk wurde anfangs im Gegenverkehr befahren, weil die gesonderte Richtungsfahrbahn des Albaufstiegs in Richtung München erst 1957 fertiggestellt werden konnte. Auf Führerbefehl wurde sie am 19. März 1945 gesprengt, aber 1949 wiederaufgebaut. Die Trümmer liegen heute noch unterhalb der Brücke, direkt an der K1447 zwischen Drackenstein und Gosbach.

Der Albabstieg zieht sich über 5,7 km von Hohenstadt durch den Nasenfelstunnel, über die Drachenlochbrücke, die 10 m lange Himmelsleiterbrücke und die Fischerhäuslebrücke. Die Stützmauern sind aus Oberiflinger und Gönninger Tuffsteinquadern erbaut.

www.albaufstieg-aichelberg.de

Feuchtgebiete | Moore | Seen

66 AACHTOPF – AACH

Wasserreichste Quelle Deutschlands

Lage
Der Aachtopf liegt am Nordrand des Städtchens Aach.

Koordinaten
GMS 47°50'47"N 8°51'28"O (Quelltopf)

Erreichbarkeit
Der Quelltopf liegt direkt am nördlichen Ortsende von Aach an der Hauptstraße, die als L 194 nach Eigeltingen führt. Ein Parkplatz befindet sich gegenüber dem Zugang zum Quellsee (475 Hm). Die parkähnliche Anlage mit dem Gasthaus Jägermühle ist über einen Rundweg (Treppen) mit mehreren Sitzbänken erschlossen und Ausgangspunkt für Abstecher zur historischen Altstadt auf einem Bergsporn und zur Burgruine Alter Turm.

Nichts weniger als „die wasserreichste Quelle Deutschlands" erwartet den Besucher im kleinen Hegau-Städtchen Aach. Deren Gesamtanlage mit der im 12. Jahrhundert gegründeten Stadt auf einem befestigten Bergsporn ist als Kulturdenkmal geschützt. Aach liegt am südlichsten Rand der Hegaualb. Aber das Wasser, das mit einer gewaltigen Schüttung von bis zu 24 000 Liter in der Sekunde aus einer Karstquelle quillt, stammt vornehmlich aus der Donau. Genauer gesagt aus deren Versickerungsstellen zwischen Immendingen und Möhringen und einer zweiten, südlich der Stadt Fridingen. Das ist eine Entfernung von

rund 12 Kilometern, die das abgezwackte Wasser mit einer Geschwindigkeit von 200 m in der Stunde durch ein geheimnisvolles, unterirdisches Höhlensystem überwindet. In Aach wieder ans Tageslicht gekommen, bildet das Wasser einen See von rund 0,3 Hektar Größe. Achtzehn Meter tief liegt die Quellhöhle, deren Ausstoß als Hegauer Aach nach 32 km bei Radolfzell in den Bodensee mündet.

Tipp

Ein spektakulärer Gully, ein sogenanntes Schluckloch, ist die Wasserfalldoline. Hier stürzt ein Bach unvermittelt in ein 11 m tiefes Höhlenloch und fließt unterirdisch zum Aachtopf: Von Aach/Eigeltingen auf der L 440 bis 3 km vor Neuhausen ob Eck nach Ederstetten. Hier rechts auf die K 5933 Richtung Schwandorf einbiegen. Diese führt nach 500 m zum Wanderparkplatz Schindelwald. Nach weiteren 250 m gibt es am zweiten nach rechts abzweigenden Waldweg ebenfalls eine Parkmöglichkeit. Man folgt diesem „Wasserfallweg" rund 250 m südlich. Kurz bevor der Weg ansteigt, biegt man rechts auf einen breiten Pfad entlang eines Dolinenfeldes und gelangt nach 150 m zum Naturdenkmal.

67 BÄCHETAL – TUTTLINGEN-MÖHRINGEN

Der Biber schafft ein Naturschutzgebiet

Lage

Der Möhringer Stausee des Krähenbachs liegt inmitten des Naturschutzgebietes Bächetal zwischen den Tuttlinger Teilorten Eßlingen und Möhringen.

Koordinaten

GMS 47°58'37"N 8°45'23"O (Parkplatz am See)

Erreichbarkeit

Auf der B523 zwischen Tuningen/Autobahnanschluss (A81) und Tuttlingen an der Abfahrt Eßlingen/Möhringen auf die K5944 links durch das Krähenbachtal südlich Richtung Möhringen. Das enge und kurvenreiche Sträßchen führt nach 2,3 km am 300 m langen Stausee entlang. An dessen unterem Ende zweigen zwei rampenartige Abfahrten zum Wanderparkplatz ab.

Will man in wenigen Sätzen die Schönheit und ökologische Bedeutung des Krähenbachtals zum Ausdruck bringen, zitiert man am besten die Landesanstalt für Umwelt: „Naturschutzgebiet aus einem Mosaik einer dynamischen Bachaue und zusammenhängender, überwiegend feuchter und frischen Auenlebensräume; strukturreiche Tallandschaft mit Feuchtgebieten, Gehölzbeständen, artenreichen Wiesen und Magerrasen; Lebensraum zahlreicher gefährdeter, zum Teil vom Aussterben bedrohter Tier- und Pflanzenarten; Lebensraum großer Libellen- und Amphibienpopulationen."

Die Rede ist vom ersten Naturschutzgebiet im Raum Tuttlingen. Es war eine schwere Geburt, die dreißig Jahre lang gedauert hat, ehe 2022 das 70 Hektar große Gebiet den höchsten behördlichen Status erreicht hatte. Die vorwiegend landwirtschaftliche Nutzung wurde zurückgefahren und der im Talgrund fließende Krähenbach renaturiert. Das 3,5 km lange Bächetal reicht vom Möhringer Ortsrand bis zur Eßlinger Mühle aufwärts.

Herzstück ist der Stausee, der in den 1920er-Jahren zur Stromgewinnung angelegt wurde – aber nie ans Netz ging. Mit dem naturnah gestalteten Flusslauf war auch Hochwasserschutz verbunden. Doch dann wanderten Biber ein und übernahmen die Planungsausführungen selbst: Sie fluteten die Talaue und schufen eine Auenlandschaft, die 24 verschiedene Libellenarten anlockte – ein Drittel aller im Land bekannten Arten! Ein ausgeschildeter Weg vom Parkplatz führt zu mehreren Infostationen, die zu einem Naturlehrpfad erweitert werden. „Wir wollen, dass dieses neue Naturschutzgebiet bekannt wird – sowohl bei Forschern als auch bei Naturinteressierten", wirbt die Gemeinde Möhringen um Besucher – womit wir hiermit nachkommen.

Tipp

Im Nachbartal gibt es einen weiteren idyllischen Stausee. Zwischen Immendingen und Ippingen führt die K 5921 durch den 50-Einwohner-Ort Bachzimmern. An der bedeutenden spätgotischen Verenakapelle (1591) und dem Bachzimmerer „Jagdschlössle" (beide in Privatbesitz) kommt man beim Wandern durch den großen Schlossgarten auf dem Weg zum urigen Gasthaus Flamme mit großer Terrasse vorbei. Rund 600 m talaufwärts wird der Weisenbach zu einem 250 m mal 100 m großen Fischgewässer gestaut, das er über einen Wasserfall wieder verlässt.
www.immendingen.de/leben/kapellen

68 DÜRBHEIMER MOOS – DÜRBHEIM

Ein See aus der Eiszeit

Lage
Das 64 Hektar große Moorgebiet liegt östlich der B 14 im Dreieck der Gemeinden Balgheim, Dürbheim und Rietheim.

Koordinaten
GMS 48°3'N 8°46'O (Durchgang im Moorgebiet)

Erreichbarkeit
In Balgheim auf der L 438 nach Dürbheim abbiegen. Am Ortsbeginn (Parkmöglichkeit suchen) zweigt die Hindenburgstraße rechts ab und mündet nach 100 m in den Riedweg. Dieser führt als landwirtschaftliche Straße leicht abwärts nach 500 m an den Rand des Naturschutzgebiets. Die Fortführung des Weges durchschneidet dann das 300 m breite Wiesenmoor in dessen Mitte und führt auf der gegenüberliegenden Seite, am Westufer, mit einer Brücke über den Faulenbach. Der fließt aus dem eigentlichen See des Moorgebiets ab, der im nördlichen Teil des Rieds liegt. Das Wiesenmoor lässt sich umrunden, teils aber nur auf Pfaden (gutes Schuhwerk!).

Vor rund 10 000 Jahren schmolzen die sich von den Alpen nach Norden ausgebreiteten Gletscher langsam wieder ab. Im Tuttlinger Raum taute der Permafrostboden auf. Zurück blieb im Spaichinger Tal ein See, der im Laufe der Zeit immer weiter verlandete. Eine bis zu 5 m hohe Torfschicht entstand. Indessen versickert der See nicht, weil der tonig-mergelige Hangschutt des braunen Juragesteins den Boden abgedichtet hat. Regen- und Quellwasser speisen ihn noch heute. Arktische Pflanzen wie der Sumpf-Enzian oder der Fieberklee haben als Relikte der Kältezeit in diesem Wiesenmoor überlebt. Noch aus der Eiszeit stammt auch der Randring-Perlmutterfalter. Außergewöhnlich ist die botanische Vielfalt an Moorpflanzen. Das Dürbheimer Moor ist eine der wenigen Moorbildungen auf der Schwäbischen Alb, deren Höhe hier in dem Gebiet bei rund 680 Metern liegt. Oberhalb des verbliebenen Sees, unmittelbar an der Europäischen Wasserscheide, entspringt der Faulenbach, der auch den Egelsee, den wasserhaltigen Teil des Moors, zur Donau hin entwässert.

Im Hochmoor – dem Nordteil des Dürbheimer Moos – ist im 19. Jahrhundert und nach den beiden Weltkriegen viel von dem als Brennmaterial begehrten Torf abgestochen worden. Das Abbaugebiet ist heute mit dem Egelsee überschwemmt – umschlossen von einem dichten Gebüsch- und Baumgürtel. Bizarr ragen abgestorbene Fichten- und Weidenbaumstämme aus der Wasserfläche.

Die Wurzelstöcke sind umgeben von schwimmenden Rasengürteln und Schlamminseln. An den See schließt sich ein 200 m breiter Zwischenmoorgürtel mit einer artenreichen Libellenfauna an, daran grenzt ein Flachmoor. Rund 105 Vogelarten sind hier beheimatet, davon 65 brütend. Auf der Wasserfläche tummeln sich Krickenten, Teichhühner und Zwergtaucher.

www.duerbheim.de

Tipp

Am Übergang von der Baar- auf die Hegaualb gibt es (30 Autominuten entfernt) ein weiteres großes Moorschutzgebiet: das Birkenried nördlich des Unterhölzer Weihers. Der See grenzt, von Geisingen kommend, direkt an die B31 an, etwa 700 m vor der Abzweigung auf die B33 nach Pfohren. Parkmöglichkeit gibt es in der Abzweigung östlich des Sees, nach 300 m. Von hier aus lässt sich das Naturschutzgebiet zu Fuß erkunden. Bis zu 5 m mächtig sind die Torfschichten in den von Verlandungszonen umgebenen Moorwäldern, bewachsen mit Waldkiefern und Birken. Der Weiher wurde im Mittelalter aufgestaut und ist der wichtigste Brut- und Mauserplatz für Wasservögel auf der Baar. Auch der Biber ist hier wieder heimisch.

www.bad-duerrheim.de

69 VOHENTAL – TIERINGEN
Vom Eisweiher zum Biotop

Lage
Zwischen Meßstetten-Tieringen und Oberdigisheim am Radweg der L 440.

Koordinaten
GMS 48°11'16"N 8°53'14"O

Erreichbarkeit
Der Weiher liegt auf halber Strecke, je rund 1 km entfernt, zwischen den Meßstetter Ortsteilen Tieringen und Oberdigisheim. Von der L 440 aus ist das rund 100 Meter lange Gewässer, das von der parallel fließenden Oberen Bära gespeist wird, gut sichtbar. Man erreicht es über zwei landwirtschaftliche Wege, die ober- und unterhalb des Weihers von der Straße abbiegen.

Es ist von zwei Bergketten eingeschlossen: das Hochtal der Oberen Bära. Rund 2 km nach ihrem Quellaustritt oberhalb der Gemeinde Tieringen hat sich der in einem schmalen Bachbett dahinplätschernde Fluss breit aufgestellt. Von dem im westlichen Berghang herabfließenden Vohbach bekommt die Obere Bära Nachschub.

Seit Menschengedenken gibt es daher hier ein Feuchtgebiet. Je nach Wasserstand sogar einen kleinen See, meist die bescheidenere Variante, nämlich einen Tümpel. Der wurde noch bis vor hundert Jahren als Eisweiher genutzt. Die 1922 geschlossene Adler-Brauerei hatte dort in den Wintermonaten Eisblöcke gebrochen, die vor der Erfindung von Kühlgeräten die einzige Möglichkeit boten, Kellerräume in Kühlräume zu verwandeln. Der Versuch, den Eisweiher nach seiner Nutzung zugunsten der Landwirtschaft trocken zu legen, war zum Scheitern verursacht. Daher wurde 1993 das Feuchtgebiet zum unveränderlichen Biotop erklärt. Eine hervorragende Idee, denn die Flora und Fauna kam in vielfältigen Lebensformen zurück. Bachforellen, Kröten, Molche, Salamander und so fort. Eine Tafel des Heimatvereins Kohlraisle informiert über die Bewohner und den Bewuchs. Der Vohbach ist die mittelalterliche Bezeichnung für Weibchen der Wölfe und Füchse. Weidmännisch wird die Vohe heute Fähe genannt.

Neu in der Gemeinschaft ist seit einigen Jahren der Biber, der von der

Donau aufwärts gewandert ist. Die Tiere halten die Anlage von weiteren Feuchtgebieten offenbar für notwendig und haben bereits mehrere Staudämme bäraabwärts angelegt.

Tipp

Vom „HochAlbPfad" mit den Aussichtspunkten Spitzfelsen und Baienberg (976 Hm) lässt sich das Tal von oben in Augenschein nehmen. Dieser Premium-Rundwanderweg startet 1,4 km nördlich von Hossingen am Wanderpark- und Grillplatz beim Gräbelesberg, ist 15 km lang, schlängelt sich pittoresk am Albtrauf entlang und umfasst auch den Überblick aufs schöne Eyachtal. Wer's kürzer mag, startet mittendrin. Auf halbem Weg von Oberdigisheim nach Hossingen befindet sich nach 1,6 km rechts der Wanderparkplatz Zollerhof. Von dort geht es auf ausgeschildertem Weg zum nahen Teilort Michelfeld, der östlich und oberhalb des Weihers liegt. www.stadt-messstetten/wandern.de

70 STAUSEE KOHLSTATT-BRUNNENBACH – OBERDIGISHEIM

Höchstgelegener Badesee der Alb

Lage
Zwischen Meßstetten-Oberdigisheim und Obernheim an der K7172.

Koordinaten
GMS 48°10'16"N 8°53'8"O (Unterer Parkplatz)

Erreichbarkeit
Der rund 350 m lange Stausee des Kohlstattbrunnenbachs liegt in einem tiefen Tal auf halber Strecke zwischen Oberdigisheim (750 m entfernt vom unteren Parkplatz) und Obernheim (1 km entfernt vom oberen Parkplatz). Der See ist ein beliebtes, frei zugängliches Ausflugsziel. Ein Rundweg mit Ruhebänken, ein Spielplatz und zwei Grillstellen sowie eine Kneippanlage gehören zur Ausstattung. Im Hochsommer wird der als EU-Badegewässer ausgewiesene See mit seinen großzügigen Liegewiesen gerne genutzt, aufgrund der exponierten Höhenlage (790 Hm) ist Erfrischung garantiert. Umkleidekabinen und Toiletten sind vorhanden, aber kein Kiosk. Mitnahme von Hunden auf den Wiesen ist nicht erwünscht.

Falls man dem Klimawandel etwas Positives abgewinnen wollte, dann wären es die wärmeren Temperaturen. Eine eigennützige Überlegung aus Sicht der Badebesucher des Obernheimer Stausees, wie das Regenüberlaufbecken des Kohlstatt-Brunnenbachs volkstümlich genannt wird. Denn an diesem am höchsten gelegenen Stausee am Waldrand auf der Alb ist es bei rund 790 Metern immer „ein' Kittel kälter" als im Flachland. Da würde eine höhere Durchschnittstemperatur den Sonnenbadenden zugutekommen – wobei man in dem mitunter schattigen südlichen Seitenzweig des Bäratals zwischen Obernheim (900 Hm) und Oberdigisheim (770 Hm) in guter Gesellschaft ist: Im 20 km entfernten Winterlingen liegt das höchstgelegene Naturfreibad der Alb (789 Hm) – während man hier, im größten Biotop seiner Art in Süddeutschland, das Wasser mit Kammmolchen teilen darf – sind es im Obernheimer Stausee zahlreiche Fischarten wie Hechte, Karpfen, Rotauge, Rotfeder und Zander. Die dritthöchste Open-Air-Bademöglichkeit bietet übrigens das benachbarte Albstadt: Das Tailfinger Naturbad liegt auf 787 Höhenmeter. Heißere Sommer werden aber auch diesem See sehr zusetzen – denn durch die vermehrte Trockenheit besteht die Gefahr, dass sein Zufluss aus dem Kohlstatt-Brunnenbach mangels Niederschläge spärlicher wird. Der entspringt in zwei Quellarmen in 2,2/2,7 km Entfernung in der westlichen, canyonartigen Talverlängerung. Beide Zweige arbeiten unermüdlich daran, Obernheim und den Weiler Geyerbad aus der Albhochfläche herauszuschneiden. Bei den prognostizierten Klimaverhältnissen wird es aber mangels Wassernachschub noch dauern. Zeit also, den idyllisch gelegenen See, eingebettet in Wacholderheiden, Feuchtwiesen und lichten Hangwald aufzusuchen. Denn noch verfügt er über ein enormes Reservoir: Rund 3,8 Hektar groß ist die Oberfläche des bis zu 150 m breiten Staudamms, der 1983 gebaut wurde. Das sind in Liter umgerechnet etwa angestaute 90 000 Kubikmeter. Die tiefste Stelle liegt bei 7 m, bei Hochwasser auch schon mal bei über 12 m. Dann verdoppelt sich die Wasserfläche.

Tipp

Der Felsquellweg führt vom oberen Stausee-Parkplatz auf einem leichten, 10 km langen Rundkurs zunächst durch lichten Wald, vorbei an Fischteichen, ansteigend direkt an die Quelle des Kohlstatt-Brunnenbaches (880 Hm). Dieser entspringt in einem schluchtartigen Einschnitt zwischen waldgesäumten Hangwiesen in eindrucksvoller Abgeschiedenheit. Nur noch das Plätschern des Baches ist hier zu hören. Der Weiterweg auf die Hochfläche führt in den verschlafenen Weiler Geyerbad und dann – über den HochAlbPfad – steil hinauf zu ungewöhnlichen Aussichtsperspektiven (954 Hm). Der Abstieg führt wieder zum See.
www.messstetten.de/Felsquellweg

71 STRANDBAD LAUCHERT – GAMMERTINGEN-BRONNEN

Vom Abenteuer- zum Themenspielplatz

Lage
Die Freizeitanlage liegt an der B313 zwischen Gammertingen und dem Stadtteil Bronnen, gegenüber der Einfahrt zur Wendelsteinklinik.

Koordinaten
GMS 48°15'22"N 9°12'38"O (Parkplatz)

Erreichbarkeit
Anlage und Parkplätze liegen direkt an der B313. Eine kleine Brücke über den Fluss verbindet Rad- und Wanderwege entlang der Lauchert.

Sebastian Kneipp hätte seine Freunde an der Lauchert gehabt: Die Temperatur des noch jungen Quellwassers beträgt unterhalb dem 350-Einwohner-Dorf Bronnen etwa 8 bis 9 Grad. Am westlichen Ufer ist eine besonders schöne Kneippanlage angelegt worden, die von den in der

Umgebung ab und zu auf Futtersuche anzutreffenden Störchen argwöhnisch beobachtet wird. Denn auch in dem Becken schreiten, ganz im Gesundheitssinn von Kneipp, die Besucher mit angehobenen Beinen und staksigen Schritten, um die Durchblutung zu fördern, die Venen zu kräftigen und die Abwehrkräfte des Körpers zu stärken.

Wem das zu kalt ist, wählt die Trockenvariante auf dem 400 m langen Barfußpfad oder betört seine Geruchssinne im Duftgarten. Barfuß muss es schon sein, sonst fühlt man den Unterschied von Holzbohlen, verschiedenen Steingrößen und anderen reizenden Materialien nicht. Ein keltischer Baumhoroskop-Pfad, mit dem Jahreskreis zugeordneten 21 Bäumen mit typischen Charaktereigenschaften, schafft die Verbindung zum Themenspielplatz „Mensch und Wasser" in den 700 m entfernten Teilort Bronnen.

Das Ganze ist Teil einer naturbezogenen Freizeitanlage, die 2014 eröffnet wurde. Man hat einen Altarm reaktiviert und im wahrsten Sinne des Wortes belebt. Aus dem zugewachsenen Uferbereich ist eine Picknick- und Spielwiese entstanden. Während die Eltern im Sommer am Grillplatz brutzeln, können die Kleinen im mit Kies aufgeschütteten „Nichtschwimmer"-Bereich des Gewässers baden und planschen, oder sich am Strandbad sonnen. Unwiderstehlich sind für Kleinen die Matschkuhle und weitere robuste Abenteuerspiel-Gerätschaften.

Die gepflegte und gut besuchte Anlage verfügt über ein WC und hat ganzjährig Versorgungsanschlüsse für Wohnmobile. Für motorisierte Fahrzeuge sind 40 Stellplätze reserviert. Tiere sind auf den Liege- und Wiesenflächen nicht erwünscht.

Tipp

Rund 700 m ist der Baumhoroskop-Pfad lang, der vom Strandbad nach Bronnen führt. Eine mehrsprachige Infotafel erläutert, wie man über sein persönliches Geburtsdatum herausbekommt, welche Baumeigenschaften auf einen zutreffen. Auf dem Gelände vor dem Wasserwerk in Bronnen liegt der Themenspielplatz „Wasser und Mensch". Es dreht sich alles um den Ortsnamen, der sich von „Brunnen" ableitet. Besonderer Service: Ein aufbereiteter Trinkwasserbrunnen zum kostenlosen Durst stillen.

Gegenüber und 450 m östlich oberhalb des Strandbads (666 Hm) und der Bahnlinie ragt der markante Aussichtsfelsen Wendelstein mit Gipfelkreuz hervor. Er trug im 14. Jahrhundert tatsächlich eine massive Steinburg namens Hustneck (695 Hm). Über einen Trampelpfad gelangt man nach oben.

72 LAUCHERTSEE – MÄGERKINGEN

Die Erholungsoase

Lage
Der Freizeitsee liegt an der Einmündung der L385 in die B313 südlich von Trochtelfingen-Mägerkingen.

Koordinaten
GMS 48°17'14"N 9°13'2"O (Parkplatz)

Erreichbarkeit
In der Einmündung von Gammertingen oder Trochtelfingen auf der B313 kommend Richtung Hausen an der Lauchert, zweigt nach 150 m rechts eine Straße zum nahen Parkplatz ab. Von dort sind es zu Fuß barrierefrei rund 300 m zum Seeufer. Der Lauchertsee ist auch an den 55 km langen Laucherttal-Radweg angebunden, auf dem man autofrei von Melchingen bis zur Mündung in Sigmaringendorf gelangt.

Eine kleine Naherholungs-Oase mitten im großen Naherholungsgebiet der Mittleren Schwäbischen Alb. Unweit der Einmündung des kleinen Nebenflüsschens Seckach in die Lauchert liegt dieser malerische, rund zwei Hektar große See. Angelegt 1974, wurde er zwischen 2016 bis 2018 noch attraktiver für Besucher gemacht, die hierherkommen, um eine Auszeit zu nehmen. Und damit sind auch die Tiere gemeint, für die das renaturierte Gewässer als Lebensraum aufgewertet wurde. Künstlich angelegt und auf 2,5 m vertieft wurde er aus Gründen des Hochwasserschutzes. Der See wurde als Rückhaltebecken geschaffen, um die vom Zusammenfluss von Seckach und Lauchert ausgehenden Gefahren zu verringern. Bald etablierte er sich als Naherholungsgebiet.

Ein neuer Wasserspielplatz aus hochwertigem Robinienholz ist für die jüngsten Gäste zugeschnitten. Ebenso die Wasserkaskaden beim Zulauf des Flusses. Wem das Spazieren- oder Gassigehen rund um das von allerlei Getier bevölkerten Gewässer als Aktivität nicht genügt, kommt beim neuen Bewegungsparcours mit sieben Stationen voll auf seine schweißtreibenden Kosten. Die Uferzonen wurden naturnah umgestaltet – und das einladende Restaurant „Lauchertsee eins“ mit toller Terrasse zum See

versorgt Besucher mit regionaler Küche: leckere Kuchen, herzhafte Gerichte, aber auch Vesper und Erfrischungsgetränke. Wenn es schnell gehen muss, gerade für Radler auf der Durchfahrt am Knotenpunkt dreier Fernwege, genügt ein Halt am Kioskfenster, um sich mit Eis, Pommes, Matjes oder Currywurst zu stärken. Es darf auch gegrillt werden. Jedoch keine der Bachforellen, Regenbogenforellen und andere Weißfische, die sich im See tummeln. Und: Baden ist nicht erlaubt, und auch nicht empfehlenswert, wegen den Hinterlassenschaften der Wasservögel.
www.lauchertsee-eins.de

Tipp

Für einen Abstecher zum 1,3 km entfernten ehemaligen Benediktinerinnen-Kloster Mariaberg folgt man dem Klostermühleweg neben der Lauchert, um dort dann hoch zum Klosterhof mit Blick auf das Laucherttal aufzusteigen. Mariaberg ist ein Stadtteil von Gammertingen und Hauptsitz der ältesten Einrichtung der Jugend- und Behindertenhilfe Deutschlands (seit 1847). Die Klosterkirche gilt als Kleinod des barocken Sakralbaus, sie steht wie die Klostergebäude unter Denkmalschutz. Ein Mahnmal vor der Klosterkirche erinnert an die Deportation von 61 Behinderten, die 1940 vom NS-Regime zur Tötungsanstalt Grafeneck verschleppt wurden. Auf einem Rundweg erfährt man viel über die besondere Geschichte Mariabergs. www.mariaberg.de

73 KLOSTER- UND MÜHLWEIHER – HEILIGKREUZTAL

Fische für die ausgedehnten Fastenzeiten

Lage
Der Klosterweiher liegt innerhalb des ummauerten Geländes von Heiligkreuztal, der Mühlweiher am südlichen Klosterrand außerhalb.

Koordinaten
GMS 48°8'9"N 9°24'19"O (Parkplatz)

Erreichbarkeit
Zwischen Riedlingen und Langenenslingen führt die L 278 in Andelfingen nach 1,3 km zum Parkplatz, links gegenüber der Zufahrt in das Kloster Heiligkreuztal. Vom Klosterlädle am Eingang gelangt man nach 500 m, rechts, in nördlicher Richtung zum Klosterweiher. Der Mühlweiher liegt 400 m südlich des Lädles, in entgegengesetzter Richtung (durch das obere Tor), außerhalb der Anlage in der Ortschaft Heiligkreuztal.

Die Legende besagt, der Name des Klosters Heiligkreuztal rührt von einer Schenkung aus dem Jahr 1231. Damals sei ein Splitter des Kreuzes von Jesus Christus über Umwege vom Bodenseekloster Reichenau in das Seitental der Donau bei Riedlingen gelangt. Fromme Frauen, die man wegen ihrer Kleidung auch „die grauen Schwestern" nannte, gründeten zunächst eine Beginengemeinschaft. 1233 nahm der Papst diese in den Zisterzienserorden auf. In ihrer Blütezeit lebten hier 120 Frauen nach der benediktinischen Regel „ora et labora" – bete und arbeite. Im Laufe der Jahrhunderte wuchs die Anlage durch Mitgift der adligen Familien, deren Töchter hier untergebracht waren, auf 16 Hektar Fläche mit 25 Gebäuden an. Sie gilt als das am besten erhaltene Zisterzienserinnen-Kloster der Region. Die von einer 2,2 km langen Klausurmauer umgebene heutige Tagesstätte der Diözese Rottenburg/Stuttgart am Übergang der Alb nach Oberschwaben liegt in einer Senke. Die wird vom Soppenbach durchflossen. Seine zahlreichen Quellarme entspringen auf der Anhöhe über dem Donautal, fließen zunächst aber in die entgegengesetzte Richtung.

Bevor der Soppenbach bei Andelfingen in die Biber mündet, speist er zwei große Weiher. Zunächst wird ein Zweig in den zweigeteilten Mühlweiher geführt, der im Mittelalter aufgestaut wurde. Damit konnte man den Zufluss des wenig wasserführenden Baches regeln, der nach Regen große Mengen liefert. Beide Weiherteile sind in eine Parklandschaft eingebettet und über eine kleine Brücke passierbar. Der Weiher war ausschlaggebend für die Wahl der Klosteransiedlung und ist um 1227 als Sitz der Ritter von „Wasserschaff" genannt. Früher war die Anlage in eine komplexe Wasserwirtschaft mit vier Stauweihern für Nutzwasser, Hochwasserschutz und Fischzucht für die ausgedehnten Fastenzeiten eingebunden. Mehrere Dämme stauten den Bach flussaufwärts. Wie damals ist der Mühlweiher Angelgewässer, in dem sich heute Hecht, Döbel, Karpfen, Rotauge und Rotfeder tummeln. An der Klostermauer entlang führt der Bach an der historischen Mühle und Bäckerei mit dem eindrucksvollen Stufengiebel vorbei. Ein wahres Idyll ist der eigentliche Klosterweiher im abgeschiedenen Teil der weitläufigen Anlage. Wer Ruhe sucht findet sie garantiert dort – wenn nicht gerade Sommer ist, dann dürfen die Tagungsstätte-Gäste nämlich darin baden.

Tipp

Einen besonderen Raritätenschatz sakraler Kunst bietet das Klostermuseum in der Bruderkirche. Darunter viele „Katakombenheilige" sowie Glaubenszeugnisse der religiösen Frauen, die hier bis 1843 ein Ordensleben führten. Ein außergewöhnliches Glanzstück ist das Chorfenster der Klosterkirche mit seinen prächtigen Glasmalereien, welches um 1312 entstanden ist.
www.kloster-heiligkreuztal.de

74 AUENTALBRUNNEN UND UPFINGER RIED – ST. JOHANN-UPFINGEN

Verschwunden im Schluckloch

Lage

Das Feuchtgebiet Upfinger Ried und der Auentalbrunnen liegen beim Skilift Beiwald zwischen Sirchingen und Gächingen.

Koordinaten

GMS 48°26'32"N 9°24'39"O (Vulkanschlot)
GMS 48°25'26"N 9°21'3"O (Hungerbrunnen)

Erreichbarkeit

Zwischen Gächingen und Sirchingen zweigt auf halber Strecke von der K6700 ein Fahrweg zum 500 m entfernten Upfinger Skilift Beiwald ab. Bereits nach 300 m beginnt nördlich des Fahrweges das Feuchtgebiet. Es verläuft rund 250 m parallel zur Straße. Zum Vulkanschlot mit dem Auentalbrunnen gelangt man, dem Fahrweg 850 m weiter folgend in das nach Süden abbiegende und endende Auental. Mitten in einer Wiese liegt eine inselartig bewachsene Doline, in der das kurz zuvor austretende Quellwasser versickert. Alternativ gelangt man, ebenfalls zu Fuß, vom oberhalb des Tales liegenden Wanderparkplatz P55 Blasenberg (Verbindungsstraße von Sirchingen nach Dottingen) zum Auentalbrunnen. Über Feldwege gelangt man nach 1,1 km zu dem vom Hang aus sichtbaren Biotop.

Eine heiße Angelegenheit war das hier mal, im Auental oder Upfinger Ried. Im Untergrund liegen zehn der über 350 bekannten Schlote des Schwäbischen Vulkans. Jenem 56 Kilometer breiten Vulkangebiet, das vor 17 bis 11 Millionen Jahren aktiv war. Die wasserstauenden Schichten haben die Siedler nach der Eiszeit auf der kargen Alb stets mit dem kostbaren Nass versorgt. Der Regen konnte nicht oder nur langsam ablaufen. Und so bildeten sich im Ried Quellen heraus, Feuchtwiesen entstanden.

Der Auentalbrunnen ist der bekannteste dieser Quellaustritte. Er tritt am Nordrand eines etwa 300 m langen und 150 m breiten quer zum Tal liegenden Maares aus. In dieser trichterförmigen Mulde werden an mehreren Austrittsstellen schwarze Basalttuffe aufgewirbelt. Ein kleiner Teich bildet mit Sitzbänken, umgeben von typischer Vegetation, eine Insel mitten in der Wiesenlandschaft. Das Wasser verschwindet nach nur fünfzehn Metern wieder in einer Doline am Rande des vulkanischen Geländes in den verkarsteten Kalksteinen des Oberjura – einem sogenannten Schluckloch. Wenn man genau hinhört, trifft es die Bezeichnung „Gluckloch" etwas treffender.

Die fast sechs Hektar große Riedfläche ist seit 1995 Naturschutzgebiet, eine der selten gewordenen Nasswiesen auf der Kuppenalb. Auf den ersten Blick unspektakulär, bietet das Gebiet jedoch Lebensraum für über 30 Vogelarten, von denen die Hälfte auf der Roten Liste der gefährdeten Arten auftaucht – dazu zählen die Wachtel und das Braunkehlchen. Außerdem wurden bislang 21 Tagfalterarten zwischen den Röhrichten entdeckt.

Tipp

Im Lonsinger Tal, etwa 2,2 km südwestlich der Kirche, gibt es mitten in der ausgedehnten Grünlandschaft einen Hungerbrunnen. Nach besonders nassen Perioden quillt hier, in dem 2,5 km langen, schmalen Trockental, eine Quelle. Sie speist den bei Gomadingen (auf Höhe der Kläranlage) in die Lauter fließenden Gächinger Bach. Das Naturphänomen ist durch einen flachen Steinhaufen gekennzeichnet: Ausgangspunkt ist der Wanderparkplatz an der L 380 beim Grillplatz St. Johann. Von dort dem Feldweg stets nach Süden folgen. Nach 300 m biegt der Weg nach Westen ab, um dann, an einem Strommasten vorbei, in das Trockental zu führen. Nach 1,2 km ist rechts der Steinhaufen sichtbar.

75 EISENRÜTTEL – DOTTINGEN

Der ruhende Vulkan

Lage
Rund 1,5 km nordwestlich der Kirche von Münsingen-Dottingen im Waldgebiet eines Bergkopfes.

Koordinaten
GMS 48°26'5,2"N 9°25'29,8"O

Erreichbarkeit
An der Dottinger Kirche führt die Fölterstraße bergaufwärts als Gemeindeverbindungsstraße nach Sirchingen. Sie führt vom Wanderparkplatz am Orts- und Waldrand (Buchhalde) nach 100 m zum Skilift (weitere Parkplätze). Und von dort nach rund 1,3 km an dem im Wald liegenden Vulkanmaar Eisenrüttel vorbei. Der liegt etwa 100 m westlich der Straße, kurz vor der Bergkuppe. Links der Straße liegen, etwa 500 m vor dem Eisenrüttel, mehrere Dolinen auf der Lichtung. In einer versickert das aus dem mittleren Eisenrüttel entspringende Wasser. Auf der Hochfläche gelangt man über einen Waldweg zur zweiten Quelle des nördlichen Eisenrüttels. Sie ergießt sich in einen kleinen See. Empfehlenswert ist der 5,6 km lange Rundweg um das Vulkanmaar ab dem Startpunkt Parkplatz Buchhalde, über den Sportplatz bergaufwärts und am Skihang bergabwärts wieder zurück.

Über 350 Vulkanschlote hat man im weiteren Umkreis von Bad Urach bisher entdecken können. Sie sind durch eine folgenreiche Kollision entstanden: Als sich durch die Verschiebungen der Kontinentalplatten die Gebirge auffalteten, riss die Erde unter der Schwäbischen Alb auf und bot den im Erdinneren wirkenden heißen Gesteinen die Möglichkeit, die Deckschicht des Jura-Gesteins zu durchschlagen und „Dampf abzulassen". Das ereignete sich vor 17 bis 11 Millionen Jahren.

Den Ursprung haben die zwischen wenigen Metern und einem Kilometer Durchmesser großen Schlote in einer tief liegenden Magmakammer. Die ist zwar zwischenzeitlich abgekühlt, aber immer noch so heiß, dass beispielsweise in Beuren Thermalwasser gefördert werden kann. Normalerweise verhinderte das erkaltete Magma, dass Lava austreten konnte. Eine seltene Ausnahme ist jedoch der Eisenrüttel, wo unterirdische Lavaströme den Weg nach oben fanden und als hartes Basalt versteinerten.

Dieses Baumaterial war begehrt und wurde Ende des 19. Jahrhunderts abgebaut. In den Senken bildeten sich von einer Quelle gespeiste Seen. Eine davon ergießt sich aus einem Rohr etwa vier Meter unter der Bodenoberkante in die rund 20 m tiefe Senke und speist so ein Feuchtbiotop von etwa 500 Quadratmeter Fläche. Das Wasser der mittleren Eisenrüttel-Quelle liegt 450 m westlich der Straße. Es versickert nach rund 300 m in der Doline eines kleinen Dolinenfeldes.

Tipp

Der vielleicht schönste Aussichtsberg der Mittleren Alb mit Blick nach Südosten – die „Schwende" – liegt rund 500 m Luftlinie östlich des Eisenrüttels. Man folgt der Straße von Dottingen Richtung Sirchingen bis auf die Kuppe und biegt an der dortigen Kreuzung nach rechts Richtung Rietheim ab. Am Waldausgang liegt rechts der Grillplatz. Von hier hat man einen herrlichen Ausblick auf Schloss Uhenfels und die Münsinger Alb.

76 „WOLFGANGSEE“ BEI GRAFENECK

Eine herzogliche Schwemme

Lage
Der Teich liegt nördlich von Schloss Grafeneck an der L 247.

Koordinaten
GMS 48°23'53"N 9°26'3"O

Erreichbarkeit
Vom Gomadinger Teilort Marbach auf der L 247 parallel zur Bahnlinie Richtung Schloss Grafeneck. Rund 1 km nach der Auffahrt führt die Straße auf einer Brücke über den Doldersbach, der direkt neben der Bahnlinie aus dem „Wolfgangsee" austritt. Kurz danach ist eine Feldweg-Kreuzung, wo man parken kann.
Von Münsingen/Steingebronn kommend von der L 230 am „Marbacher Dreieck" auf die L 247 Richtung Grafeneck abbiegen. Nach 450 m links zum Teich.

„Eine Wassergrub oder ein Wasser darin man etwas schwemmet, meist Tiere“, so lautet vor tausend Jahren die Definition für eine Wette, die wiederum eine Stelle in einem Bach ist, an der Pferde oder Vieh gesäubert und getränkt werden können. Bei Hitze bot sich die Schwemme auch zur Abkühlung der Arbeits- und Zugtiere an. Damit der Grund des Teichs beim Betreten nicht aufgewühlt und getrübt wurde, waren Holzstämme ausgelegt. Eine solche Rossschwemme gab es nördlich von Schloss Grafeneck im Außenbereich des Gestüts Marbach. Diese „Herzogliche Pferdeschwemme“ war bis in die 1980er-Jahre stark verlandet. Man erkannte jedoch das Potenzial und ließ sie ausbaggern. Und mittlerweile ist dort ein wunderschönes Biotop entstanden. Die Nähe zur querenden Landesstraße stört beim Genießen genauso wenig wie die ab und zu gemächlich vorbeituckernden Triebwagen der Schwäbischen Alb-Bahn.

Der mit Uferpflanzen umrahmte Teich wird vom Dolderbach gespeist. Der entspringt am Westrand von Münsingen als Stadtbach an der Wiesentalstraße und fließt nach 2,6 km bei Marbach in die Lauter. Den Namen „Wolfgangsee“ hat das Gewässer erhalten, weil sich der von 1974 bis 1994 die Geschicke des Gestüts leitende Landesoberstallmeister Dr. Wolfgang Cranz für die Rekultivierung eingesetzt hat. Der Bezug zum bekannten Alpenrandsee im Salzkammergut hatte noch einen weiteren Hintergrund. Weil seinerzeit Bundeskanzler Helmut Kohl seinem Lieblings-Urlaubsdomizil am österreichischen Wolfgangsee eine weltweite mediale Präsenz verschafft hatte, wollte Gomadingen mit der Namensgleichheit einen gewissen touristischen Anreiz schaffen. Während die meisten Touristen den See bei einem Spaziergang lediglich erkunden, hat ein spezieller Gast den Teich als sein Lieblingsdomizil erkoren: der Biber. 2017 sorgte er für Schlagzeilen, weil er ohne Baugenehmigung der Landesregierung den Seeauslauf mit Holzstämmen verbarrikadiert hatte. In der Folge wurde der Bahndamm unterspült. Der Bauhof musste eine Sickerleitung einbauen.

Tipp

Das um 1560 erbaute Schloss Grafeneck ist seit 1947 eine diakonische Einrichtung für Menschen mit Behinderung, seit 1990 zusätzlich eine Erinnerungs- und Mahnstätte für die 10654 Opfer der nationalsozialistischen Euthanasie-Verbrechen. Seit 2005 wird die Gedenkstätte durch ein Dokumentationszentrum mit der Dauerausstellung „Grafeneck 1940 – Krankenmord im Nationalsozialismus“ ergänzt. Die Samariterstiftung betreibt ein Schlosscafé als Begegnungsort mit Glaspavillon auf der Terrasse mit herrlichem Lautertal-Blick. Geöffnet an allen Sonn- und Feiertagen von 14–18 Uhr (Winterhalbjahr bis 16 Uhr).
www.gedenkstaette-grafeneck.de
www.gomadingen.de

77 KALTENTALWEIHER – BAD URACH

Der verborgene See

Lage
Der einen Hektar große See liegt in einem Seitental hinter dem Campingplatz Pfählhof zwischen Bad Urach und Grabenstetten.

Koordinaten
GMS 48°30'13"N 9°25'40"O (Parkplatz Pfählhof)
GMS 48°31'2"N 9°26'7"O (Kohlteichweiher)
GMS 48°30'49"N 9°25'39"O (Kaltentalweiher)

Erreichbarkeit
Am östlichen Ortsende von Bad Urach am Friedhof von der B28 in die L211 Richtung Grabenstetten abbiegen. Nach 1,7 km befindet sich rechts der Wanderparkplatz 20 gegenüber des Campingplatzes Pfählhof. Man quert die Straße und folgt dem Hinweisschild „Kaltentalweiher". Im Halbschatten führt ein Waldweg über eine große Spazierrunde nach 3,4 km zunächst moderat aufwärts in den Waldhang (mit rund 100 m Trampelpfad) und von dort in einer Schleife abwärts in den Norden des Kaltentalweihers. Auf dieser langen Streckenvariante passiert man den idyllischen kleineren „Kohlteichweiher" nach 1,7 km. Der direkte Weg zweigt bereits nach 1,1 km links ab, und führt, vorbei an der „Villa Hügel", nach 250 m zum östlichen Seeufer. Das Gewässer ist nach einem Kilometer umrundet. Für den Rückweg vom westlichen Seeufer wählt man nach 200 m am Waldrand an einer Wegespinne die linke Variante. Sie führt über einen Wiesenweg an einem Ponyhof wieder zum Campingplatz.

Auf der Liste der Plätze, die man in Bad Urach gesehen haben muss, fehlt oft der idyllische Kaltentalweiher. Er liegt versteckt in einem naturbelassenen Seitental und ist touristisch kaum frequentiert. Das verwundert, weil die wasserarme Alb so gut wie keine weitere Gewässerfläche vergleichbarer Größe zu bieten hat und dieser See deshalb eine Besonderheit erster Güte darstellt. Mit einer Länge von rund 300 m und einer Breite von bis zu 80 m hat dieser rund einen Hektar große See beachtliche Ausmaße, sogar eine Insel gibt es. Er lässt sich bequem umrunden, etliche Bänke bieten Platz zum Ausruhen oder Picknicken (Müll bitte wieder mitnehmen!).

Das Gewässer ist ein wahres Naturspektakel, es glitzert in allen

Farben. Im goldenen Herbst ist der Weiher ein einziger Farbenrausch. Zahllose Tier- und Pflanzenarten haben sich hier ausgebreitet. Libellen, Fische, Enten, sogar der Eisvogel. Zoologisch und biologisch Interessierte finden ein einzigartiges Beobachtungsgebiet. Er wird gespeist vom nie versiegenden Kaltenbach, der sein Einzugsgebiet auf der Hülbener und Grabenstetter Hochfläche hat. Das Feuchtgebiet ist im Naturschutzjahr 1975 als Beitrag der Landesforstverwaltung zum Programm „Schutz der Feuchtbiotope Europas" konzipiert und bis 1979 als unmerklicher Stausee angelegt worden.

Und es gibt auch ein bauliches Kleinod: Das Kaltentalhäusle – die „Villa Hügel" – erbaut vom gleichnamigen Forstmeister Philipp Freiherr von Hügel. Der schuf zwischen 1857 und 1887 die Grundlage für den Uracher Fremdenverkehr. In dem Häuschen weilte auch die württembergische Königstochter Prinzessin Marie.

Tipp

Der Lauereckfels, nördlich oberhalb des kleinen Kohlteichweihers, gehört zu den kleinen, sehr seltenen Lebensräumen der Felsbiotope. In der spärlichen Erde wachsen Pflanzen, die sich an die extremen Temperaturunterschiede von bis zu fünfzig Grad am Tag gewöhnt haben. Von der Bank am Aussichtspunkt blickt man mit wunderbarer Sicht Richtung Bad Urach. Vom Kohlteichweiher führt ein 550 m langer Abstecher über einen steinigen Pfad hinauf zu dem „himmlischen Plätzchen".

78 ZIPFELBACH | RANDECKER MAAR – OCHSENWANG

Die 20 Quellen des Maarsees

Lage

Das Naturschutzgebiet Vulkanschlot Randecker Maar mit den Quellen des Zipfelbachs liegt am Albtrauf östlich von Ochsenwang, Teilort von Bissingen/Teck.

Koordinaten

GMS 48°34'25"N 9°31'5"O (Hauptquelle Zipfelbach am Kraterrand)
GMS 48°34'33"N 9°31'42"O (Beginn der Zipfelbachschlucht)
GMS 48°35'0,2"N 9°32'6,6"O (Wanderparkplatz am Ende der Schlucht)

Erreichbarkeit

Der Vulkanschlot Randecker Maar wird von der L 1212 zwischen Schopfloch, Randeck (730 Hm) und Hepsisau (sowie von der K 1254 zwischen Hepsisau und Ochsenwang (770 Hm) am Albtrauf durchquert. Außerdem führt die K 1250 am oberen Krater entlang von Schopfloch nach Ochsenwang. Entlang der 2 km langen K 1250 liegen fünf Wanderparkplätze. Ein weiterer am östlichen Ortsrand von Ochsenwang, an der Steige der K 1254 hinab nach Hepsisau. Am Kraterrand (756 Hm) und auf halber Höhe führen ausgeschilderte Rundwanderwege entlang und auch zum tiefsten Punkt (656 Hm) hinab. Von dort fließen die Quellen des Zipfelbachs aus dem Krater in eine wilde, enge Schlucht. Egal, von wo man sich auf den Weg macht, empfiehlt es sich, am südlichen Kraterrand (Hofgut Ziegelhütte) die Infotafeln mit Übersichtskarten aufzusuchen.

Eine halbrunde, trichterförmige Ausbuchtung am ansonsten steil abfallenden Nordtrauf der Schwäbischen Alb: Das Randecker Maar ist das imposante Überbleibsel des größten Vulkanschlots des Uracher-Kirchheimer Vulkangebiets. Der Durchmesser beträgt rund 1,2 km. Es muss ein spektakuläres Ereignis gewesen sein, als nach heftigen Erdbeben aus dem Erdinneren aufsteigende, glutflüssige Gesteinsschmelze (Magma) auf Grundwasser traf. Das führte zu einer gewaltigen Explosion, bei der die darüber liegenden Gesteinsschichten durchschlugen und in die Luft geschleudert wurden. Zeitzeugen gibt es freilich keine mehr – der Schlot ist vor rund 11 bis 17 Millionen Jahren entstanden. Im Laufe der Zeit sackte die Auswurfmasse wieder in den Kessel und verfestigte sich mit dem abgekühlten vulkanischen Gestein zu

Vulkantuff. Übrigens gibt es mehr als 350 dieser Schlote zwischen Reutlingen und Kirchheim. Allerdings sind sie alle viel kleiner.
In Randeck sammelte sich auf dem wasserstauenden Untergrund ein See. Er existierte viele Millionen Jahre lang und bildete ein Maar (von spätlateinisch „mara" = See). Durch das Hineinschwemmen von Sedimenten entstand eine 100 m hohe Ablagerung. Weil das Gewässer verlandete, spricht man auch von einem Trockenmaar. Viele pflanzliche und tierische Fossilien geben einen einzigartigen Einblick in eine für die Alb unvorstellbare Lebenswelt eines subtropischen Klimas: Versteinerungen von Krokodilen, Sumpfschildkröten und Elefanten. Am Kraterrand wuchsen Palmen und Akazien. Wer's nicht glaubt, besucht die präparierten Funde im Staatlichen Museum für Naturkunde in Stuttgart oder im Urwelt-Museum Hauff in Holzmaden. Das 110 ha große Gebiet ist mittlerweile zum Nationalen Geotop erklärt worden. Ausgetrocknet ist das Maar freilich nicht: Über zwanzig Quellen entspringen im hundert Meter tiefen Erosionskessel und bringen dem durch eine wilde Schlucht entwässernden Zipfelbach ständig Zulauf. Die Quellen – in den Maarhängen gut am Bewuchs zu erkennen – sorgen am Grund für feuchte Böden und nährstoffreiche Wiesen, während oberhalb durch jahrhundertelange Schafbeweidung insektenreiche Magerwiesen entstanden sind.

Tipp

In der schattig-feuchten Zipfelbachschlucht ist seit 2009 die Waldwirtschaft eingestellt worden. Der Wald kann sich hier ungestört zum Urwald entwickeln. Bereits jetzt gibt es viel Totholz – Lebensraum für seltene Tier- und Pflanzenarten, insbesondere für den Feuersalamander. Am Kraterausfluss am Waldrand (659 Hm), direkt neben der L 1212, beginnt ein 1 km langer Wanderweg. Er verläuft auf schmalen Pfaden und über Holzbrücken neben dem Wildbach bis zum Parkplatz Stelle bei Hepsisau auf 493 Hm.

79 SCHOPFLOCHER MOOR

Das größte Moorgebiet der Alb

Lage
Das Schopflocher Moor liegt am Albtrauf zwischen Lenningen-Schopfloch und Ochsenwang, Teilort von Bissingen/Teck.

Koordinaten
GMS 48°33'47"N 9°31'32"O (Parkplatz Schopfloch Torfgrube)

Erreichbarkeit
Auf der L1212 von Lenningen-Schopfloch zunächst nach 1 km zum Naturschutzzentrum Schopflocher Alb. Von dort nach weiteren 1,7 km zur Abzweigung auf die K1250, die Richtung Ochsenwang führt. Nach 200 m befindet sich links der Wanderparkplatz Torfgrube an der Abfahrt zum Landgasthof ALBENGEL im Otto-Hoffmeister-Haus. Nach weiteren 250 m, an der Gaststätte vorbei, erreicht man den Zugang zum Naturschutzgebiet (Informationstafeln). Durch und um das Moor herum gibt es einen rund 2,3 km langen Rundweg. Zunächst quert man das Moor. Der Weg führt in die bewaldete Kernzone, über mitunter rutschige Holzschwellen (aber barrierefrei) zu einem Tümpel und dann nach Süden auf einem Feldweg entlang des Randgebiets an zwei Dolinen vorbei zurück zur Gaststätte. Wer am Tümpel rechts abzweigt und das Moor nordwestlich umrundet, erreicht nach 1,5 km den Aussichtspunkt am Randecker Maar (Ziegelhütte).

Das Schopflocher Torfmoor ist das bedeutendste, größte und zugleich am höchsten gelegene Hochmoor der Schwäbischen Alb. Im Gegensatz zu den Moorlandschaften in Oberschwaben wird das 756 Meter hochgelegene Hochmoor auf der Alb ausschließlich aus Niederschlägen versorgt. Die mittlere Niederschlagsmenge auf der Schopflocher Berghalbinsel liegt bei über 1000 mm im Jahr. Seine Entstehung verdankt das Moor einem ehemaligen Vulkanschlot. Durch die Verwitterung von Basalttuff, der aus der vormaligen Erdöffnung stammt, hat sich hier eine wasserundurchlässige Tonschicht gebildet. In der Auswurfmulde des Vulkans entstand daraufhin ein Maarsee, der nach der Eiszeit, vor 10000 Jahren, verlandete. Schilf und Seerosen bedeckten die Oberfläche, Torfmoose siedelten sich an und bildeten, nachdem sie abgestorben waren, immer höhere

Schichten, die sich zu einem Hochmoor aufwölbten. Die Landschaft wandelte sich zur Heide, mit Birken, Heidekraut und Preiselbeeren. Im Jahr 1783 soll ein Reiter, der mit seinem Pferd in das Moor eingesunken war, auf die Idee gekommen sein, dass sich der gestochene Torf abbauen und als Heizmaterial verkaufen lässt. Wenngleich bis ins Jahr 1900 ein Großteil des Moores trockengelegt und der sich in den Jahrhunderten gebildete Torf abgebaut wurde, haben sich bis heute noch Lebensräume für seltene Tiere (Molcharten) und rund 280 Pflanzen erhalten. Bereits 1942 wurde das Moor vom Schwäbischen Albverein gekauft, daraufhin unter Naturschutz gestellt und 2007 auf 76 Hektar erweitert.

Das einzigartige Moor zeigt mit seiner Vegetation eine für die verkarstete Albhochfläche völlig untypische Wuchsform. So wirkt der Heidelbeer-Kiefernwald geradezu exotisch. Um die Moorflächen offen zu halten, bedarf es ebenfalls ungewöhnlicher Gäste: Schottische Hochlandrinder werden zur Beweidung eingesetzt. Das Moor wird über drei Dolinen (am Rundweg) entwässert, die sich außerhalb des Vulkanpropfens im löchrigen Kalk gebildet haben. Das Wasser fließt nach Gutenberg, wo es aus dem Höllsternbröller (Seite 238) in die Lauter fließt.

Tipp

Im Naturschutzzentrum Schopflocher Alb wird die faszinierende Welt der Albtraufregion erklärt. An zahlreichen, interaktiven Stationen können die Besucher die Geologie und Landschaft sowie die Natur selbst entdecken. Informationen zum Albvulkanismus und Karst, wie auch Hintergründe zu den Lebensräumen Wald, Wacholderheide und Streuobstwiese. Im „Kabinett der Artenvielfalt" werden 120 typische Tiere und Pflanzen vorgestellt. Zahlreiche Führungen und Erlebnisangebote gehören zum wechselnden Programm. Öffnungszeiten von Mai bis Oktober: Di–So von 10–17 Uhr. Im Winterhalbjahr: Di–Fr von 13–16 Uhr, an Sonn- und Feiertagen von 11–17 Uhr.
www.naturschutzzentrum-schopfloch.de

SCHMIECHENER SEE

Vogelschutzgebiet von europäischem Rang

Lage
Das Natur- und Vogelschutzgebiet Schmiechener See liegt zwischen Schelklingen und Allmendingen.

Koordinaten
GMS 48°21'39"N 9°43'20"O (Schmiechener See, Parkplatz FC Schmiechtal)
GMS 48°20'6,2"N 9°43'31,6"O (Quelltopf Springe)

Erreichbarkeit
Auf der B492 südlich von Schelklingen die Abzweigung nach Schmiechen nehmen. Nach 500 m führt die Hauptstraße in einer Rechtskurve in den Ort und weiter Richtung Mehrstetten/Münsingen. Hier links in die Straße Am Steinsberg abzweigen, die die Bahnlinie und die B492 unterquert. Nach 400 m erreicht man den Parkplatz des FC Schmiechtal. Hier beginnt ein 5 km langer Rundweg, meist auf asphaltierter Strecke.
Dem Feldweg folgend gelangt man nach 300 m zu einer Gabelung. Beide Wege führen zum Schmiechener See und als Rundweg auf der anderen Seite wieder zurück. Der rechte Weg erreicht nach 700 m das West-, der linke nach 800 m das Ostufer des rund 1 km langen Sees. An dessen Südostspitze gibt es eine kleine Aussichtsplattform (2,1 km vom Parkplatz entfernt).
Kürzerer Variante: Im Norden von Allmendingen von der B492 nach Osten in den Siegentalweg einbiegen und sofort nach links in die Straße An der Springe abzweigen. Die verläuft zunächst parallel zur Bundesstraße und schwenkt dann 1 km bergaufwärts an landwirtschaftlichen Gebäuden vorbei bis zu einer Kreuzung auf die Anhöhe oberhalb des Sees (zu dem es geradeaus weiter geht). Wegen Fahrverbotes zweigt man aber hier rechts ab, zwischen einem Steinbruch und einem Hangwald, nach 500 m kommt ein Parkplatz und von dort geht man etwa 700 m abwärts zur Aussichtsplattform.

So kann es gehen, wenn man nicht alles wegräumt: Als die Urdonau vor rund 200 000 Jahren wegen der Hebung der Alb ihren Lauf nach Süden verlegen musste, den sie Millionen von Jahren beibehalten hatte, ließ sie eine Senke zurück. Diese bildete sich zu einem stehenden Gewässer – dem Schmiechener See (530 Hm) – oder einfach „Dr

Sai", wie er in der Umgegend genannt wird. Denn der lehmige Untergrund verhindert, dass das Wasser versickern kann. Und die von der Schmiech und der Aach aufgespülten Schuttkegel schnürten das dadurch abflusslose Becken ab. Zulauf bekommt der einzige große Natursee der Alb durch den kleinen, etwas nördlich entspringenden Siegenbach, der die Niederschläge des benachbarten Schelklinger Bergs (653 Hm) und des Steinsbergs (658 Hm) aufnimmt. Damit

ist der bis zu 2 m tiefe Schmiechener See nicht nur die letzte Urlandschaft der Mittleren Alb, sondern eine internationale Besonderheit: Er zählt zu den ganz wenigen astatischen, also temporären, Flachwasserseen Mitteleuropas.

Als solcher hat das Gewässer eine stark schwankende Größe. Die Ausdehnung kann nach niederschlagsreichen Phasen 50 Hektar, bei Hochwasser gar 75 Hektar betragen. Hingegen gibt es trockene Sommer, wo lediglich kleinere Wasserstellen übrigbleiben. Mittlerweile kann man wegen der zugenommenen Verlandung eher von einem Sumpfgebiet, als von einem See sprechen. In seinen „besseren Zeiten" war der Schmiecher See zuletzt 1988 über die gesamte Fläche mit einer geschlossenen Eisschicht bedeckt.

Das Positive an der Verlandung ist seine Attraktivität für Wasservögel. Die ausgedehnten Großseggenriede und andere typische Pflanzengesellschaften bilden das wichtigste Brutgebiet auf der Alb. Deshalb wurde der See bereits 1973 als Naturschutzgebiet ausgewiesen und später sogar in das Schutzgebietsnetz Natura 2000 aufgenommen. Dabei handelt es sich um eine EU-weite Vernetzung von Arealen mit besonderer Schutzfunktion, speziell für Vögel. Der Schmiechener See ist Teil dieser etwa 15,5 Prozent der deutschen Landfläche und 45 Prozent der deutschen Meeresküsten abdeckenden Zonen. Für den Besucher wird das am Vorkommen von 198 Vogelarten, davon 52 hier brütende, deutlich: Darunter die bedrohte Krick- und Knäkente, der Wasserralle, die Rohrweihe, Zwergtaucher und Kiebitz.

Damit der artenreiche See nicht völlig von Schilf, Weiden und Büschen überlagert wird, kommen ungewöhnlich exotische Helfer zum Einsatz: Albbüffel werden hier zum Grasen eingesetzt. Meist ab Ende Mai sind sie hier anzutreffen, während die beste Zeit für die Vogelbeobachtungen zwischen Mitte April und Anfang Juni liegen.

Tipp

Im Norden von Großallmendingen liegt die Karstquelle der skurrilen Springe. Mit nur 200 m Länge ist sie einer der kürzesten Flüsse auf der Alb. Sie mündet in die Kleine Schmiech, einem Seitenarm der Schmiech. Aus deren Versickerungsstellen stammt wiederum das Wasser der Springe. Ihr 25 m langer Quelltopf mit bis zu 1 000 Liter in der Sekunde ist in einem ovalen Becken gefasst, dessen Boden mit Schotter aus Weißjura bedeckt ist. Anfahrt: Von der B492 am nördlichen Ortsende in die Hauptstraße einbiegen. Nach 60 m erreicht man den Quelltopf.

BLAUER STEINBRUCH – EHINGEN/DONAU

81

Wie eine Lagune im Tropenmeer

Lage
Der See liegt in einem ehemaligen Steinbruch im Westen von Ehingen/Donau.

Koordinaten
GMS 48°17'21"N 9°41'30"O (See)
GMS 48°17'28"N 9°40'11"O (Gesundheitsbrünnele)

Erreichbarkeit
Von der B311 Richtung Marchtal am südlichen Stadtende von Ehingen nach rechts in die K7414 nach Schlechtenfeld/Lauterach einbiegen. Nach 500 m rechts in die Weiherstraße abzweigen, die mündet nach 400 m in die Albstraße. Der folgt man nach links ansteigend zunächst durch ein Wohngebiet. Nach 750 m, auf der Hälfte einer parkähnlichen Grünfläche, zweigt an einer Kreuzung rechts der Wittumweg ab. In diesem Bereich beginnt der „Eiszeitpfad Stoffelbergrunde“. Man sucht eine Parkmöglichkeit und folgt dem Feldweg nach links, der nach 100 m zum südlichen Seeufer führt. Ein 900 m langer naturnaher, daher nicht barrierefreier, Rundweg führt um den See. Oberhalb der steilen Böschungen gibt es Aussichtsterrassen. Am Weg stehen Ruhebänke, es gibt eine Grillstelle und einen Spielplatz.

Der Blaue Steinbruch erinnert ein wenig an die Spielfilmromanze „Die blaue Lagune“. Beide Orte liegen in der Südsee. Wobei das im Falle des kraterähnlichen Sees von Ehingen schon etwas länger her ist. Vor 20 bis 17 Millionen Jahren wurde der südliche Teil der Schwäbischen Alb zum bislang letzten Mal von einem tropischen Meer überflutet, das sich zwischen dem Genfer See, dem Wiener Becken und den seinerzeit noch südlicheren Alpen erstreckte. Hätte es Ehingen damals schon gegeben, wäre es wohl eine Stadt an der Kliffkante der 200 km langen Nordküste gewesen. Im Hinterland Savannensteppen mit Nashörnern, Bärenhunden und Säbelzahnkatzen, im Molassemeer bis zu 12 m lange Haie, Delfine, Rochen, Seekühe und Pottwale. Heute mutet die Tierwelt im 5,2 Hektar großen Blauen Steinbruch etwas beschaulicher an: Vielleicht furchterregend ausschauend, aber harmlos, tummeln sich hier

Amphibien und Reptilien, wie Molche und Ringelnattern. Zwergtaucher und Reiherente brüten zwischen vielen Insektenarten am Ufer des 1980 ausgewiesenen Naturschutzgebietes. Als Besucher erlebt man Idylle pur bereits nach den ersten Schritten, wird aber nicht nahe genug herankommen. Einerseits ist das Kerngebiet der Schutzzone – mit über 260 höheren Pflanzenarten, davon viele von der Roten Liste – eingezäunt. Anderseits verhindern steile Felshänge ein Begehen des 530 bis 570 m hoch gelegenen Schutzgebiets. Dafür hat man

von der Terrasse der nördlichen Felsfront einen spektakulären Blick auf den See – wie einst von den Klippen in die Lagune.
Entstanden ist die Ausbuchtung in den späten 1920er-Jahren. Seinerzeit wurde nach gut 40 Jahren die Zementherstellung eingestellt, dessen Rohstoff man hier aus der Erde holte. Geologisch formuliert gründet der Steinbruch auf Weißjura zeta, in dessen Schichtung unter den liegenden Bankkalken Zementmergel folgt. Dieser besonders kalkhaltige Mergel war so begehrt, dass in Ehingen die modernste Zementfabrik im Königreich Württemberg entstand. Damals weitab der Altstadt. Bis Mitte der 1960er-Jahre blieb das ausgebaggerte Terrain sich selbst überlassen, wurde teils durch Erdaushub aufgefüllt und kam dann in die engere Wahl einer Mülldeponie. Da hatte sich aber bereits eine artenreiche Flora und Fauna entwickelt, deren Erhaltung als Lebensraum man glücklicherweise für wichtiger befand. Das sich als See hier sammelnde Regen- und Grundwasser erhielt seine blaue Färbung vom hohen Tonanteil des Mergels.

Tipp

Eine versteckt im Wald liegende Besonderheit ist das Gesundheitsbrünnele (628 Hm). Die alten Ehinger schwören, dass sein glasklares Wasser besonders heilkräftig sei. Das Geotop als kleiner Stauweiher sammelt mehrere Quellen, die aus einem 100 m breiten Hangabschnitt entspringen. Das mit Natursteinen gefasste Brünnele liegt als zweite Station am Rundweg „Stoffelbergrunde“ (2,2 km vom Parkplatz beim Blauen See).

Alternativ: In Altsteußlingen die neue B465 in der Kurve am Ortsende verlassen und geradeaus der Alten Heerstraße zur sehenswerten Schönstattkapelle auf der Höhe des Stoffelbergs folgen (sonn- und feiertags Fahrverbot). Von dort auf geschotterter Straße zunächst 300 m durch den Wald, dann 2 km an dessen Rand abwärts zum Wanderparkplatz am Waldkindergarten Ehingen. Rund 350 m oberhalb des Parkplatzes (und 50 m vor einer breiten Waldlichtung) führt der „Stundensteinweg“ nach 550 m zur Eschenbachhütte und geradlinig weiter westwärts nach 400 m zum Brünnele unterhalb des Hangweges.

FEUER

Bröller | Brunnen | Hülen

82 HECKENTALQUELLE – NUSPLINGEN

Bringt die Sprachlosen zum Sprechen

Lage
Die Heckentalquelle liegt 800 m nördlich des Rathausplatzes von Nusplingen (Zollernalbkreis).

Koordinaten
GMS 48°8'19"N 8°53'21"O (Bröller)

Erreichbarkeit
Von Unterdigisheim auf der L 433 nach Nusplingen. Am Ortsbeginn, auf Höhe der Sportanlage, in die Straße Eichhalde nach rechts abbiegen. Dieser 200 m am Waldrand entlang folgen bis zur Abzweigung rechts in die Sackgasse Im Heckental (Parken). Nach 150 m, wo die Straße in einen Feldweg übergeht, führt ein öffentlicher Fußweg entlang des Baches zwischen der ehemaligen Mühle zu der dahinter im Hang liegenden Quelle.

Bis vor dem Dreißigjährigen Krieg speiste die Heckentalquelle ein Heilbad. Die Mayenbad genannte Einrichtung war in der Umgegend bekannt und wurde von allen Schichten der Bevölkerung rege aufgesucht. Kein Wunder, denn laut einer Beschreibung des Bades von 1617 hieß es werbewirksam: „Es bringt die unfruchtbaren Weiber zur Frucht ihrer Geburt, nimmt hinweg die Gelbsucht, macht eine glatte, saubere Haut, zeucht die böse hitzige Fluß vom Haupt herab, tut verhindern den künftigen Aussatz, heilt alte, böse Apostemata (Geschwüre), ist gut für müde Glieder, ist für Melancholie nit undienlich. Zu allem bringt das Wasser den Sprachlosen wieder ihre verfallene Red, so in vielen Jahren nit haben reden können." Da ist man sprachlos. Bedauerlicherweise hat die Heilkraft, vermutlich durch zu ausgiebige Nutzung, im Laufe der Jahre nachgelassen. Um 1623 wurde die Anstalt geschlossen. Immerhin gibt es zwischenzeitlich wieder eine Kneippanlage.

Nachschub liefert die mitunter stärkste Karstquelle des Bäratals durch eine Öffnung im Weißjura-Felsen unterhalb des 960 m hohen Roßbergs. Die mittlere Schüttung beträgt 80 Liter/Sekunde. Sie ist so stark, dass – bis in die

Nachkriegszeit – kurz nach ihrem Austritt zwei Mühlen angetrieben werden konnten. Kein Wunder, dass sich im Ort lange die Ansicht hielt, innerhalb des Rossberges läge ein gewaltiger See. Nicht auszudenken, wenn er eines Tages gänzlich auslaufen, schlimmer noch: wenn der Berg bersten würde.

Wie es sich mit dem mutmaßlichen See verhält, versuchte deshalb 1979 eine Gruppe der Kirchheimer Höhlenforschungsgruppe auf den Grund zu gehen. Ihr gelang es, rund 40 m in die Quellhöhle des Heckentalbaches vorzudringen. Wegen herabgestürzter Felsbrocken war ein weiteres Vorwärtskommen in der Wasserhöhle aber nicht möglich. Kanäle unbestimmten Ausmaßes im Bergineren muss es aber doch geben: Die Heckentaler Quelle hat einen ungewöhnlich hohen Gehalt an schwefelsauren Salzen (19,9 mg/l) und an Kochsalz (32,2 mg/l). Wahrscheinlich strömt aus der Tiefe Schwefelwasser des Schwarzen Jura dazu. Hingegen könnte der Salzgehalt aus höheren Schichten des Mittleren Muschelkalks stammen.

Tipp

Der Hummelbühl-Rundweg vorbei an der Quelle ist eine anspruchsvolle Rundtour für trittsichere Wanderer. Die rund 7 km lange Strecke durch abgelegene Wälder, skurrile Felslandschaften und hochalpine Aussichten überwältigt 240 Höhenmeter. Start am Rathaus.

www.nusplingen.de

83 NEUE HÜLBE – BITZ/ KÜHSTELLE – WINTERLINGEN

Die höchstgelegenen Wasser-Geotope

Lage
Die Hülbe von Bitz liegt südlich außerhalb der Gemeinde an der L488.

Koordinaten
GMS 48°14'11"N 9°6'3"O (Neue Hülbe, Bitz) 808
GMS 48°12'45"N 9°5'49"O (Hülbe an der Kühstelle Winterlingen)
GMS 48°7'56"N 9°58'27"O (Schwemme, Heinstetten)

Erreichbarkeit
Auf der L448 zwischen Ebingen und Freudenweiler/Neufra befindet sich rund 500 m östlich der Abzweigung der L449 nach Winterlingen ein großer Wanderparkplatz. Gegenüber dem Gewerbegebiet biegt man direkt zur Neuen Hülbe (808 Hm) ab. Hier startet der 5 km lange Rundweg „Bitzer Hilb", der zum nischenreichen Höhlen-Geotop „Hohle Fels" führt.
Die Kühlstelle mit Hülbe und bedeutenden Höhlen (Grillplatz Schelmenburg) liegt neben der L449 Richtung Winterlingen. Man fährt von der Abzweigung zur L448 rund 2,7 km weit bis zu einer auffallend langen Parkbucht. Von deren südlichen Ende sind es Luftlinie 260 m über die Straße bis zur Hülbe im gegenüberliegenden Waldhang. Waldwege führen 120 m nördlich und 300 m südlich der Parkbucht in den Wald. Alternativ startet man vom Wanderparkplatz Kühstellenhöhlen. Dorthin sind es von der Parkbucht aus noch 1,7 km bis zum Ende des Waldes. Hier biegt man rechts 400 m weit ab.

Sie gehört zu den Top 3 der am höchsten gelegenen Wasser-Geotope der Alb – die Neue Bitzer Hülbe. Mit Hülbe – im östlichen Teil der Alb auch Hüle oder Hilb genannt – bezeichnet man im oberdeutschen Sprachraum ein stehendes Gewässer. Das Wort stammt von den alamannischen Neusiedlern und ist ab dem 8. Jahrhundert als „huliwa" überliefert. Ihre geologisch ungewöhnlich exponierte Lage auf 808 Höhenmetern verdankt die Bitzer Hülbe einer Verwerfung. Die ist unter dem Namen Hohenzollerngraben bekannt. Dieser 28 km lange und bis zu 1,5 km breite Graben ist 100 bis 115 m tief abgesunken und maximal 3 km tief, aber paradoxerweise teilweise im Gelände schwach als Erhebung zu sehen. Man spricht von einer Reliefumkehr. Denn es handelt sich eigentlich um eine längliche Gesteinsscholle aus Weißem Jura beta, die aufgrund ihrer natürlichen Tieferlegung vor der Erosion geschützt wurde, während ihr Umfeld immer mehr abgetragen wird. Der Berg, auf dem der Hohenzollern steht, liegt mitten in diesem Graben und ist Teil dieser Gesteinsscholle. Fälschlicherweise wird der Hohenzollerngraben oft als Auslöser für die Erdbeben bei Albstadt genannt. Er liegt aber weit oberhalb der seismischen Aktivitäten, die sich in Tiefen zwischen 5 und 15 km zutragen.

Die Bitzer Hülbe ist die letzte von vormals fünf Hülben. Bis 1899 war das Dorf auf die Wasserspeicher als Viehtränken und auf 52 meist private Brunnen für das Trinkwasser angewiesen, ehe man das Quellgebiet der Starzel im Neuweiler Tal anzapfte und Leitungen verlegte. Die Hülbe hat einen Durchmesser von 30 m und bei normalem Wasserstand eine Tiefe von bis zu 2 m.

Das zweithöchstgelegene Hüle-Geotop an der Kühstelle (860 Hm), bereits auf Winterlinger Markung, war Tränke für das Vieh, welches man zur Waldbeweidung eingesetzt hatte. Die einst 30 m durchmessende und bis zu 1,50 m tiefe Hülbe ist auf einen Tümpel zusammengeschrumpft. Hundert Meter nordwestlich liegen die drei bedeutenden, bis zu 37 m langen Kühstellenhöhlen, mit Funden von Knochenresten eiszeitlicher Säugetiere und Artefakte aus unterschiedlichen Siedlungsepochen – zuletzt als Viehunterstände genutzt.

Tipp

Die kleine romantische tiefe Hülbe beim Meßstetter Teilort Heinstetten ist das am höchsten gelegene Wasser-Geotop auf 911 Höhenmetern. Die „Schwemme“ liegt unmittelbar links der L196 nach Schwenningen, 800 m nach dem Ortsende. Weitaus größer und parkähnlich aufgehübscht ist die Dorfhülbe direkt in der Ortsdurchfahrt – und sie liegt auch noch 2 m höher, hat aber keinen Schutzstatus.

WINTERLINGER RIED

Ein kleines Stück Oberschwaben auf der Alb

84

Lage
Das Naturdenkmal Unterer Weiher liegt zwischen Winterlingen und Benzingen unweit eines landwirtschaftlichen Anwesens.

Koordinaten
GMS 48°10'22"N 9°8'6"O (Unterer Weiher, Benzingen)

Erreichbarkeit
Von der B463 an der Abfahrt Winterlingen Süd auf der Sigmaringer Straße nach links 900 m bis in den Ort. An der ersten großen Kreuzung zweigt rechts die Riedstraße ab. Diese führt ortsauswärts (als landwirtschaftlicher Weg) nach 850 m zunächst zum Oberen Weiher (rechts am Weg). Dann an einem Bauernhof vorbei, entlang des Baches Büttnach, nach weiteren 500 m zur Abzweigung zum Unteren Weiher. Das Naturdenkmal erreicht man über einen ansteigenden Wiesenweg nach 200 m. Parkmöglichkeiten im Ort bietet das Naturfreibad Winterlingen. Von der Kreuzung fährt man 250 m ortseinwärts und biegt dann links in die Weiherstraße ein, von der es nach 60 m rechts zum Parkplatz geht.

Wer sich nach der lang gezogenen Fahrt von Bitz durch das Waldgebiet dem Ort Winterlingen nähert, wird an klaren Tagen mit einem Alpenpanorama überrascht, dessen Silhouette den Eindruck vermittelt, das Hochgebirge beginne gleich hinter dem Dorf. Man wähnt sich in Oberschwaben. Und so falsch liegt man da nicht. „Verstärkt wird der Eindruck durch den dunklen Moorboden, der schon an der Wasserscheide mitten im Ort beginnt und sich fast an die Ruine der Riedmühle hinabzieht“, befand im Juli 1954 Hans Müller in den Heimatkundlichen Blättern. Den Wohnplatz der 1718 erbauten Mühle, „eine viertel Stunde östlich vom Ort an einem Moor, wo sich den größten Teil des Jahres so viel Wasser aus mehreren Bachrinnen ansammelt, dass es ein oberschlächtiges Mühlrad treibt“, so die Oberamtsbeschreibung von 1880, gibt es nicht mehr. Aber deren künstlich angelegten, etwa 0,1 Hektar großen Unteren Weiher

(765 Hm) – heute ein traumhaftes Plätzchen, wo im Sommer unzählige Libellen unter hohen Pappeln und zwischen Vogelgehölzen tanzen, aber auch mit verfallenen Relikten aus der Zeit, als die Mühle noch am rauschenden Bach klapperte. Vielmehr sind es heute noch zwei von ehemals sieben auf der südlich, oberhalb angrenzenden Wiese zutage tretende Quellen. Die Schüttung ist mit unter einem Liter/Sekunde bescheiden, die Wasserqualität wird von einem starken Nährstoffeintrag bestimmt.

Das Winterlinger Ried (vom mittelhochdeutschen „riet" für Sumpfgras) hat auch mit dem Oberen Weiher, der dichter bewachsen und verlandet ist, ein weiteres Überbleibsel einer früher viel ausgedehnteren Moorlandschaft. Wo seit 1934 das Naturbad steht, lagen davor die „Buebes"- und der „Mädlesweiher", an der Riedstraße die einen Hektar große „Wette". Viele Flurnamen, deren Bedeutung heute abhandengekommen ist, zeugen von einer für die hohe Alb ungewöhnlichen Landschaft: „Falkenzeile" bezieht sich auf das dichte Binsengras – den Falchen, „Rausenen", die schwäbische Mehrzahlform von Runsen, meint Rinnsale. Eines davon ist die Büttnau, ein 7 km langer, kleiner Zufluss der Lauchert, die am Ortsrand jenseits der Wiesenstraße auf 772 Hm ihren Anfang nimmt.

„Die Verlandung geht so rasch, dass man sie beobachten kann", hieß es schon vor siebzig Jahren. Das macht es für Schwimmvögel auf der Durchreise immer schwerer,

Nahrung beim Zwischenstopp zu finden. Möven hat man schon gesehen – kein ungewöhnlicher Anblick für eine Küstenregion: Zuletzt vor 18 Millionen Jahren schwappte hier das tropische Molassemeer an Land und bildete die Grundlagen für eine wasserstauende Lehmschicht. In der Eiszeit, als die Gletscherwand bei Sigmaringen stand, sorgten die eisigen Fallwinde für Dauerfrost im Winterlinger Boden, oberflächig an- und abgetaut, wurde die Erde zähflüssig wie Teig.

Tipp

Beim Spazierengehen durch das Ried lohnt ein Abstecher zur neuen Kneippanlage beim Dingelebrunnen samt Hundespaßplatz. Die kleine Freizeitanlage liegt 1 km südöstlich des Unteren Weihers. Von dort entlang des Weges bis in die Straße Im Dingele, am Ortsrand von Benzingen, an der Verbindungsstraße nach Harthausen.

85 SCHMIEDBACHBRUNNEN – HAUSEN/DONAUTAL

Nach neunzig Metern in die Donau

Lage
Der Schmiedbachbrunnen entspringt an der Ortsdurchfahrt im Beuroner Ortsteil Hausen im Donautal.

Koordinaten
GMS 48°5'5"N 9°2'24"O (Brunnen)

Erreichbarkeit
Am neu gestalteten Ortsmittelpunkt von Hausen (Abzweigung nach Schwenningen) befindet sich neben der L 277 ein Parkplatz an der Hinteren Dorfstraße. Diese führt unter einer Bahnunterführung zum Campingplatz (weitere Parkmöglichkeiten) nach 100 m direkt am Brunnen vorbei.

Es war ein feierlicher Akt, als im September 2009 der Beuroner Bürgermeister zusammen mit dem Kulturfördervereinsvorsitzenden am neuen Dorfmittelpunkt einen Gedenkstein enthüllte. Der Anlass war nicht die daneben sprudelnde Quelle des Schmiedbachbrunnens, sondern der 200. Geburtstag des über das Donautal hinaus bekannten Natur- und Heimatdichters Anton Schlude. Der war ein „armer Teufel" – vom Gänsehirten und Mäusefänger hatte er sich in die feinsten Bürger- und Adelshäuser „hochgeschrieben". Es half ihm nichts, das „Wunderkind" musste sich zeitlebens durchs Leben schlagen. Immerhin bekam anlässlich des Jubiläums die Karstquelle eine Neueinfassung verpasst und der Platz wurde auf 150 Quadratmeter mit Neuanpflanzungen verschönert.

Ein schöner Empfang für das Wasser, das nach einer ziemlich langen Wegstrecke hier in einer Kalksteinöffnung zutage tritt. Denn das Einzugsgebiet reicht über die Heuberg-Gemeinde Schwenningen bis zum südlichen Meßstettener Stadtteil Heinstetten, rund 11 km nordwestlich von Hausen entfernt. Die durchschnittliche Schüttung beträgt stattliche 120 Liter in der Sekunde. Kaum entstanden, ist es mit dem abfließenden Schmiedbach schon wieder vorbei: Bereits nach 90 m mündet er beim Campingplatz in die Donau.

Tipp

Über dem Trockental, durch das die L 196 von Schwenningen ins Tal führt, thront die Ruine Hausen. Eine der spektakulärsten Felsenburgen des Donautals. Anfahrt: Vom Brunnen geht es rund 3 km die kurvige Steige aufwärts. Dann biegt rechts ein unscheinbares Sträßchen ab. Es führt nach 200 m zu einem Wanderparkplatz. Von dem wird man in einem Bogen um das gräfliche Hofanwesen zur 900 Jahre alten Ruine geführt – mit fantastischer Aussicht ins Tal. Nicht versäumen: Etwa 200 m östlich an der Traufkante steht ein verfallener Warttum, mit etwas tieferem Talblick.

86 TALMÜHLE- UND BERGSTOLLEN-QUELLE – NEIDINGEN

Frischwasser für die Donau

Lage
Die Talmühlequelle entspringt unter der Neidinger Mühle im Donautal.
Die Bergstollenquelle im Westen des Ortes.

Koordinaten
GMS 48°5'46"N 9°3'57"O (Mühle)
48°5'36"N 9°3'10"O (Bergstollenquelle)

Erreichbarkeit
In einer scharfen Kurve der L 277, die parallel zur Donauschlinge verläuft, steht inmitten des Beuroner Teilorts Neidingen die Talmühle (Parkmöglichkeiten beidseitig der Neidinger Straße). Die Quelle entspringt, nicht zugänglich, hinter dem Gasthof, unterquert die Straße und tritt dort als Mühlekanal hervor. Bereits 400 m westlich des Hauptortes an einer Häusergruppe fließt das Wasser der Bergstollenquelle unter der L 277 zur Donau. Haltemöglichkeit an der Straße vor dem Gebäude 25.

Es sind gerade mal 150 m, die das Quellwasser hinter sich lässt, nachdem es aus dem Fuß des tief eingeschnittenen nördlichen Mühlefels ausgetreten ist. Aber die starke Schüttung von 200 Sekundenlitern reichte aus, um eine Mühle zu betreiben. Das wichtigste Wirtschaftsunternehmen im Mittelalter. Daraus entwickelte sich Unterneidingen, ein kleiner Weiler. Unklar ist, ob die Mühle zu der 1430 zerstörten Gipfelburg gehörte, deren Reste auf dem imposanten und hohen Schaufelsen liegen, ein paar Hundert Meter südöstlich über dem linken Donauufer – oder zu der weitgehend unbekannten Burganlage im dicht bewaldeten Auchtbühl, 650 m südlich der Mühle und damit direkt gegenüber der Schauenburg.
Etwa 400 m südwestlich von Neidingen, oberhalb der Landesstraße im dichten Waldhang, liegt das geschützte Naturdenkmal der Bergstollenquelle. Die mit 300 Sekundenliter sprudelnde Kleinhöhle wurde eingefasst, wodurch die frühere Kalktuffbildung, die bis zur Talaue reichte, unterbrochen ist, aber im Unterlauf ihre Fortsetzung hat. Auch die Talmühlequelle ist zum Schutz vor äußerer Wasserverschmutzung gefasst. Seit 1973 zapft hier die Heubergwasserversorgung (heute Zweckverband Hohenberggruppe) das kostbare Nass ab. Der Zugang zur Bergstollenquelle ist wegen dem Verlauf der privaten Grundstücke und der steilen Hanglage erschwert. Zwischen den Gebäuden verläuft jedoch ein beginnender Waldweg zunächst 30 m parallel zu dem Bach, dessen bemooste Sintertreppen in einem kleinen Wasserfall bis zur Straße hinabreichen. Auch lässt sich von hier in den Hang hineinschauen. Nach der Unterquerung der Straße läuft der Freithofgraben genannte Wasserlauf nach rund 250 m in die Donau.

Tipp

Die Talmühle liegt unterhalb einer der höchsten Felswände nördlich der Alpen. Auf den 120 m höher liegenden Schaufelsen mit schwindelerregender Aussicht kommt man vom Wanderparkplatz Steighöfe/Naturfreundehaus Donautal (ausgeschildert ab Stetten am kalten Markt/Neidinger Straße).
Zunächst nach 550 m zum Aussichtspunkt Mühlefels mit Blick auf die enge Schleife der Donau. Nach weiteren 1,3 km Wanderpfad auf der Felsgrathöhe erreicht man die Reste der Schauenburg mit spektakulärem Ausblick – und Talblick auf die beiden Quellenorte.

87 JÖRGENBRUNNENQUELLE UND BRÖLLERHÖHLE – THIERGARTEN

Wasserhöhle mit Höhlenburg

Lage
Die Jörgenbrunnenquelle und die Bröllerhöhle liegen 700 und 950 m östlich entfernt von Thiergarten, direkt an der L277.

Koordinaten
GMS 48°5'40"N 9°6'19"O (Jörgenbrunnenquelle)
GMS 48°5'36"N 9°6'28"O (Thiergartener Bröller)

Erreichbarkeit
Beide sporadisch Wasser führende Naturdenkmäler liegen unmittelbar an der bergseitigen Hang- und Straßenböschung in der großen Donauschleife. Von Thiergarten und der Abzweigung der L 197 von Stetten am kalten Markt kommend, erreicht man, Richtung Gutenstein fahrend, nach 700 m eine Parkbucht an der linken Seite. Direkt hinter der Schutzleitplanke befindet sich am tief eingeschnittenen Felsfuß der Quellsee des Jörgenbrunnens (585 Hm). Allerdings nur nach Niederschlägen. Das Brunnenwasser wird unter der L277 hindurch in einem begehbaren Stollen zur Donau geführt.
Zum Thiergartener Bröller gelangt man zu Fuß am Straßenrand entlang nach etwa 200 m donauabwärts bis 50 m vor dem Straßentunnel. Etwas oberhalb der Straße öffnet sich der breite Zugang des Bröllers (595 Hm). Darüber, leicht kletternd erreichbar, liegt die weithin sichtbare Öffnung der Höhlenburg Weiler (620 Hm).

Vier spektakuläre Natur- und Kulturdenkmäler liegen in enger Nachbarschaft in einem der schönsten Abschnitte des Donautals – nämlich unter der wuchtigen Felswand des Rabenfelsens in der Flussschleife bei Thiergarten. Die Felsmauer ist ein beliebtes Fotomotiv von der etwa unterhalb über den Fluss führenden Radbrücke, die wiederum zur kleinsten dreischiffigen St. Georgs-Basilika nördlich der Alpen führt.
Die Jörgenbrunnenquelle entspringt am Fuß einer Felsgalerie und liegt versteckt rund 3 m unterhalb zwischen Straße und Hang. Nach starkem Niederschlag, wenn über 200 Liter Nass in der Sekunde aus den Bergen schießen, ergießt sich gar ein richtiger Wasserfall aus den Kalksteinspalten und befüllt einen

kleinen See in der steinernen Mulde. Dieser fließt unter der Donautalstraße durch einen gemauerten Tunnel, der sich bei Niedrigwasser zu Fuß bequem durchlaufen lässt. Nach nur wenigen Meter ergießt sich das Quellwasser in den Fluss.

Auch nur nach Starkregen oder bei Schneeschmelze kommt der 200 m donauabwärts folgende Thiergarten-Bröller auf Touren. „Wenn der Bröller los ist, werden alle Ortschaften im Donautal überschwemmt", heißt es im Volksmund über die neben der Wulfbachquelle einzigen bedeutenden Wasserhöhle in der Region. Die vom Frost immer weiter gesprengte Felsenöffnung hat mittlerweile eine Breite von 20 m und eine Höhe von 8 m erreicht. Am Boden dieser Nische verläuft das meist trockene Bachbett, das nach kurzem Lauf in die Donau mündet. Aus dem linken Loch der 14 m langen Nische kommt das im Berg gesammelte Wasser. Höhlenforscher haben sich hier 6 m tief hineingewagt und sind dabei auf einen nach Norden abfallenden Gang gestoßen, der in einem Siphonsee mündet. Der berühmte Höhlentaucher Jochen Hasenmayer konnte 1965 erstmals die mittlerweile auf 166 m Länge erforschte Höhle, die bis 34 m in die Tiefe führt, durchtauchen.

Über einen steilen Schuttabhang gelangt man auf der Außenseite der Felswand in eine außergewöhnliche Ruine. Die 15 m lange, 14 m breite und bis zu 20 m hohe Felsöffnung wurde zwischen 1138 und ihrer Zerstörung 1367 mit Holzeinbauten als Höhlenburg der Ritter von Weiler genutzt. Die Bröllerhöhle war Bestandteil der Burg. Einige Reste der 2 m starken Wehrmauer an der Öffnung, wie künstlich gestaltete Gesimse, Absätze und Stufen einer Treppe des mehrgeschossigen Adelssitzes lassen sich noch erkennen.

Tipp

Um das Jahr 1000 dürfte die Basilika von Thiergarten, das damals noch Weiler (Pettinwilare) hieß, erbaut worden sein. Das älteste Gotteshaus des Donautals liegt auf dem Gelände des Gutshofes Käppeler und kann besichtigt werden. Falls geschlossen: Schlüssel beim Gutshof ausleihen – dessen Scheune stammt übrigens aus der Bauzeit der Basilika und ist zu Ferienwohnungen umgebaut worden. Im selben Haus gibt es auch ein Restaurant mit Gartenwirtschaft. Den heutigen Namen hat der Ort von einem Wildgehege, das Graf Wilhelm von Zimmern zu Meßkirch 1571 unterhalb der Burg Falkenstein anlegte.

www.gutshof-kaeppeler.de

ZELLERBACH – HECHINGEN-BOLL
Auf schnellstem Weg ins Tal

88

Lage
Der Zellerbach entspringt oberhalb der Wallfahrtskirche Maria Zell, südlich von Hechingen-Boll, am Albrand.

Koordinaten
GMS 48°19'7"N 8°58'55"O (Parkplatz)

Erreichbarkeit
An der B27/Abfahrt Burg Hohenzollern auf der K7108 Richtung Stadtmitte Hechingen. Nach 1 km rechts Richtung Friedhof und dort über die K7109, 2 km weit nach Boll zur Kirche (Bushaltestelle). Hier links 100 m bis zur Eichgasse, dieser 300 m dorfauswärts zu einer Wegegabelung folgen. Entweder links 300 m zum unteren Wanderparkplatz Hüttenwiesen (565 Hm) abbiegen und von dort rund 1,7 km zu den Parkplätzen (650 Hm) unterhalb der Kirche Maria Zell (690 Hm) laufen. Oder in der Abzweigung rechts direkt hinauf zu den Parkplätzen Boller Wasen (Grillstelle) fahren oder 100 m weiter zum Parkplatz Maria Zell an der Zellerbach-Brücke. Die Bröllerquelle liegt etwa 500 m oberhalb im Waldhang. Die abenteuerliche Variante führt als Trampelpfad entlang des Bachlaufs bis zur Austrittsstelle. Der um etwa 100 m längere Weg führt am Kreuzweg zur Kirche und von dort über einen dritten Parkplatz hoch zur Skihütte. Kurz danach und dann erneut etwas höher zweigt der Wanderweg zum Aussichtspunkt Zellerhorn (912 Hm) nach rechts ab. Hier folgt man dem Bachbett weglos etwa 50 m bis zur Quelle. Diese schüttet allerdings nur nach Regenfällen!

Nach starken Regenfällen hat es der Zellerbach sehr eilig, sein Wasser von der Albhochfläche des Zellerhorns ins Tal abzutransportieren. Schließlich soll es da oben so schnell wie möglich trocken werden. Denn diese markante Stelle am Albtrauf ist der begehrteste Platz für Wanderer, um den Burgberg des Hohenzollerns in seiner majestätischen Pracht vor dem Hintergrund des Albvorlandes zu fotografieren. Im Sonnenuntergang, mit Schneekappe oder wenn er aus dem Nebelmeer herausragt. Nun hatte es der Zellerbach im November 2023 besonders eilig. Nach starkem Regen nahm er auf seinem Weg durch den Wald alles mit, was nicht baum- und buschfest war.

Holz und Äste verstopften die Brückenunterdolung, mit der Folge, dass der rauschende Wildbach sein neues Bett auf der Straße suchte und dabei die Böschung wegriss. Zwischen der bekannten Felsaussichtskanzel auf 913 Hm und dem obersten Quellaustritt des Zellerbachs auf 760 Hm holt sich das versickerte Wasser in einem unbekannten Hohlraumsystem bereits etwas Schwung, ehe es mit lautem Gebrüll aus einer kleinen höhlenartigen Öffnung regelrecht ausgespuckt wird. Durch das starke Gefälle wird der Bach eigentlich zu einem rund vierhundert Meter langen Wasserfall. Immerhin hat er auf seinem gesamten Lauf bis zur Mündung ein beachtliches Sohlgefälle von 72 ‰. Der Rhein, in dem er später landet, hat zum Vergleich nur ein Gefälle von 1,9 ‰. Hat der Zellerbach die Straße zur Kirche unterquert, verlässt er den Wald, zieht an Obstwiesen im Schatten der Zollernburg vorbei und nimmt noch zwei Seitenbäche auf. Er passiert, teilweise verdolt, das Dörflein Boll und mündet nach rund drei Kilometern in den Reichenbach, der wiederum am Kloster Stetten vorbeifließt und sich in der Unterstadt von Hechingen mit der Starzel vereint.

Tipp

Die malerisch gelegene Wallfahrtskirche Maria Zell (685 Hm) mit schmucker Ausstattung hat zwischen dem 1. Mai und dem 1. November an Sonn- und Feiertagen von 12 bis 17 Uhr geöffnet. Der Ort wurde bereits 789 erwähnt, als Mönche des Klosters St. Gallen hier eine „Zelle“ bewohnten, von der aus sie die Transporte der Abgaben über die steile „Erntstaig“ hinauf zur Alb koordinierten. Daraus entstand ein kleiner Weiler samt einer Pfarrkirche St. Gallus und ein Adelssitz der Herren von Zell, die später Mundschenken der Grafen von Zollern wurden. Der Ort ist untergegangen. Nur die im Dreißigjährigen Krieg zerstörte Kirche wurde 1655/1757 wieder aufgebaut. Mehrere Erdbeben 1911, 1943, 1970 und 1978 führten zu schweren Schäden am Kirchlein. Die aufwendigen Renovierungs- und Sanierungsarbeiten wurden 2018 abgeschlossen. Oberhalb des Dorffriedhofs liegt der „Fürstenfriedhof“ der Hohenzollern mit jüngeren Bestattungen. www.mariazell-boll.de

89 HAUSENER BRÖLLER – TROCHTELFINGEN-HAUSEN

Großhöhle in der Felswand

Lage
An der Ortsdurchfahrt der L823 in Hausen an der Lauchert.

Koordinaten
GMS 48°18'17"N 9°11'35"O (Bröller)

Erreichbarkeit
Die Öffnung der Wasserhöhle liegt – von Mägerkingen kommend – an der linken Straßenseite, rund 100 m nach der Einmündung der Schulsteige, nördlich des Hauses Nummer 21. Gegenüber, auf der rechten Straßenseite, besteht an einem geschotterten Weg eine Parkmöglichkeit.

„Diese berüchtigte Quelle hat ihren Namen von dem Getöse oder Gebrülle, das sie macht, wenn sie sich ergießt. Dieses Gebrülle soll dem Ergießen eine Zeitlang vorangehen und für die Thalbewohner ein warnendes Zeichen sein", heißt es in der Reutlinger Oberamtsbeschreibung von 1824. Tatsächlich geschieht das nach starken Regenfällen oder nach Schneeschmelzen. Dann brechen aus dem 3 m mal 1 m kleinen Loch Wasserfontänen heraus, die die Straße überschwemmen und einen Sturzbach zur nicht weit entfernten Lauchert bilden.

Ende des 19. Jahrhunderts ging man noch davon aus, dass die Höhle nur 23 m begehbar ist. Die darauffolgenden zwei Siphons mit 4 und 6 m Länge schienen unüberwindbar. In den 1950er-Jahren gelang es einigen Höhlenforschern rund 304 m in den Berg vorzudringen. Die Höhlenforschungsgruppe Ostalb/Kirchheim hat es mittlerweile geschafft, 523 m des extrem engen und scharfkantigen Felsenlabyrinths in Taucheranzügen zu erkunden und zu vermessen. Nichts für Leute mit Engegefühl: Sieben Siphons gilt es dabei zu überwinden. Sie sind so schmal, dass die Tauchgeräte abgenommen werden müssen, aber auch Hohlräume gilt es zu durchqueren.

Und um mindestens weitere, noch nicht kartierte, 527 m führt das Höhlensystem über lehmigen Untergrund oder durch fließendes Gewässer tief in die Felsen hinein. Mit summa summarum 1 km Länge ist der Hausener Bröller mit seinem konstant acht Grad kalten Wasser demnach eine Großhöhle. Der normale Höhlenbesucher kann in Trockenzeiten die Öffnung in der Hocke gefahrlos wenige Meter selbst erkunden. Weil die mindestens 12 000 Jahre alte Höhle entwicklungsgeschichtlich im Übergangsbereich von einer Wasser- zu einer Trockenhöhle liegt, muss man aber noch ein paar Tausend Jahre warten, ehe sie ganzjährig ohne Taucheranzug begangen werden kann. Im Winter bleibt der Bröller Rückzugsort für die Fledermaus, tief im Dunkeln wohnt der Flohkrebs, der mangels Lichtbedarf durch die Evolution seine Augen verloren hat.

Tipp

Lauchertaufwärts liegt der Wasserspielplatz von Hörschwag in der Ortsmitte (Parkplatz am Bürgerhaus). Am Ufer können kleine Besucher das Flusswasser im Wassergarten spielerisch erforschen, mit einer archimedischen Schraube experimentieren oder auf Steinen im Bachbett balancieren.

Dazu gibt's Klettergerüst, Rutsche, Schaukel und vieles mehr. Und gebadet und geplantscht werden kann auch – die Wasserqualität wird an dieser Stelle regelmäßig kontrolliert.

90 RUTSCHENBRUNNEN – ST. JOHANN

Nie versiegende Vulkanquelle

Lage
Die Quelle liegt rund 100 m vom Aussichtspunkt Rutschenfelsen entfernt, auf der Hochfläche zwischen dem Gestütshof St. Johann und Bleichstetten.

Koordinaten
GMS 48°22'58"N 9°21'25"O (Brunnen)

Erreichbarkeit
Zum Rutschenfelsen führen verschiedene, ausgeschilderte, meist ganz ebene Wanderwege. Vom Parkplatz am Gestütshof St. Johann gibt es drei Varianten (3,1 bis 3,3 km). Wer (im Sommer) Waldwege bevorzugt startet vom Wanderparkplatz Eppenzillfelsen an der K 6708 zwischen Bleichstetten und der Hanner Steige/Bad Urach (1,4 bis 1,9 km). Außerdem führt ein Wanderpfad von Bad Urach (463 Hm) über den Wasserfall zur Hochfläche (750 Hm). Von der Wasserfallquelle sind es rund 1 200 Meter zum Brunnen mit Grillplatz und Schutzhütte.

Der Rutschenfelsen ist einer der grandiosen Aussichtsplätze auf der Schwäbischen Alb, die man einmal besucht haben muss. Dementsprechend ist an der bizarren Traufkante mit Blick auf den Hohenurach an Wochenenden immer viel Wanderbetrieb. Vor 17–11 Millionen Jahren, als es im Umkreis von 56 km über 350 Vulkanschlote gab, wurde gewissermaßen touristische Vorarbeit geleistet. Beim Zusammentreffen von Grundwasser und aufsteigendem heißen Magma zweier benachbarten Schlote, kam es zu einer Wasserdampfexplosion. Diese riss inmitten einer rund 600 m durchmessenden Senke einen 200 m breiten Krater heraus. In dieser Maar genannten ovalen Mulde tritt am südöstlichen Rand eine Quelle zutage – der Rutschenbrunnen. Das Wasser verschwindet zwar nach wenigen Metern in der Südwand einer 5 m hohen Doline in Erdklüften, aber es versiegt angeblich nie. Mindestens ein halber Liter pro Sekunde tritt aus der gefassten Quelle aus. Weil die Umgebung auf einer wasserundurchlässigen Basaltuff-Schicht liegt, sammelt sich das Sickerwasser.

Die ständige Trinkwasser-Verfügbarkeit hat schon früh Menschen zum Siedeln auf die Hochfläche gelockt, wie 2800 Jahre alte Grabhügel aufzeigen. Hier lag das mittelalterliche Burghausen, eine Versorgungssiedlung für eine mächtige Hochadelsfamilie, die auf dem Runden Berg die erste Höhenburg der Region errichten ließ. Der Name Rutschenbrunnen hängt mit der Holzknappheit nach dem Dreißigjährigen Krieg zusammen. Um die auf der Alb geschlagenen Bäume fürs Unterland nicht mühselig ins Tal transportieren zu müssen, von wo sie über Erms und Neckar nach Stuttgart geflößt wurden, errichtete man eine Holzrutsche aus 212 Eichenstämmen. Die wurde 1730 durch zwei eiserne ersetzt, 1823 wurde die Flößerei dann eingestellt. Die Ochsenkarren, die die Stämme auf der Hochfläche zusammenzogen, waren im Rutschenhof untergebracht. Der wurde 1828 abgebrochen.

Tipp

Wer vom Gestütshof St. Johann startet, sollte den 2,9 km weiten Weg zum Rutschenhof über die prächtige Baumallee zum Fohlenhof wählen. Mit einem kleinen Umweg durch den Wald kommt man überdies am Aussichtsturm Hohe Warte vorbei (ständig geöffnet, mit herrlicher Rundumsicht). Der zum Gestüt Marbach gehörende Fohlenhof ist eine denkmalgeschützte Anlage mit großer Pferdetränke, Forsthaus und Waldlehrpfad. Die Koppeln mit den jungen Pferden sind vor allem bei Kindern beliebt. Wer sich von der Aussicht vom Rutschenfelsen hinab ins Tal noch nicht satt gesehen haben sollte, dem sei der schwindelerregende Aussichtspunkt Eppenzillfelsen empfohlen. Auf dem letzten Drittel der 1,9 km langen Strecke verläuft ein abenteuerlicher Traufweg mit Blick auf den Uracher Wasserfall.

www.badurach-tourismus.de

91 LONSINGER ROSSBRUNNEN UND GOMADINGER BRÜNNELE

Historischer Ziehbrunnen und höchstgelegene Basaltquelle auf der Alb

Lage
Der Rossbrunnen liegt unterhalb der Kirche des St. Johanner Teilorts Lonsingen. Am Nordhang des Gomadinger Sternbergs unterhalb des Aussichtsturms entspringt das Brünnele.

Koordinaten
GMS 48°26'21"N 9°22'22"O (Rossbrunnen Lonsingen)
GMS 48°23'40"N 9°22'44"O (Brünnele Gomadingen)

Erreichbarkeit
Zum Rossbrunnen: Zwischen Würtingen und Gächingen von der L380 über die L249 nach Lonsingen abzweigen. Nach 550 m in der neu gestalteten Ortsmitte (Backhaus) rechts der Roßbrunnenstraße 150 m aufwärts bis zum Brunnen folgen. Zum Sternberg-Brünnele: An der K6734 zwischen Gomadingen und Bernloch an der Abzweigung hinab nach Offenhausen liegt gegenüber am Waldrand ein Parkplatz (713 Hm). Ein Wanderpfad führt nach 650 m am Brünnele (810 Hm) vorbei, nach weiteren 300 m zum Aussichtsturm/Wanderheim (844 Hm). Alternativ von der Abzweigung Richtung Bernloch, dann rechts zu den Wanderparkplätzen Sternberg (nach 1 km) oder Braikestal, (nach 1,4 km). Hier startet der Premiumwanderweg „hochgehsprudelt".

Ein seltenes historisches Bauwerk steht versteckt etwas oberhalb der Dorfmitte von Lonsingen. Während das restaurierte Backhaus, Brunnen und Rathaus ein typisches albdörfliches Ensemble bilden, steht am Hang das eigentliche Wahrzeichen und das Wappenbild der Gemeinde: Ein noch im Original erhaltener Ziehbrunnen – der Rossbrunnen. Das runde, gemauerte Becken ist 6 m tief und doppelt so breit. Erhalten ist ein Pumpschwengel für Handbetrieb, der das Wasser schöpfte. Auch noch zu sehen sind das Tränkbecken für Vieh und Pferde (Rösser) sowie der Schöpfgalgen. Auch die Feuerwehr holte hier das Löschwasser. Daneben steht die restaurierte Brunnenstube.

Das Idyll trügt ein bisschen, wenn man in alten Beschreibungen nachschlägt. So schreibt Friedrich August Köhler über seine „Albreise" im Jahr 1790: „So wird doch das Wasser darin so durch die Sonnenhitze verdorben, und mit einer Haut von Insekten und aus der Fäulnis entstehenden Pflanzen überzogen, dass es einen Thalbewohner dafür ekeln muss." Köhler weiter: „Manche behaupten, dass die Alp-Menschen gesünder leben als andere und das Vieh schon gar kein frisches Wasser mehr saufen wollte. Aber das ist allzu wilde Sage." Tatsächlich ist das dunkle Halbrund nicht gerade einladend. An der Verfärbung der Mauern kann man höhere Wasserstände ablesen. Und beim Blick in das tiefe Loch selbst entscheiden, ob sich auf der Wasseroberfläche die Romantik alter Zeiten widerspiegelt.

Tipp

„Hochgehsprudelt" heißt der Premiumwanderweg, der zum am höchsten gelegenen Brunnen der Mittleren Alb und auf dessen Höhe und drumherum führt. Das Brünnele entspringt am Hang des Gomadinger Sternbergs, unterhalb des bekannten 32 m hohen Aussichtsturms. Die Quelle liegt in einem erloschenen, 17 Millionen Jahre alten Vulkanschlot. Der Weg führt durch die schluchtartige, nördliche Kraterseite, ausgespült vom Regenwasser, das sich auf dem wasserstauenden Basalt im Untergrund gesammelt hat und als Bächlein in einer Rinne zur Lauter hinabfließt.

92 STEINIGER BRUNNEN – STEINGEBRONN

Brunnen an der Burgsiedlung

Lage
In der Ortsmitte des Gomadinger Teilorts Steingebronn.

Koordinaten
GMS 48°24'16"N 9°24'42"O

Erreichbarkeit
Von der L230 zwischen Gomadingen und Münsingen nach Steingebronn in die Dottinger Straße abbiegen. Nach 100 m nach links in die Bergstraße abzweigen. Hier gibt es nach 80 m unterhalb der Kirche eine Parkmöglichkeit. Von dort zu Fuß wieder zurück, links abwärts am Backhaus vorbei, der Schapfengasse 150 m bis zur Senke an der Brücke über den Schörzbach folgen. Rechts führt dann der mit „Brunnen" ausgeschilderte Feldweg nach weiteren 200 m, über eine kleine Brücke zur Quellfassung.

Auf historischen Pfaden, die in die Römerzeit zurückreichen, führt der Weg zum Steinigen Brunnen. Er ist der Namensgeber des Albdorfes. Die gefasste Quelle des Schörzbachs wird auch „alter Brunnen" genannt. Sein kleiner Wasserlauf mündet gegenüber der Martinskirche von Gomadingen nach 1,8 km in die Lauter. Alamannische Neusiedler, die ab dem vierten Jahrhundert nach dem Rückzug der Römer auf Landsuche waren, nutzten die noch halbwegs intakten Straßen. Und sie ließen sich dort nieder, wo es lebenswichtigen Zugang zum Wasser gab. Vorgeschichtliche Grabhügel zeigen, dass bereits die Kelten beim heutigen Steingebronn siedelten. Merowingerzeitliche Funde (5. bis 7. Jahrhundert) um die Kirche belegen, dass die nahe Römerstraße – als Flurnamen „Auf dem Hochgesträß" (meint einen höher liegenden Steindamm) – die Siedler indirekt zur Quelle führte. Sicher ist, dass die antike Straßenführung in diesem Bereich im Mittelalter weiter genutzt wurde und Teil einer bedeutenden Fernstraße war. Vermutlich aufgrund der strategischen Lage wurde um die erste Jahrtausendwende im Bereich von Kirche und Pfarrhaus, auf einem rund 20 m hohen, frei liegenden Gipfel, eine Burg errichtet. Das etwa 30 m mal 80 m große Areal lässt sich nur noch in alten Karten erkennen. Auf dem verfüllten Burggraben wurde vor 200 Jahren ein Hof gebaut.

Aus der zu unbekannter Zeit erbauten und verlassenen Burg entwickelte sich ein Weiler. Die Zwiefalter Klosterchronik nennt um 1100 den Ort „ad Stainigebrunnon" – (Dorf) an der steinigen Quelle. Bis zum Wasserleitungsbau im Jahr 1903 schöpften die Nachfahren des Burgweiler hier ihr Trink- und Brauchwasser. Im Jahr 2008 wurde die Anlage von der Bürgerschaft umfassend saniert und mit Sitzgelegenheiten und Bepflanzung zu einer lauschigen „Ruheoase" ausgebaut.

Tipp

Bei einem Spaziergang entlang des Schörzbaches, der südlich parallel zur Landesstraße Richtung Gomadingen fließt, gelangt man auf halber Strecke zu einem kleinen Tümpel. Dort hat sich der Nutria niedergelassen. Er gehört zur Familie der Nagetiere und wird oft mit dem größeren Biber oder der kleineren Bisamratte verwechselt. Aber im Gegensatz zu diesen hat er hervortretende Ohren, weiße Barthaare und sieht einem großen Meerschweinchen ähnlich.

93 ELSACHBRÖLLER UND FALKENSTEINER HÖHLE – GRABENSTETTEN

Kelten und Goldgräber

Lage
Die wasserführende Falkensteiner Höhle und der benachbarte Elsachbröller liegen im engen Elsachtal zwischen Bad Urach und Grabenstetten.

Koordinaten
GMS 48°30'48,8"N 9°27'6,3"O (Elsachbröller)
GMS 48°30'51"N 9°27'10"O (Falkensteiner Höhle)

Erreichbarkeit
Beim Bad Uracher Friedhof von der B28 auf die L211 Richtung Grabenstetten. Nach 3,8 km befindet sich in einer Linkskurve rechts ein Waldparkplatz. Etwa 100 m entfernt ist eine Grillstelle. Nach weiteren 200 m an der Elsach gelangt man zum Portal der Falkensteiner Höhle (653 Hm). Dem Waldweg nach Osten folgend, erreicht man nach wenigen Metern südlich gegenüber im Steilhang einer Blockschutthalde die meist trocken liegenden beiden Höhlenöffnungen des Elsachbröllers (567 Hm).

Rein in diesen riesigen Schlund, rund 100 m unter die Erdoberfläche zu gehen, hat man sich lange nicht gewagt. Schaurige Geschichten über die Vorgänge im Berginneren hielten die noch abergläubischen Menschen davon ab.
Erst als im 18. Jahrhundert das Goldfieber auf die Schwäbische Alb übergriff, überwog die Gier nach vermeintlichen Schätzen die Angst. Es wird von „In- und Ausländern" berichtet, die säckeweise Tropfsteine aus der Höhle trugen, weil sie diese für Goldzapfen hielten. Ende der 1760er-Jahre wurde eine Aktiengesellschaft gegründet, mit dem ernsthaften Versuch, Silbererze bergmännisch zu suchen. Damals drangen die Gräber bis zu 1200 m hinter den Eingang vor. Viele Bürger investierten ihr Geld, in der Hoffnung, schnell reich zu werden. Weil aber in den Proben keine Edelmetalle nachgewiesen werden konnten, wurde der Bergbauversuch über die in den Seitenspalten erweiterten Höhlengänge beendet – und die Verantwortlichen machten sich aus dem Staub, mit dem Geld der Anleger. Zurück blieben begonnene Stollen, Aufschüttungen,

Dämme und Spuren von Schatzgräbereien.
Seit den 1980er-Jahren kann man rund 5 km tief – das ist auf halber Strecke zwischen Grabenstetten und dem Weiler Hochwang – in die Höhle vordringen. Mit Taucherausrüstung freilich, denn die Falkensteiner Höhle ist eine aktive Wasserhöhle, die in ihrer vollen Länge ganzjährig von der Elsach durchflossen wird. Bei Starkregen tritt der meist gemütlich unterhalb aus der Höhle plätschernde Bach in schäumenden Kaskaden direkt aus dem Portal. Bei normaler Wetterlage ist eine Begehung auf 20 m Länge mit Gummistiefeln und Taschenlampe möglich, weil dort das Wasser aus dem Innern der Höhle in einem Sickerloch verschwindet. Es kommt unterhalb des Höhlenportals wieder ans Tageslicht. Hinter dem Schluckloch wird das Vorankommen durch mitunter brusttiefes, sieben Grad kaltes Wasser ohne Neoprenanzug nicht möglich. Zudem wird es nach 100 Metern stockdunkel.
Die Elsach, die nach 5,4 km bei Bad Urach in die Erms mündet, sammelt das Wasser der Grabenstetter Halbinsel ein. Dort erstreckte sich im 1./2. Jahrhundert vor Christus die größte keltische Siedlung Mitteleuropas, die antike Stadt Riusiava. Der

Flussname kommt vom keltischen „Altia" (die Hohe), und bedeutet: „der von der Höhe kommt".

Die beiden Elsachbröller werden, weil sie nur nach starkem Regen aktiv und ihre Eingangslöcher klein und eng sind, von den meisten Besuchern übersehen. Der Wasserausfluss im Fels war lange Zeit als Hungerbrunnen bekannt. Erst 1975 gelang es Höhlenforschern durch einen leergepumpten Siphon in den Gängen voranzukommen. Momentan ist der extrem schwierig zu befahrene Bröller auf einer Länge von rund 2,5 km erforscht. In seinen Gängen gibt es große Räume, wie die 20 m mal 8 mal 12 m große „Terrassenhalle". Der Verlauf beider Höhlen macht es wahrscheinlich, dass sie einst ein zusammenhängendes System bildeten – eine Großhöhle.

Tipp

Das bisher erforschte Ende des Elsachbröllers liegt ziemlich genau unterhalb des Tores an der keltischen Befestigungsmauer, die den südlichen Teil der Berginsel abtrennt. Von Hengen kommend, durchbricht die K 6758 am Ortsbeginn von Grabenstetten den äußeren Ring des sogenannten Heidengrabens. Hier gibt es Parkmöglichkeiten und Informationstafeln auch zu Rundwanderwegen und Lehrpfaden durch das 1 700 Hektar große Oppidum – ein Kulturdenkmal von europäischem Rang. Im Sommer 2024 sollen Besucherzentrum und Heidengrabenturm fertiggestellt sein. Am Burrenhof befindet sich auch der 6 km lange Kelten-Erlebnis-Pfad mit neun Informationsstationen.

www.grabenstetten/freizeit-tourismus.de

HENGENER DOLINENWEG

Kürzester Bach der Uracher Alb

94

Lage

Die fünf Dolinen sind nordöstlich von Bad Urach-Hengen beidseitig der B28 verteilt. Sie sind in einen Dolinen-Themenrundweg eingebunden.

Koordinaten

GMS 48°28'45"N 9°28'17"O (Startpunkt Dolinen-Themenweg)
GMS 48°29'23"N 9°28'6"O (Auloch)

Erreichbarkeit

Einige der Dolinen gehören zu einem sechs Stationen zählenden Themenrundweg von rund 8 km Länge. Einen durchgängigen, begehbaren Rundkurs gibt es allerdings nicht. Vielfach muss man durch naturbelassenes Gelände laufen. Empfehlenswert ist daher das punktuelle Ansteuern der Stationen. Besonders interessant ist das Auloch, in dem eine Quelle entspringt. Sie liegt im Winkel zwischen der B28 und der Abzweigung in die Dörnergasse, je 150 m entfernt. Ansonsten: Startpunkt am Hengener Sportgelände. An der L245, die abwärts nach Seeburg führt, befindet sich auf der Höhe eine Kreuzung, an der man nach Hengen abbiegt. Gegenüber und südlich, führt eine Straße nach 650 m zum Wanderparkplatz P35 am Sportplatz. Dort befindet sich links am Waldrand an der ersten Station eine große Infotafel. Schwarze Pfeile führen entlang des Rundwegs, sie fehlen aber manchmal. Tipp: Die Karte mit dem Wegeverlauf abfotografieren.

Dolinen, auch Erdfälle genannt, sind auf der Alb sehr häufig. Über fünftausend dieser großen Löcher sind bekannt. Man unterscheidet zwischen den „Einsturzdolinen", die entstehen, wenn die Decke eines unterirdischen Hohlraums, meist eine Höhle, einstürzt. Dann gibt es noch die „Lösungsdolinen". Sie entstehen durch Korrosion, verursacht durch das mit Kohlensäure angereicherte Regenwasser, welches im Laufe der Zeit beim Versickern den Kalk auflöst. Da diese Einbrüche in der Regel nicht landwirtschaftlich genutzt werden können, entwickelten sie sich zu wertvollen Biotopen, die Kleinsäugern, Insekten und Vögeln wichtige Rückzugsmöglichkeiten bieten.

In Hengen gibt es aufgrund seiner Lage auf wasserundurchlässigem

Vulkangestein (Basalttuff) im Nordosten zahlreiche Dolinenfelder: Die Feldhüle „Goslach" (Station 2, 300 m nordwestlich vom Schützenhaus) wurde durch das Abdichten mit Lehm künstlich angelegt, um für die Gänse eine eigene Wasserstelle zu bekommen. Direkt neben der L245 (350 m nach dem östlichen Ortsende/Firma Magura) liegt ein wechselfeuchtes, mit Schilf bewachsenes Biotop einer beim Straßenbau angeschnittenen Doline (Station 3). Die Heidekrautdoline (Station 4), 200 m nördlich hiervon, ermöglicht dank der untypischen, sauren Bodenverhältnisse den Wuchs von Heidekraut.

Das tiefe Auloch (Station 5, Foto) ist eine geologische Besonderheit – der kleinere Teil der großen Doline schüttet schwach, aber ganzjährig, Wasser aus dem Rand eines benachbarten, wasserstauenden Vulkanschlots. Das Quellwasser versickert nach etwa 70 m wieder in einem Ponor (Schluckloch), dem größeren Trichterteil der Doline. Vermutlich der kürzeste Bachlauf der Uracher Alb.

Schließlich hat sich eine beeindruckend große Doline bei der Station 6 im Wald erhalten. Im Heidelbeerhau wachsen sogar, völlig untypisch für die Alb, fruchtig-blaue Heidelbeeren (Abzweigung von der B 28 nach Strohweiler. Nach 1,5 km an der Wegkreuzung links abbiegen, dann nach 500 m am Waldrand rechts).

Tipp

Im beschaulichen Hengen hat der Naturgarten von Lonie Geigle in der Böhringer Straße 26 eine gewisse Berühmtheit erlangt. Er wurde mit dem Streuobstpreis 2019 ausgezeichnet. Die Familie hat eine 2000 Quadratmeter große verbuschte Wiese revitalisiert, Biotope angelegt und eine Vielfalt an wilden Pflanzen und Tieren angesiedelt. Man kann ihn bei Führungen besichtigen und dabei auch die einmalige Grammophon-Sammlung ihres Mannes Rolf bestaunen. www.naturgarten-geigle.de

95 GOLDLOCH – SCHLATTSTALL

Vergebliche Goldgräberei

Lage
Die Wasserhöhle der Schwarzen Lauter liegt am Dorfrand des Lenninger Teilorts Schlattstall.

Koordinaten
GMS 48°31'24"N 9°29'26"O (Goldloch)

Erreichbarkeit
Von der B465 im Lenninger Tal nach Schlattstall abzweigen. Nach 150 m und 350 m befinden sich die einzigen Parkplätze im engen Seitental. In der Dorfmitte zweigt beim Rathaus ein Wanderweg entlang der Schwarzen Lauter ab, der nach 300 m zum Goldloch (540 Hm) führt. Das ist die spektakulärere von beiden Schwarze Lauter-Quellen. Von ersterer führt ein Pfad (Goldlochweg) nach 150 m zur hinteren Quelle des Baches. Zwischen beiden Stellen gelangt man über einen zunächst ansteigenden Weg in den Hang.

„Es ist aufs lieblichste versteckt hinter dem Walde von Obstbäumen und liegt überhaupt so tief und eng in seinen Bergen, dass man, wenn's statt der Bucher Tannen wären, ein Schwarzwalddorf vor sich zu sehen meinte", schreibt Karl Gussman 1890 in seiner Schrift für Wanderer über den Weiler Schlattstall. Der Name des kleinen, vom Lenninger Tal aus nicht sichtbaren, Dorfes kommt ursprünglich von Schlautstal und verweist auf „slate", also das mit Schilfrohr bewachsene Tal.

Und eben aus diesem strömt die Schwarze Lauter, einer der beiden Zweige der Lenninger Lauter, deren längster Ableger, die Weiße Lauter, in Gutenberg entspringt (siehe Seite 43). Schwarz ist der 1,8 km lange Fluss bis zur Mündung nur im Auge des Betrachters. Weil er in der Regel nur gemächlich dahinfließt, entsteht der Eindruck, das Gewässer sei dunkel. Die Hauptquelle ist das Goldloch: Vor über 250 Jahren hielt sich hartnäckig die Überzeugung, hier könne man Gold finden. Glücksritter gruben zunächst in der Falkensteiner Höhle (siehe Seite 230) erfolglos, dann in der bis dato namenlosen Felsöffnung in Schlattstall, die bald darauf im Volksmund diese Bezeichnung bekam. In der Oberamtsbeschreibung von 1842 heißt es: „Früher war es eine bloße Felsenspalte, aus welcher das klare Wasser der Lauter hervorquoll, das man, wenn man das Ohr an den Felsen legte, in weiter Ferne in den Eingeweiden des Berges rauschen und gähren hörte." Heute ist das 34 Meter lange Goldloch eine gelegentlich aktive Wasserhöhle. Die Schüttung aus dem Einzugsgebiet, das hinauf bis nach Römerstein reicht, schwankt zwischen 200 und 3 000 Litern pro Sekunde. Im Sommer kommt manchmal gar kein Wasser. Dafür hat sich 20 m talabwärts eine stattliche zweite, 17 m lange Quellnische gebildet – auch unter Mithilfe der abenteuerlustigen Dorfjugend.

Hundert Meter talaufwärts liegt die zweite Quelle. Sie war einst so stark, dass sie bereits nach 20 m das Rad der Lautermühle antreiben konnte. Neben dem gefassten Quellbecken steht die ehemalige Trinkwasserbrunnenstube. Bei Starkregen öffnen sich im Hang weitere Quellflüsse. Etwa 200 m talabwärts liegt hinter den Forellenteichen das „Eingefallene Goldloch" – eine Quelle, die nach Starkregen enorm sprudelt.

Tipp

Etwa 1,9 km vom Goldloch entfernt, liegt die oberste Quelle (560 Hm) des Seltenbachs, der im hinteren, beeindruckenden Teil des Schlattstaller Tales entspringt. Man geht vom Ort zunächst durch Wiesen, dann gelegentlich durch das trockene Bachbett. Nach 2 km endet das Tal mit den felsigen Schluchten der Kleinen Schrecke (rechts) und der höhlenreichen Große Schrecke. Über Pfade gelangt man in einem Rundkurs über die Hochfläche wieder ins Tal. Oder man startet in Strohweiler, Ortsmitte (1,7 km) oder Grabenstetten, Ortsbeginn von Böhringen (600 m) zur Aussicht/Abstieg beim Schreckenfels (681 Hm).

96 HÖLLSTERNBRÖLLER – GUTENBERG

Wenns aus der Alb herausbrüllt

Lage
Der Bröller liegt im Albhang im Westteil der Gemeinde Gutenberg.

Koordinaten
GMS 48°32'3,8"N 9°30'40"O (Bröller)

Erreichbarkeit
Von Lenningen kommend über die B465 am Ortsbeginn von Gutenberg rechts zum Parkplatz Lindenstraße. Von dort erreicht man den Bröller nach 500 m zu Fuß durch den Ort. Zunächst quert man die Hauptstraße in das Wohngebiet Im Blumenring – eine Ringstraße. Nach 150 m, zwischen Gebäude 28 und 33, am nördlichsten Eck zweigt man in einen Grünweg ab. Der führt über die Lauter und endet nach 100 m in der Grünenbergstraße. Hier geht man 50 m nach rechts, um dann im scharfen Winkel nach links in die Höllsternstraße einzubiegen. Dem Weg folgt man hangaufwärts rund 200 m zum Taleinschnitt mit der Quelle (Geopoint-Infotafel). Die Höhlenöffnung darüber (540 bis 550 Hm) würde man durch leichte Kletterei erreichen, aber wegen Steinschlaggefahr ist davon abzuraten.

Das Schopflocher Moor im Norden des Nachbarorts von Gutenberg auf der Albhochfläche ist das einzige bedeutende Hochmoor der Schwäbischen Alb (siehe Seite 194). Der ehemalige Vulkanschlot gleicht einem mit Wasser vollgesogenen Schwamm, der leicht erhöht in der Landschaft liegt. Seine Entstehung verdankt es der Verwitterung von Basalttuff, die zur Bildung einer wasserundurchlässigen Schicht führte. Ein Süßwassersee entstand, der dann verlandete. Regenwasser versickert langsam und bahnt sich seinen Abfluss 3 km unterirdisch unter anderem zur Höllsternquelle. Diese tritt aus dem Weißen Jura-Gestein aus. An dessen Fuß in der tief eingeschnittenen Quellnische liegt der künstlich erweiterte Eingang des Höllsternbröllers. Die Karsthöhle ist auf 350 m erforscht. Sie ist aber so eng, nass und dreckig, dass man nur mit Spezialausrüstung in den Berg gelangt. Die horizontalen Krabbelgänge können zur Todesfalle werden, da bei plötzlichem

Regen keine Möglichkeit zur schnellen Rückkehr besteht.

Wer als Höhlenforscher den Durchschlupf angeht, gelangt nach 100 m zum Höhlenbach, der hier zur tiefer liegenden Quellöffnung weiter fließt. Wenig unterhalb der Höhle liegt die eigentliche Quelle, die von 1934 bis 1962 als Brunnenstube für die Wasserversorgung des oberhalb am Albrand liegenden Weilers Krebsstein genutzt wurde. Nach starken Regenfällen steigt der Karstwasserspiegel und schießt dann aus der Höhle, dem als Geotop geschützten Höllsternbröller, „brüllend“, also tosend, ins Tal.

Der Überlauf der gefassten Quelle fließt über treppenförmige Kalksteinbänke ab und nach wenigen Metern in die Weiße Lauter.

Tipp

Wem die abenteuerliche Befahrung der Höhle verwehrt bleibt, kann eine atemberaubende Alternative wählen. Der Aufstieg am verfallenen Franziskanerkloster Heiligenberg vorbei zum spektakulären Aussichtspunkt einer Ruine im Weiler Krebsstein. Am Quellbecken (540 Hm) beginnt rechts ein steiler Pfad, der nach 350 m zu den überwachsenen Fundamenten des 1540 abgetragenen Klosters führt. Nach weiteren 850-Serpentinen-Metern gelangt man zum Wasserfels bei der um 1600 verfallenen Ruine Wuelstein (714 Hm).

Anfahrt auch über Schopfloch auf der K 1246 Richtung Krebsstein möglich. Nach 1,1 km gibt es die einzige Parkmöglichkeit bei den Gutenberger Höhlen. Von hier 850 m zu Fuß zur Ruine.

97 WARME QUELLEN UND VENTURENQUELLE – MUNDERKINGEN

Exotisches und Mystisches am Donaubogen

Lage
Die Venturenquelle liegt unterhalb der Frauenberg-Wallfahrtskapelle westlich von Munderkingen. Die warmen Quellen am westlichen Ortsrand des Teilorts Algershofen.

Koordinaten
GMS 48°13'46"N 9°37'30"O (Warme Quellen)
GMS 48°14'14"N 9°37'57"O (Venturenquelle)

Erreichbarkeit
Auf der B311 bei Untermarchtal auf die L257 Richtung Munderkingen abbiegen. Auf halber Strecke, vor der Frauenberg-Wallfahrtskirche, zweigt an einer Kreuzung rechts die Verbindungsstraße zum Weiler Algershofen ab. Parkmöglichkeit am Ortsbeginn suchen. Über den ersten Seitenweg rechts gelangt man nach 250 m zur Quelle/Badehäuschen. Ein Rundweg führt entlang des Baches nach weiteren 700 m wieder über die Ortsmitte zurück zum Ausgangspunkt.
Zur Venturenquelle gelangt man vom Parkplatz an der Wallfahrtskirche.
Man folgt dem Kreuzweg abwärts etwa 300 m weit und biegt dann rechts in einen Schotterweg ein. Dieser führt 250 m weit abwärts Richtung Donautal durch ein lichtes Wäldchen. An dessen Ende zweigt links ein Fußpfad zum versteckt liegenden Quellheiligtum ab.

Meist acht Grad kalt ist im Durchschnitt das Wasser, welches aus den Albquellen und Brunnen sprudelt. Und wenn es als Bach, Fluss oder See von der Sonne erwärmt wird, kann es im Hochsommer auch schon mal doppelt so warm werden. Eine Quelle, die das ganze Jahr hindurch, auch im tiefsten Winter, Wasser mit einer konstanten Temperatur von molligen 16 Grad liefert, scheint für unser Mittelgebirge eher exotisches Wunschdenken zu sein. Und doch gibt es am Südrand der Alb im kleinen Weiler Algershofen das einzige Natur-Freiluftbad, das von Thermalwasser gespeist wird. Die warmen Quellen sprudeln fernab vom Verkehrslärm idyllisch in einer Schleife der Donau.

Aus einer Tiefe von 170 m dringt das von der Erdwärme erhitzte Wasser über Spalten an die Oberfläche, wo es zunächst einen Teich bildet. Der mündet als Bach nach 1,5 km in der Donau.

Der Höhlenforscher Jochen Hasenmayer schätzt, dass das gesamte Voralpengebiet über eine Fläche von rund 30 000 Quadratkilometern mit Warm- und Heißwasser-Höhlensystemen durchzogen ist. Riesige Mengen, die nur darauf warten, als Energielieferanten angezapft zu werden. Unstrittig ist, dass die Temperatur um rund 3 Grad Celsius pro 100 m Tiefe ansteigt. In den Bad Uracher Albthermen sprudeln aus 770 m Tiefe täglich eine Million Liter reines Quellwasser, welches die Badebecken mit 32 bis 38 Grad warmem Wasser speist. Auch die Panorama-Therme in Beuren zapft in 775 m Tiefe 30 000 Jahre altes Wasser an, das 48 Grad heiß an die Oberfläche sprudelt. Eine zweite Quelle in 381 m Tiefe liefert Wasser mit einer Temperatur von 38,5 Grad. Bad Ditzenbach pumpt stark kohlensäurehaltiges Thermalwasser aus dem 600 m tief gelegenen Muschelkalk. Überkingen war bereits im 15. Jahrhundert Ziel des kurenden Adels, heute sind sechs Heilquellen in Betrieb. Erst seit 2002 hat Tuttlingen eine Heilquelle, deren 55 Grad heißes Wasser aus 700 Tiefenmeter ins Thermalbad

gepumpt und dort auf 37 Grad runtergekühlt wird.
Das sind Werte, von denen man in Algershofen natürlich weit entfernt ist. Hartgesottene baden hier im Sommer trotzdem und haben ein Holzhäuschen mit Fensterläden und Ruhebank aufstellen lassen, von wo man über eine Leiter ins Wasser steigen kann. Vielleicht auch deswegen, weil sich hartnäckig das Gerücht hält, dass das (ganz normale mittelharte) Albwasser Heilkraft habe. Im 19. Jahrhundert träumte der Ort gar davon, sich eines Tages Bad Algershofen nennen zu können. An der neuen Quellfassung kann man aber auch nur die Füße ins Wasser baumeln lassen. Ansonsten tummeln sich im mit Schilf bewachsenen pittoresken Gewässer seltene Tiere wie Eisvögel, Biber, Reiher und Störche. Auch Exoten haben hier ein Zuhause gefunden. Sobald die Außentemperaturen steigen, sonnen sich (ausgesetzte) Schmuckschildkröten auf den Steinen.

Tipp

Die barocke Frauenbergkirche auf dem Brunnenberg ist oberhalb eines sagenumwobenen alamanischen Quellheiligtums errichtet worden. Sie wurde nach einer spektakulären Wunderheilung zum wichtigsten Wallfahrtsziel der Umgegend und ist heute noch ein beliebtes Besucherziel (täglich 8–18 Uhr geöffnet). Neben dem dortigen Schlangenbrunnen wird die 250 m Luftlinie unterhalb der Kirche sprießende Venturenquelle als mystischer Ort verehrt. Das aus einer 5 m hohen Felswand sprudelnde Wasser (10 l/s) hat mit 14 Grad auch eine ungewöhnliche hohe Temperatur. Es bildet sofort einen breiten Lauf, der nach 300 m zusammen mit dem Algershofer Bach in die Donau fließt.

98

HÜLBE AM HÜLBENHOF – HAYINGEN-ANHAUSEN ROTE HÜLE – MEHRSTETTEN

Reste von verschwundenen Dörfern

Lage
Der Hülbenhof liegt zwischen Anhausen und Erbstetten. Die Rote Hüle zwischen Mehrstetten und Bremelau.

Koordinaten
GMS 48°17'42"N 9°31'52"O (Hülbenhof)
GMS 48°21'41"N 9°33'9"O (Rote Hüle Mehrstetten)

Erreichbarkeit
Von Hayingen-Anhausen auf der K6751 in Richtung Erbstetten. Am Ende der Steige, nach rund 1 km, gelangt man an einem historischen Bildstock in einer scharfen Rechtskurve an eine Wegekreuzung. Hier links abzweigen und nicht geradeaus nach Kochstetten, sondern sofort rechts auf den Feldweg Richtung Hülbenhof. Der führt nach 1,3 km in östlicher Richtung zu einem Aussiedlerhof. Kurz davor liegt die Hüle an der rechten Wegseite. Etwa 120 Meter vor der Hüle gelangt man über einen Feldweg wieder zurück auf die K6751. Etwa 14 km weiter nordöstlich liegt bei Mehrstetten die Rote Hüle (siehe Tipp).

Um das Jahr 1437 taucht das Dorf zum letzten Mal in Urkunden auf: Altmannshausen, wohl im 6. Jahrhundert gegründet, galt zu diesem Zeitpunkt aber bereits als verlassen. Gut zweihundert Jahre zuvor hatte das Kloster Salem den Ort erworben und weitere Siedlungen in der Nachbarschaft, die heute spurlos verschwunden sind: Bolstetten, Horn, Weilerfeld und Winden. Die Zisterzienser hatten ein ausgeklügeltes Wirtschaftssystem. Sie ließen ihren umfangreichen Landbesitz von Laienbrüdern bewirtschaften, die ihrerseits wiederum Lohnarbeiter beschäftigten – nämlich die Einwohner der oben genannten Dörfer. Bei Altmannshausen entstand einer dieser 22 Wirtschaftshöfe, sogenannte Grangien, wo Getreide, Obst und Gemüse angebaut, sowie Viehzucht betrieben wurde. Um das Jahr 1329 trennte sich die Abtei von ihrem Besitz auf der Hayinger Alb. Unter den neuen Besitzern, den Herren von Stadion, verlor der landwirtschaftliche Versorgungsbetrieb seine Bedeutung. Die Bewohner zog es in das nicht weit entfernt gelegene Hayingen, einem jungen, aufstrebenden Landstädtchen. Die verlassenen Weiler gingen in der angrenzenden Markung von Anhausen auf. Flurnamen wie Öde Mauer und Kapellenwald erinnern an die spätmittelalterliche Besiedlung: Erst im Jahre 1858 wurde der verlassene Ortsmittelpunkt von Altmannshausen wieder aufgesucht. Gegenüber der alten Dorfhülbe entstand der heutige Aussiedlerhof. Das teilweise verlandete Gewässer wird weithin von einer mächtigen Altlinde markiert. Die naturbelassene und von allerlei Getier bewohnte Hülbe ist rund 50 m lang und 49 m breit, und, bis auf einen Zugang im Westen, dicht mit Laubgehölzen und Sträuchern bewachsen. Die Hülbe ist als schutzwürdiges Geotop eingestuft.

Tipp

Eine weitere Wasserstelle, die Überbleibsel eines untergegangenen mittelalterlichen Dorfes ist, liegt 2 km südlich des westlichen Ortsbeginns von Mehrstetten. Der alte Tiefe Weg, der schnurgerade auf Bremelau zuläuft, quert das landwirtschaftliche Anwesen Heimstetten mit dem Fohlenhof. Hier lag der Weiler Amystetten. An der Hochfläche über dem Schandental befindet sich die kesselartige Rote Hüle auf freiem Feld. Sie hat einen Durchmesser von 25 m und ist fast 3 m tief. Eine Sitzbank und dichter Baumbewuchs gegen den Westwind geben dem Platz, der möglicherweise Mittelpunkt der einstigen Siedlung war, heute einen parkähnlichen Charakter.

99 HÜLEN BEI ZAININGEN, WESTERHEIM UND FELDSTETTEN

Am besten erhaltenes Vulkan-Maar

Lage
Die Dorfhüle liegt in der Ortsmitte von Römerstein-Zainingen. Die Egelsee-Hüle etwa 5 km östlich davon. Die Nattenbucher Hüle am markanten Berg 1 km südlich von Feldstetten.

Koordinaten
GMS 48°29'N 9°33'O (Hüle Zainingen)
GMS 48°29'47,1"N 9°35'51"O (Hüle Egelsee, Westerheim)
GMS 48°28'9"N 9°38'13"O (Hüle am Nattenbuch, Feldstetten)

Erreichbarkeit
Von der B28 aus Richtung Böhringen kommend, in Zainingen über die Uracher Straße in den Ort einbiegen. Diese führt nach 900 m zur Dorfhüle. Von Feldstetten/Donnstetten über die Ulmer Straße in die Dorfmitte einbiegen (700 m). Die Hüle Egelsee liegt 3,2 km nordwestlich von Feldstetten. Wo sich die B28 von Zainingen mit der B465 am Skilift Salzwinkel vereint, biegt man 400 m nach dem Parkplatz links, nördlich in die Römerstraße Richtung Westerheim ein. Die führt durch den Weiler Heuberg nach 2,5 km zum Ferienhof Egelsee. Von der Kapelle folgt man dem Feldweg um den Hof herum und erreicht nach 500 m westlich des Anwesens die Hüle.
Südlich von Feldstetten (765 Hm) befindet sich, zwischen zwei Straßen, die markante, aussichtsreiche Hügelkuppe des Nattenbuchs mit der Hüle auf der nördlichen Höhe (822 Hm). Der westliche Wanderparkplatz liegt an der K7408 Richtung Heroldstatt. Rund 500 m nach Feldstetten biegt man nach links auf einen asphaltierten Feldweg ein. Der östliche Parkplatz Herrle ist 1 km nach Ortsende von der B28 erreichbar.

Vor rund 11–17 Millionen Jahren rumorte es auf der Römersteiner Alb gewaltig. Durch Spannungen im Erdinnern riss der Boden so tief auf, dass Magma in der zerklüfteten Erdkruste aufsteigen konnte, wobei es beim Kontakt mit Grundwasser zu gewaltigen Wasserdampfexplosionen kam. Dabei entstanden unterschiedlich große Sprengtrichter. Als die vulkanische Tätigkeit nachließ, blieben die herausgeschleuderten Magmateile (Tuffsteine) in den Förderkanälen stecken, die Krater wurden wasserundurchlässig plombiert. In den sogenannten Maaren (lateinisch: Meer) entstanden Seen. Die Hüle von Zainingen ist ein solches Überbleibsel aus der Vulkanzeit der Schwäbischen Alb. Und – neben dem Randecker Maar – die am besten erhaltene.

Ehemals gab es vier Hülen in Zainingen. Zwei wurden Anfang der 1950er-Jahre bei der Dorfkanalisierung zugeschüttet, eine später eingeebnet und zur Schulbushaltestelle ausgebaut. Geblieben ist die heutige, vierzig Ar große Hüle. Mit ihren 50 m mal 100 m Umfang bildet sie das unübersehbare Wahrzeichen des Ortes und ist als Geotop geschützt. Noch bis 1921 war die Hüle Brauchwasserreservoir fürs Putzen oder zum Schuhe waschen. Morgens und abends wurde das Vieh zur Tränke an den Teich getrieben. Pferdewagen durchquerten das Gewässer auf einer Furt, damit die Tiere nebenbei ihren Durst löschen konnten.

Die Dorfhülen boten für die Jugend Winter- und Sommervergnügen zugleich: Mit genagelten Schuhen wurde übers gefrorene Eis geschliffen, neuerdings wird auch Eishockey gespielt. Im Sommer wurde darin gebadet – trotz Verbots. Manch alter Zaininger hat in der Hüle gar das Schwimmen erlernt. Man baute Flöße und „stach in See".

Immer wieder musste der Teich von Schlamm und Tierkot gereinigt werden. Eine besondere „Säuberungsaktion" gab es zum Kriegsende 1945, als vor dem Einmarsch der US-Soldaten zahlreiche Waffen, Munition und NS-Devotionalien im Teich versenkt wurden.

Tipp

Der Standort der Hüle Egelsee wird von markanten, gipfeldürren Ulmen und Buchen markiert. Die geschützte Wasserstelle ist 12 m breit und hat eine Tiefe von 1,5 m. Nach einer Überlieferung gründeten die Pfalzgrafen von Tübingen um 1080 bei ihrer nicht mehr lokalisierbaren Burg in Egelsee an der Hüle ein Benediktinerkloster. Das soll jedoch wegen Wassermangels bereits 1085 nach Blaubeuren verlegt worden sein, wo es noch heute am Blautopf steht. Der Egelsee-Hof wurde 1442 gebaut, 1921 erneuert. Die Kapelle Sankt Ägidius ist bereits 1142 erwähnt und wurde 1937 neu gebaut. Seither pilgern die Menschen von Westernheim am 1. September zum kleinen Gotteshaus.

Das 30 m große Naturdenkmal Nattenbucher Hüle ist Überrest einer untergegangenen mittelalterlichen Siedlung. Die waldarme Kuppe bietet einen ungewöhnlichen Rundumblick auf die Kuppenalb.

HÜLEN AUF DER LAICHINGER UND BLAUBEURENER ALB

100

Höchste Hülben-Dichte der Alb

Lage

Zwischen Berghülen und Blaubeuren befinden sich mehrere als Geotope geschützte Hülen.

Koordinaten

GMS 48°27'47"N 9°45'58"O (Untere Hüle, Berghülen)
GMS 48°28'52"N 9°46'11"O (Haldenhüle, Berghülen)
GMS 48°28'14"N 9°45'40"O (Oberweiler Hüle, Berghülen)
GMS 48°27'36,8"N 9°46'50"O (Dorfhüle, Bühlenhausen)
GMS 48°27'44"N 9°49'9"O (Vogelhüle, Bühlenhausen)
GMS 48°28'38"N 9°43'34"O (Silahopp-Hüle, Berghausen)
GMS 48°25'39"N 9°46'41"O (Sauhüle bei den Hessenhöfen)
GMS 48°24'58"N 9°49'40"O (Bucher Hüle, Sonderbuch)
GMS 48°26'14,7"N 9°49'8,6"O (Dorfhüle, Asch)
GMS 48°24'31"N 9°45'54"O (Schinderhüle, Weiler)

Erreichbarkeit

In Berghülen am Parkplatz der Auhalle am östlichen Ortsrand (Treffelsbucher Straße) startet der kulturhistorischer Hülenweg des BUND (Zeichen: roter Frosch). Er beginnt an der Unteren Hüle, die 400 m entfernt im Ort liegt, und führt dann als 7 km langer Fußweg zu drei Gewässern. Die Radweg-Variante ist 31 km lang und macht an sechs Hülen und in pittoresken Albdörfern Station. An den Wasserstellen informieren Hinweistafeln über die Tier- und Pflanzenwelt, sowie an die Geschichte. Flyer mit Karte unter www.berghuelen.de. Nicht alle Hülen in der Umgebung liegen an den ausgeschilderten Rundwegen. Man kann sich also eine individuelle Sightseeing-Tour zusammenstellen.

Mit dem Begriff Hüle oder Hülbe weiß so mancher Albbesucher nichts mehr anzufangen – geschweige denn wertzuschätzen. Noch vor zwei Generationen bestimmte die Knappheit des Wassers das tägliche Leben auf der verkarsteten Alb. Seit der Einführung der ersten Albtrinkwasserleitungen 1871 sind auch die allermeisten dieser Wasserspeicher aus den Dörfern verschwunden. Sie verkamen zu unästhetischen Schmutzwassertümpeln, was zur Auffüllung führte und Platz für den Verkehr oder Grünanlagen schaffte. Dabei sind Hülen Teil der Kulturlandschaft Schwäbische Alb. Sie existieren seit Jahrtausenden. Bereits die ersten Ackerbauern dichteten vor 6500 Jahren Erdvertiefungen mit Lehm ab, um Tränken für die Tiere anzulegen. Andere Wasserlöcher auf wasserundurchlässigen Vulkanschloten hatten sich von selbst gebildet.

Von ursprünglich 95 Hülen auf der Laichinger Alb haben sich nur ein Dutzend erhalten. Zumeist außerhalb der Siedlungen. Viele Dörfer haben im Laufe der Jahrhunderte allerdings ähnliche Schicksale erlitten: Allein auf den heutigen Markungen von Laichingen, Heroldstatt, Berghülen und Westerheim sind 27 mittelalterliche Orte untergegangen. Mit den verbliebenen Hülen als letzte Überbleibsel.

Sie haben überdauert, weil der Landschaftsschutz außerhalb der Siedlungen im Blickfeld stand – den in den Dörfern hat man vernachlässigt. In letzter Zeit besinnen sich allerdings wieder einige Gemeinden auf die historischen Zeugnisse und den ökologischen Wert. Wenn es nicht zu spät ist. Durch den Klimawandel zeigt sich, dass selbst Hülen mit undurchlässigem Grund immer öfter in bedrohlicher Häufigkeit trockenfallen. Dass Niederschläge und Verdunstung sich ausgleichen, funktioniert nicht mehr. Wer die uralten Lebensadern noch erleben möchte, sollte nicht zu lange warten:

Auf dem Hülenweg geht es von der herausgeputzten Unteren Hüle an der Sankt Laurentius-Kirche nach Bühlenhausen zur Dorfhüle, wo noch ein Ventilbrunnen aus der Frühzeit der Albwasserversorgung zu sehen ist. Nach weiteren 150 m führt der Asangweg ortsauswärts 2,3 km vor ein Wäldchen. Hier biegt

man nach links 90 m an den Waldrand, folgt diesem 450 m weit und biegt dann abermals 100 m links zur Vogelhüle ab. Nirgendwo auf der Gemarkung sollen so viele Vögel anzutreffen sein, wie hier – darunter die Gebirgsstelze. Benannt wurde die Hüle nach dem alten Flurnamen Vogelweide. Der 15 m mal 20 m große Teich ist gut 1,50 m tief und fasst 160 Kubikliter Wasser – genug Platz auch für eine Stockentenfamilie und zahlreiche Amphibien, die über den Flachwasserbereich sowohl ein- wie auch auswandern und in der Tiefe überwintern können.

Wieder zurück, gelangt man nördlich der Kirche Zum heiligen Veith (sehenswerte Fresken von 1477) zur weit außerhalb des Orts gelegenen Haldenhüle, neuerdings mit gut besuchtem Wildbienenhotel. Auf dem Weg zurück passiert man die eingezäunt zwischen Gärten liegende Oberweiler Hüle. Von hier sind es 3 km zur Silahopp-Hüle. Die liegt 900 m westlich des Campingplatzes Heidenhof, am südlichen Waldrand, rechts neben der Verbindungsstraße von Suppingen nach Machtolsheim. Angelegt und gepflegt wird das Gewässer vom BUND. Der Albverein und Landwirte kümmern sich um weitere flächenhafte Naturdenkmäler.

Rund 4,5 km südlich des Ausgangspunkts in Berghülen liegt die Sauhüle unweit des vorderen Hessenhofs: Auf der L 1230 von Berghülen nach Blaubeuren, rund 350 m vor der Einmündung in die B 28 zweigt ein Feldweg rechts ab. Man folgt ihm 550 m und biegt dann nach einer Gehölzinsel rechts ab, unterquert eine Stromtrasse und gelangt nach 250 m auf einem von Buchen und Laubgehölzen bewachsenen Gelände zur Sauhüle. Sie misst 20 m im Durchmesser und ist etwa 1,5 m tief. Ihr Kalksteinbassin wird ausschließlich durch Oberwasser versorgt. Die größere Hessehüle liegt 1 km nördlich am Durchgangsweg durch den Hinteren Hessenhof.

Tipp

Nicht mehr Teil des Hülewegs sind drei benachbarte Geotope: Rund 900 m vom östlichen Ortsrand Sonderbuch entfernt, auf der K 7385 Richtung Wippingen, erreicht man am rechten Waldrand die Bucher Hüle. Im Sommer ist die 20 m große und 1,50 m tiefe Hüle komplett von Schwimmblattpflanzen bedeckt. Aufwendig saniert ist die Dorfhüle von Asch, die in der Ortsmitte im Kreuzungsbereich der K 7406 mit der L 1236 liegt. Das 20 m lange und 10 m breite Geotop wird von einem Dutzend älterer Pappeln umrandet. Oberhalb von Blaubeuren-Weiler, am Albrand, liegt 300 m westlich der bekannten Ruine Günzelburg das kleine Amphibien-Biotop der Schinderhüle.

101 QUELLENERLEBNISWEG STOCKACH
Tausend verborgene Quellen

Lage
Der Quellenerlebnisweg liegt an der K6180 zwischen Stockach und Zoznegg.

Koordinaten
GMS 47°51'58"N 9°1'31"O (Parkplatz)

Erreichbarkeit
Von Meßkirch auf der B313 Richtung Stockach. Vor oder nach Schwackenreute links nach Zoznegg abbiegen. In der Ortsmitte rechts Richtung Stockach. Rund 4 km nach dem Ortsende liegt am Waldende rechts die Siedlung Berlingerweg. An der Abfahrt zweigt links ein Weg nach 50 m zum Wanderparkplatz ab. Von hier starten zwei Rundwanderwege. Der kurze führt 1,5 km, der lange 2,2 km auf Schotterwegen und Pfaden durch den Wald. Die Höhenunterschiede liegen zwischen 30 m und 45 m, mit Kinderwagen kann nur ein Teil der Strecke befahren werden.

Zum Schluss dieses Buches gibt es noch einen Bonus-Tipp. Er liegt bereits außerhalb, aber nicht weit vom geografischen südlichen Rand der Hegaualb entfernt. Der 2023 neu angelegte Quellenerlebnisweg der Stadt Stockach führt entlang von 12 kindgerechten Stationen durch ein Waldgebiet, in dem gefühlt „1000 Quellen" entspringen. Junge Forscher sind hier gefragt, beim Entdecken von Quellen, beim Beobachten von Tieren und beim Lösen von Rätseln. Erwachsene erfreuen sich an einem gemütlichen Spaziergang.
In ihrem Zusammenfluss speisen die ungezählten Wasserlöcher die Stockacher Aach, die nach einem komplizierten Lauf von rund 38 km

bei Bodman in den Bodensee fließt. Der Oberlauf des Flusses, die Mindersdorfer Aach, floss ursprünglich gänzlich in die Ablach und danach bei Mengen in die Donau. Aber 1699 griff der Mensch ein und schuf eine künstliche Gabelung, wodurch im Gebiet der heutigen Schwackenreuter Seenplatte seither ein großer Teil des Flusses Richtung Bodensee und damit in den Rhein umgeleitet wird.

Zurück zum Quellenerlebnisweg. Vorneweg: Obwohl die Quellbäche und Quellsümpfe zu jeder Jahreszeit aktiv sind, empfiehlt sich ein Besuch während der vegetationsarmen Zeit. Sonst sieht man die kleinen sprudelnden Löcher vor lauter Pflanzenwuchs gar nicht. Einzig der nie versiegende Hans-Kuony-Brunnen ist nicht zu übersehen. Bei ihm handelt es sich um eine Sturzquelle, die früher in einem Betonrohr gefasst wurde. Seit 1999 ist die Quelle renaturiert. Sehenswert sind die Kalktreppen, die sich im Bachbett gebildet haben. Wer im späten Frühjahr oder frühen Sommer vorbeischaut, kann in den sauerstoffreichen Bächen seltene Libellenarten beobachten. Hier hat auch der seltene, nur 1,5 Zentimeter kleine Alpenstrudelwurm, den es bereits in der Eiszeit gab, die Jahrtausende überdauert. Er ernährt sich von Bachkrebsen.

Überhaupt liegt der Mischwald auf einem ehemaligen, bis zu vier Kilometer mächtigen, Meeresboden, dem tropischen Molassemeer, das sich bis vor 15 Millionen Jahren im Alpentrog zwischen Genfer See und Wiener Becken ausgedehnt hatte. Wer viel Glück hat, kann im bröseligen Sand Haifischzähne finden.

Tipp

Zum größten Wassererlebnis Baden-Württembergs, dem Bodensee, sind es gerade mal neun Autofahrminuten über Stockach nach Ludwigshafen. Dort kann man sich im überschaubaren Ort und im Park am See beim Bäcker, im Restaurant oder am Kiosk stärken und erfrischen. Für Kinder ist der Welterbe-Pfahlbauten-Spielplatz in der Uferanlage ein Muss.

Impressum

Alle Angaben in diesem Buch wurden vom Autor sorgfältig recherchiert sowie vom Verlag geprüft. Für die Richtigkeit der Angaben kann jedoch keine Haftung übernommen werden. Für Hinweise und Anregungen sind wir jederzeit dankbar.

Umschlag: PMP-Agentur für Kommunikation
Titelbild und sämtliche Fotos im Innenteil: Jürgen Meyer
Lektorat: Ulrike Weiler
Schlusskorrektorat: Sabine Tochtermann
Kartografie: Anneli Nau
Layout und Satz: Uhl + Massopust, Aalen
Druck und Einband: FINIDR, s.r.o. | Tschechische Republik

ISBN 978-3-96555-164-0

Albhöhlen | Jürgen Meyer

Der Band stellt über 150 kaum bekannte Kleinhöhlen und Gruben und ihre kulturhistorischen Geschichten an 101 Plätzen der Mittleren Schwäbischen Alb und ihrem Vorland vor. Die meisten der vorgestellten wilden, unberührten Höhlen finden sich abseits der bekannten Wege, in kleinen Seitentälern, an Felshängen oder an Gewässern.

18,95 Euro | 272 Seiten

ISBN 978-3-96555-044-5

Ausflugsziele Alb | Jürgen Meyer

Felsen mit grandiosen Aussichten, plätschernde Gewässer, vergessene Höhlen, idyllische Dörfer, Burgruinen, Museen und Gedenkstätten auf der Schwäbischen Alb. Jürgen Meyer, ein versierter Kenner dieser Region, zeigt Ihnen diese einmalige, wunderschöne Landschaft.

18,95 Euro | 246 Seiten

ISBN 978-3-88627-350-8

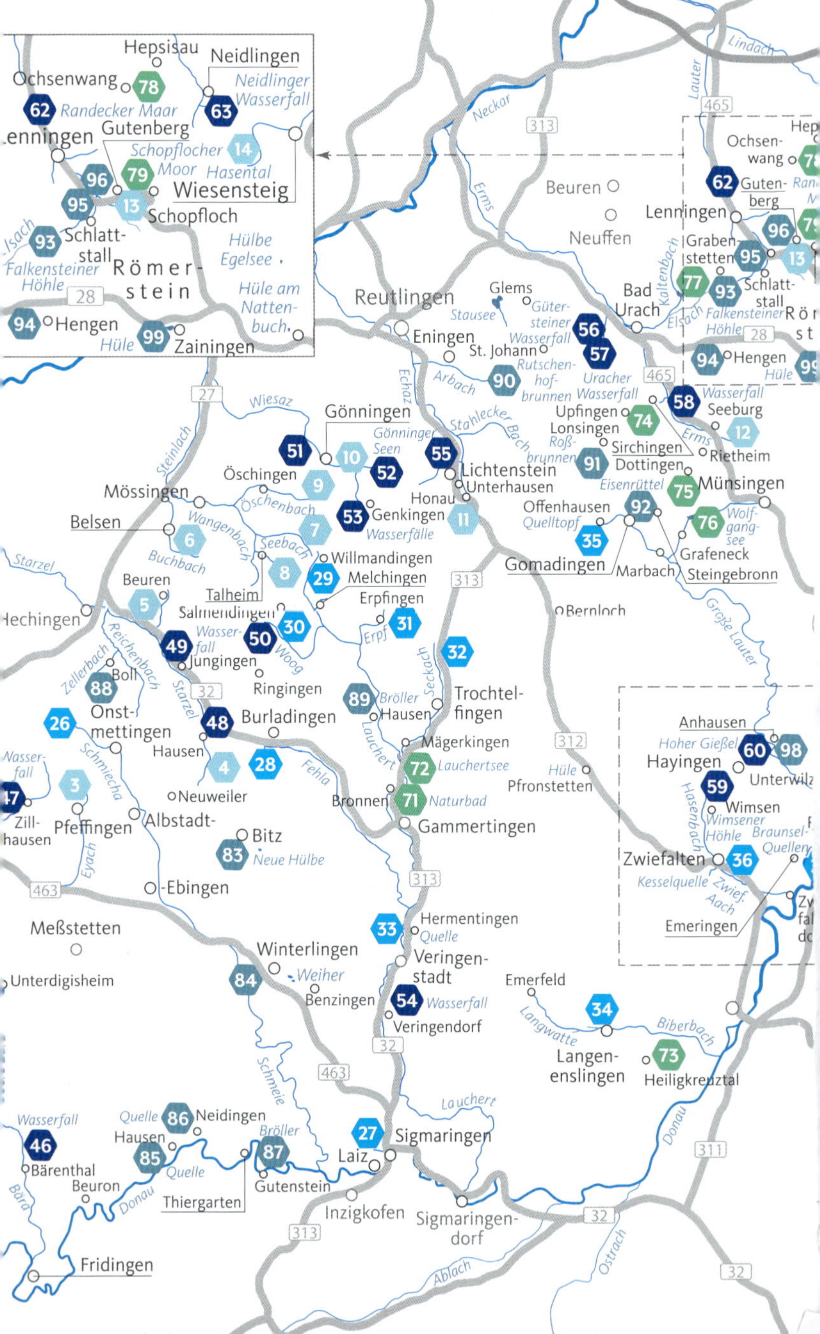

Hepsisau
Neidlingen
Ochsenwang
78
62
Randecker Maar
63
Neidlinger Wasserfall
Lenningen
Gutenberg
Schopflocher
14
79
Moor
Hasental
96
Wiesensteig
95
13
Schopfloch
93
Schlatt-stall
Isach
Falkensteiner Höhle
Römer-stein
Hülbe
Egelsee
Hüle am Natten-buch
28
94
Hengen
Hüle
99
Zainingen
Lindach
Lauter
465
Neckar
313
Hep
Ochsen-wang
Ran
Beuren
Erms
62
Guten-berg
Lenningen
96
Neuffen
Graben-stetten
95
13
Kaltenbach
Elsach
77
93
Schlatt-stall
Falkensteiner Höhle
Bad Urach
28
Glems
Güter-steiner Wasserfall
Stausee
Reutlingen
56
57
Eningen
St. Johann
94
Hengen
Hüle
Echaz
Arbach
90
Rutschen-hof-brunnen
Uracher Wasserfall
465
58
Wasserfall
Seeburg
27
Wiesaz
Gönningen
Stahlecker Bach
Upfingen
74
Lonsingen
12
Gönninger Seen
51
10
55
Roß-brunnen
91
Sirchingen
Dottingen
Erms
Rietheim
Steinlach
52
Lichtenstein
Unterhausen
Eisenrüttel
75
Münsingen
Öschingen
9
Mössingen
Öschenbach
53
Genkingen
Honau
11
Offenhausen
92
Quelltopf
76
Wolf-gang-see
Belsen
6
Wangenbach
7
Wasserfälle
35
Seebach
Willmandingen
Grafeneck
Starzel
Buchbach
8
29
Melchingen
Gomadingen
Marbach
Steingebronn
Beuren
313
Talheim
Erpfingen
5
Salmendingen
Bernloch
Hechingen
Wasser-fall
50
30
31
Große Lauter
Reichenbach
49
Jungingen
Woog
Erpf
32
Zellerbach
Boll
Seckach
88
32
Ringingen
89
Bröller
Trochtel-fingen
Starzel
Hausen
26
Onst-mettingen
48
Burladingen
Anhausen
Mägerkingen
312
Hoher Gießel
60
98
Hausen
Lauchert
Hayingen
Wasser-fall
Schmiecha
4
28
72
Lauchertsee
Hüle
Pfronstetten
59
Unterwilz
3
Fehla
47
Neuweiler
Bronnen
71
Naturbad
Hasenbach
Wimsen
Zill-hausen
Pfeffingen
Albstadt-
Bitz
Gammertingen
Wimsener Höhle
Braunsel-Quellen
Eyach
83
Neue Hülbe
Zwiefalten
36
463
Ebingen
313
Kesselquelle
Zwief. Aach
Meßstetten
33
Hermentingen
Quelle
Emeringen
Winterlingen
Veringen-stadt
Unterdigisheim
84
Weiher
Emerfeld
Benzingen
54
Wasserfall
34
Veringendorf
Langwatte
Biberbach
Schmeie
32
Langen-enslingen
73
Heiligkreuztal
463
Lauchert
Wasserfall
Quelle
86
Neidingen
46
Hausen
Bröller
27
Sigmaringen
Donau
311
85
87
Laiz
Bärenthal
Quelle
Bära
Beuron
Gutenstein
Donau
Thiergarten
Inzigkofen
Sigmaringen-dorf
32
313
Ostrach
Ablach
Fridingen
32